京师职教
JingShi Vocational Education

中等职业学校综合素质
养成教育系列教材

应用文写作

孔祥戬◎编著

北京师范大学出版集团
BEIJING NORMAL UNIVERSITY PUBLISHING GROUP
北京师范大学出版社

图书在版编目(CIP)数据

应用文写作/孔祥戬主编. —北京：北京师范大学出版社，2010.8(2023.8重印)
ISBN 978-7-303-11247-0

Ⅰ. ①应… Ⅱ. ①孔… Ⅲ. ①汉语—应用文—写作—专业学校—教材 Ⅳ. ①H152.3

中国版本图书馆CIP数据核字(2010)第134647号

教材意见反馈 **gaozhifk@bnupg.com 010-58805079**
营销中心电话 010-58802755 58800035
编辑部电话 010-58802883

出版发行：北京师范大学出版社 www.bnupg.com
北京市西城区新街口外大街12-3号
邮政编码：100088
印 刷：三河市兴国印务有限公司
经 销：全国新华书店
开 本：787 mm×1092 mm 1/16
印 张：17.25
字 数：278千字
版 次：2010年8月第1版
印 次：2023年8月第21次印刷
定 价：26.00元

策划编辑：姚贵平 责任编辑：姚贵平
美术编辑：陈涛 焦丽 装帧设计：陈涛 焦丽
责任校对：陈民 责任印制：马洁

前言

随着社会的发展，中等职业教育已成为整个教育体系中的重要组成部分，而应用文写作是中职学生必不可少的技能之一。要让中职学生掌握应用文的写作技能，就需要有一本既适应新形势又适应中职学生认知规律的教材。为此，编著者在总结20多年教学经验和10多年的党政办公室工作经验的基础上，博采同行专家之长，编著了这本《应用文写作》教材。

本教材的编写主要突出了“实”、“全”、“新”、“精”、“广”五个特点。

所谓“实”是指本教材注重实用性、实效性、可读性、可用性、可操作性，讲求理论和实践的结合性。读了便能学会，学会便能用上，用上便能收效，这是编著者所期望达到的愿望。

所谓“全”，是相对而言的全面性。因应用文的种类繁多，一本教材不可能将其穷尽遍举，加之应用文写作是与时俱进的，不可能一成不变，故本教材针对中职学生学习、求职及今后工作、生活应用频率较高的70个文种进行介绍，其全面性和通用性是不言而喻的。读者学习后，对应用文写作能有一个总体的认知，既可以开阔眼界，宏观驾驭，又可以微观操作，心领神会，运笔自如。

所谓“新”是指新颖。本教材的“新”至少体现在四个方面：首先是在内容的编排上，打破传统的编排格局，将内容按照由易到难、由常见到专用、由必修到选修的顺序编写成应用文写作基础知识、事务文书、行政公文、专用文书四部分，以符合学生的认知规律。其次是在文种的选择上注意收录新文种，反映新规定，如行政机关公文的讲述，是以2010年1月1日起施行的《国家行政机关公文处理办法》为依据，书中涉及的求职信、述职报告、招标书、投标书、中标通知书均为近期使用的。再次是在每一个文种的编写过程中，均按照从基础理论、例文到知识书签，再到思考与练习、技能训练的编写思路，力图推陈出新。最后是在例文的选用上，既考虑写作样式的规范性、示范性，又考虑其典型性、新颖性，力求凸显中职学生在学习、工作、生活中实际需求的例文。

所谓“精”是指选材精当。在文种的选择上，本教材略去了国务院2000年开始废止的公文文种和使用频率低的文种，使所选文种与时俱进，特色鲜明。在介绍每个文种时，基础理论环节在讲求“必须”、“够用”原则的同时力求“精简”，突出重点，淡化非重点；在知识书签环节中，尽量做到画龙点睛地满足优等生的学习要求；在思考与练习环节中，把要求学生重点掌握的文种的相关知识通过作业的方式进行总结回顾，以精简空间并达到突出重点的目的；在技能训练环节中，以突出学生技能训练为主，强化写作实践，掌握写作技巧，提高写作能力。

所谓“广”是指适用范围广。本教材不但适合中职学生使用，对于高职学生也有其适用性，还适合党政机关、企事业单位、社会团体的工作人员自学之用，这也是本教材编写的初衷，但愿这本教材能成为读者的良师益友。

本书编者是云南省特级教师，先后荣获云南省优秀教师、曲靖市学科带头人、曲靖市突出贡献专业技术人才等荣誉称号，享受政府特殊津贴，曾主持完成多项科研项目，在国家级、省级、市级刊物发表科研论文100多篇，经验丰富。

本教材在编写过程中，得到了曲靖工商学校董事长、学校主要领导的关心和教务处主要负责人、办公室人员的支持，在此一并表示感谢！本教材的编写中，曾参考一些同类教材、专著，限于篇幅，未能一一注明，在此深表歉意和谢意！

应用文写作作为一门独立的实用写作学科，分类复杂、文种繁多，还有待进一步探讨和研究，加之时间仓促、水平有限，本教材中纰漏在所难免，衷心希望使用本教材的读者、教师和专家批评、指正，以便再版时修订。

编者

2010年6月

目录

第一篇　应用文写作基础知识

第二篇　事务文书

第四篇 专用文书

第一篇　应用文写作基础知识

第一章　应用文概述

写作是以书面语言表达作者对客观事物的认识和感受的复杂的创造性脑力劳动，比如我们在语文课本中学习的记叙文、说明文、议论文、诗歌、小说、散文、剧本、相声等文体。应用文是写作学中的一个分支，在日常的学习、生活和工作中与人们的关系最为密切，它是一个人一生中读得最多、写得最多、用得最多的文体，也是职业中专学生就业的看家本领。应用文在长期的实践中形成了内容、结构、语言表述等方面独有的特点和规范，学习并掌握这些知识是写好应用文的基础。

第一节　应用文的概念、作用、特点、分类

一、应用文的概念

所谓应用文是国家机关、企事业单位、社会团体和个人在日常工作、生产和生活中办理公务及个人事务时所使用的具有实用价值和惯用体式文体的总称。

这里所说的“办理公务”，主要是指传达贯彻党和国家的路线、方针、政策；发布法规、规章、制度；请示和答复问题；指导、商洽工作；报告工作情况；交流经验等方面的内容。“个人事务”是指个人在日常工作、学习和生活中经常使用的一般应用文体。

所谓应用文写作，顾名思义，是指研究应用文的特点、规律和写法，也就是对应用文恰当得体的应用。应用文写作的“应”是指应对学习、工作、生活；“用”是指要适用法律、法规、规章或上级的指示写作，否则，写得再好也是枉费心机；“文”即实务的文章；“写”是对应用文整体的应用；“作”即对写作材料的加工。

二、应用文的作用

应用文作为一种特定的文体，涉及各个领域，就其作用而言可概括为以下几个方面。

(一)法规准绳作用

在公务应用文中，有相当一部分是用于公布法律和行政法规的。如条例、规定等，一经有关权力机关通过并发布施行，就具有法规准绳作用，任何人都要自觉遵守，不得违反，否则将受到处罚。又如通知、通告等公文，要求下属机关以及有关人员“共同遵守”、“遵照执行”的，有不可逾越的法规准绳约束力。在构建和谐社会的今天，应用文在加强社会主义法制、维护社会秩序上的作用尤为突出，已越来越得到人们的重视。

(二)宣传教育的作用

应用文写作，都有其明确的目的，或传达精神、部署工作；或汇报情况、求得指示；或研究问题、研讨对策；或总结经验、找出规律，都必须让人们知道该做什么、为什么要做、怎样去做，这其实就是在进行宣传教育。应用文中有不少文件是用来发布党的路线、方针、政策的，在执行的过程中，起到了宣传教育的作用。有不少文件，如决定、通知等是用来表彰先进、推广成功经验的，有的是批评揭露不良现象和丑恶行为的，并以此统一人们的思想认识，规范人们的行为，增强人们的法制观念和工作责任感，保障社会的安定团结，这其实也起到了宣传教育的作用。

(三)沟通联系作用

应用文是加强上下级联系的纽带，也是与各有关方面联系的有效工具，具体体现在三个方面：一是上下级之间的上情下达，下情上报。即上级部门指示、决策、部署、安排的下达，下级部门工作情况、计划的上报；二是平行单位之间的信息沟通、经验交流，以达到取人之长、补己之短、互相促进、共同提高的目的。没有应用文的沟通，很可能是“鸡犬之声相闻，老死不相往来”；三是个人之间的相互了解、协调沟通，如书信这一文种从古至今均受到重视就是印证。

(四)依据凭证作用

应用文在人们的学习、生活、工作中，是解决、处理问题的依据和凭证，如上级下达的文件，是下级开展工作的依据；下级向上级所作的请示、情况反映，也为上级及时指导工作提供依据。一些条款、合同文本、公证材料等，也是经济事务中的凭证，一旦出现问题纠纷，依靠这些凭证，可通过法律追究对方责任，维护自身利益。另外，一些应用文被立卷归档，作为文献资料留供后人参考，也起着凭证作用。如有些冤假错案就是在事后凭借存档中的应用文得以澄清事实，还其本来面目的。

三、应用文的特点

应用文作为一种文体与其他文学作品的写法相比较，除具有一定的共性之外，还有其独特性，是文章大家族里的主要成员。一般来说，从小学到中学，学习的多是记叙文、议论文等文体，这些文体讲究语言的生动形象和情节的起伏跌宕，采用多种描写手法，进行多样的抒情等。如果说，记叙文能告诉人们过去，议论文是晓之以理，导之以行。那么，应用文能把人类引向未来，这就需要掌握应用文写作的特点。应用文写作的特点主要有以下几个方面。

(一)实用性

实用是应用文的最大特点，是应用文与其他文体的主要区别之一。我们知道，诗歌、散文、小说等文学作品主要是表达人们的喜怒哀乐之情，抒发理想、反映现实，给人以审美愉悦，使人阅读生情；理论文章给人以知识，用来提高人们的认识，拓展知识领域；新闻作品给人以新的信息，使人“坐地日行八万里，遥看世界弹指间”、“不出门就知天下事”；而应用文却不同，主要是为了解决实际问题，是有事而发，无事不发。比如要和远方的朋友联系，就写信；要借款，就得立字据；要推销产品，就要做广告；要向上级汇报工作，就要写报告。因此，应用文又被称为实用文，是为实用而写之文。实用性是判断应用文好坏的价值标尺。

（二）针对性

应用文的写作具有其明确、直接的对象。比如信写给谁？字据立给谁？报告打给谁？都有明确的对象。即使是一些广告、启事，也是针对有关消费者、知情者的，只不过是对象范围扩大了一些。而文学作品的阅读对象，没有很好的针对性，如一首诗、一篇小说，阅读对象不分男女、老少皆宜、雅俗共赏，谁都可以看，谁都可以不看，看后可以表达体会，也可以置之脑后。

（三）广泛性

应用文是人们在生活、学习和工作中经常使用的一种文体，是单位与单位、单位与个人、个人之间传递信息、沟通情况、开展工作、处理事务的重要工具，使用的范围很广，反映的内容也相当广泛。

（四）真实性

应用文的真实性是指方针、政策上的真实和事实上的真实、客观。文中内容要真实可靠，数据要准确无误，判断要符合实际，要求要具体明确，措施要切实可行，方法要适当适用，言之要有理、叙之要有据，要做到文实相符。应用文写作，不允许像文学创作那样主观想象、夸大其词，或故意贬低，否则就会歪曲事实、故弄玄虚、信口开河、吹牛撒谎、误导对方，给社会造成不良影响。

（五）规范性

所谓规范性是指应用文的写作有其特定、惯用的格式，主要表现在两个方面：一是文种规范，即办什么事，用什么文种；二是格式规范，不同的应用文体，有不同的相对固定格式，不能随意变动。

（六）简约性

为了提高应用文的实用效能，应用文要求篇幅短小，要精练、简洁、朴实、明白、准确地说明事由、解说事理、陈述办法，以达到处理好事务的目的。有什么说什么，有多少说多少，叙述多用直笔，不用曲笔。应用文写作不像文学作品那样讲究生动、形象、含蓄、朦胧。简约性是应用文写作的基本风格。

（七）时效性

由于应用文是为解决实际问题而写的，所以它的时效性很强。尤其是当今社会，市场经济竞争激烈，信息传播快，贻误时机就会有被淘汰的危险。所以，应用文要行文及时、发得及时、办得及时，这样才会给单位或企业带来效益。比如，及时获取经济信息并正确适用，可以使濒临破产的企业扭亏为盈、起死回生。否则，延缓拖拉、时过境迁、放“马后炮”，其作用就会大打折扣乃至失去价值。相对而言，文学作品的写作时效性不强，如《红楼梦》是曹雪芹历时十年之久写成的，《本草纲目》是李时珍用了三十年时间写成的，《资本论》是马克思用了四十四年的时间写成的，而应用文则不能这样。

四、应用文的分类

我国的应用文发展有3000多年的历史，种类繁多，数以百计，要对这一庞大的系统进行分类实非易事，且各种应用文常常有交叉的现象，即使同一种文体也会因内容和写作目的的不同，在语言方面有很大的差异；加上随着社会的发展，应用文体也在不断丰富和发展，因而要准确地分类是比较困难的，可谓仁者见仁、智者见智、众说纷纭。然而，要规范应用文写作，必须分门别类，只有纲举，才能目张。应用文按其性质可分为通用文书和专业文书两大类；按其实用价值可分为行政公文、事务文书、经济文书、法律文书、日常文书和学术文书；从行文关系上可分为上行文、平行文、下行文等。

本书从教学的角度出发，本着“以教学为中心”的原则，从易到难，由浅入深，按照实用功能的不同，将应用文分为事务文书、行政公文、专用文书三大类，既适用于初学者，又便于在功能上相互区别，也让我们容易掌握其中的规律。

(一)事务文书

事务文书又叫常用文书，是国家机关、企事业单位、社会团体及个人在日常工作和生活中经常使用的一种文书。常用的事务文书包括条据、书信、启事、海报、计划、总结、述职报告、调查报告、简报、讲话稿、演讲稿、规章制度、会议记录等文体。

(二)行政公文

行政公文是国家机关在管理过程中形成的具有法定效力和规范体式的公务文书，是依法行政和进行公务活动的重要工具。行政公文主要是指国务院 2000 年 8 月 24 日发布，2001 年 1 月 1 日起施行的《国家行政机关公文处理办法》中列出的十三类公文：命令(令)、决定、公告、通告、通知、通报、议案、报告、请示、批复、意见、函、会议纪要。

(三)专用文书

专用文书是指国家机关各部门在各自的事务范围内专门使用的一种事务文书，如礼仪文书、传播文书、经济文书、法律文书、教育文书等。

五、应用文与文学作品的区别

(一)从功能上看

应用文写作主要是用来办理事务和解决工作中的实际问题，是有事而写，无事不写；文学作品是以塑造艺术形象、反映社会生活为宗旨，如小说、散文、诗歌等文学作品主要是表达人们的喜怒哀乐、抒发理想、反映现实。

(二)从真实性方面来看

应用文要求内容真实可靠，数据真实准确，言之有理，叙之有据；文学作品中人物和事件可以进行艺术虚构，可多用修辞手法表达一定的艺术效果。

(三)从思维角度方面来看

应用文写作侧重于逻辑思维；文学写作侧重于形象思维。

(四)从结构方面来看

应用文写作有其特定、惯用的格式；文学作品一般没有惯用的格式，可由作者随意编排、自由联想、标新立异。

(五)从阅读范围来看

应用文写作具有明确的阅读对象；文学作品的阅读对象没有针对性，男女老少皆宜、雅俗共赏。

第二节　应用文的产生和发展

生产劳动促进了人的思维发展和交际的增多，上古口耳相传、结绳记事的方法已无法适应人类活动所需要的交流、协调，便需要一种文字符号来作系统的表达。据史籍记载，5000年前黄帝时期的史官仓颉就已经创造性地改革并统一了文字，“仓颉造字，天雨粟，神鬼泣”。自有文字以来，信息的积累主要就是靠书面储存的方式进行，使人们对事物的表述呈现出连贯性和规范性，应用文也就应运而生了。

早在3500年前，我国奴隶社会的夏商周时期的殷墟甲骨文“卜辞”就是统治者主要用来进行占卜和记录的公文形式，是我国迄今为止所知道的最早的文章。“甲”是龟甲，“骨”是牛骨或鹿骨，在甲骨上刻字，故称为甲骨文。由于当时生产力低下，人们对自然界和社会缺乏认识，遇事要占卜以问吉凶胜负。因此，甲骨文的产生可算是应用文产生的源头，是应用文的雏形。后来相继出现了青铜器铭文、竹木简编撰成的典册。

我国现存最早、保存最完整的文章总集是春秋战国时期孔子编撰的《尚书》，这是一部历史文献汇编，记录的主要是黄帝之后尧、舜、禹的言论。《尚书》的体例包括典、谟、训、诰、誓、命六体。“典”用来记载上古典章制度，如《尧典》；“谟”用来记载君臣议政时的谈话和他们的治国之策，如《皋陶谟》；“训”用来教诲开导，给后人以警示，如《伊训》；“诰”是训诫勉励的文告，用于告诫鼓舞民众，如《康诰》；“誓”是用兵征战时将士的誓词，如《汤誓》；“命”是君主的命令，是帝王赐给臣子的诏书，如《顾命》。这些文种，相当于现代公文中的命令、布告、纪要等。《尚书》的篇章结构已相当完整、有条理、有层次，可以视为我国古代应用文形成的标志，对后世影响巨大。

如果说从奴隶社会夏商周时期甲骨文的出现到秦统一中国这一时期是应用文写作的初期，那么，在封建社会秦汉到明清这一时期，则是我国古代应用文不断发展并走向成熟的时期。

秦汉时期：秦始皇统一中国，建立了封建专制主义集权的政权，并实现了“书同文”，即政治的统一和文字的统一，为应用文的统一创造了条件，开始走向规范。代表作有李斯的《谏逐客书》，规定了“用印”制度等，标志着应用文走向成熟。

汉袭秦制，应用文书有了新的发展，产生了书、议、策、论、疏等公文体式，明确皇帝对臣下用诏、制、策、赦，臣下对皇帝用章、奏、表、议，在表述上也使用相对固定的格式，为应用文走向程式化开了先河。汉代重视应用文写作人才，把应用文写作列为选拔人才的考试内容，这就使得许多有才学的人致力于应用文写作，产生了众多名篇佳作。如贾谊的《陈政事疏》、司马相如的《上书谏猎》等，至今仍脍炙人口。私人书信、碑、铭、吊等在汉代也有了较大的发展。“碑”指的是墓碑铭，“铭”用来表扬功德，“吊”是指借悼念而发感慨，这些文体的名篇，对后世均有很大的影响。

魏晋南北朝时期：魏晋南北朝历史约400年，在应用文发展史上占有重要地位，不仅在写作实践上名家名篇迭出，而且对应用文写作理论进行了大量的探索和实践，为我们留下了宝贵的理论遗产。曹操不仅提倡应用文的写作，而且亲笔写下了很多规范的应用文，诸如《求贤令》、《慎行令》、《修学令》，真切地表达了自己的政见。曹丕的《与吴质书》、曹植的《与杨德祖书》都是应用文的名篇，可见，曹氏父子对应用文的发展做出了较大的贡献，而诸葛亮的《出师表》也对后世影响甚大。

隋唐宋时期：是中国古代应用文发展的高峰时期，名家辈出，名篇如云。隋代，隋文帝曾诏令"公私文翰，并宜实录"；李谔的《革命华书》批评了前代的浮艳文风，强调了应用文的实用性。唐代是诗歌的黄金时代，也曾涌现出一大批应用文的大手笔和名作。如魏徵的《谏太宗十思疏》、李华的《悼古战场文》、韩愈的《祭十二朗文》、柳宗元的《段太尉逸事状》、白居易的《与元微之书》、刘禹锡的《陋室铭》都是应用文名篇。

"古文运动"在宋代得到发展，散文上出现了欧阳修、苏洵、曾巩、王安石、苏轼、苏辙，与唐代的韩愈、柳宗元并称"唐宋八大家"，应用文亦出现了众多的名家名篇。如范仲淹的《答手诏条陈十事》、欧阳修的《谢致士表》、王安石的《上仁宗皇帝言事书》、《答司马谏议书》、苏轼的《答刘巨济书》等。苏轼的《答刘巨济书》中曾写道："向在科场时，不得已作应用文，不幸为人传写，深为惭愧。"苏轼的这篇科场作文题为"为政之宽严"，是一篇策论。因此，"应用文"一词，产生于宋代。宋代出现"应用文"这一名称，但实际上把它作为专用的文体概念，并未对其内容和外延作出科学的界定。

元明清时期：是我国古代应用文的稳定发展时期，应用文体趋于定型化。如海瑞的《治安疏》，林则徐的《钱票无甚关碍宜重禁吃烟以杜葬源片》，充分体现了应用文匡时济世的重要作用。明代吴讷的《文章辨体》、徐师曾的《文体明辨》在理论上进行了深层次的研究。清代，刘熙载的《艺概·文概》中说"辞命题，推之可为一切应用之文。应用文有上行，有平行，有下行，重其辞乃所以重其实也。"文中指出了应用文不仅要重实用，讲求实效的特点，而且还把应用文的行文方向分为上行文、平行文、下行文三种，研究更为深入。

辛亥革命以后的时期：1911 年辛亥革命后是应用文从古体到新体的巨大变革时期。1912 年南京临时政府颁布了第一个应用文程式条例，废除几千年的封建王朝应用文体式，确立了新的体式。在用语上规定了不许用"大人"、"老爷"等具有封建色彩的称呼，官吏相互称职务，民间相互称"先生"，并要求应用文写作用白话文，使用新式标点符号。1921 年中国共产党成立后，从组建工作机关起，就有了中共全国代表大会所产生的决议、纲领和宣言。1942 年延安整风运动中，边区政府不仅颁布了《陕甘宁边区新公文格式》，推进了公文改革，而且毛泽东同志所做的《反对党八股》的报告，对公文写作产生了极为深远的影响。

新中国成立后，政府十分重视应用文写作，对应用文的名称、体例、处理办法进行了一系列改革，公文质量和管理水平进一步提高。1951 年中央人民政府政务院颁布了《公文处理暂行办法》，1957 年国务院印发了《关于公文名称和体式问题的几点意见(稿)》，1964 年国务院发布《国家行政机关公文处理试行办法》，1981 年国务院办公厅发布《国家行政机关公文处理暂行办法》。国务院办公厅于 1993 年又进行修订发布，1994 年 1 月 1 日起施行，2000 年再次进行修订，2001 年 1 月 1 日起施行的《国家行政机关公文处理办法》列出十三类公文，即：命令(令)、决定、公告、通告、通知、通报、议案、报告、请示、批复、意见、函、会议纪要。这是行政机关在行政管理过程中所形成的具有法定效力和规范体式的文书，是依法行政和进行事务活动的重要工具。此外，中共中央办公厅于 1996 年 5 月 3 日发布《中国共产党机关公文处理条例》，共列出十四类党的机关常用公文：决议、决定、指示、意见、通知、通报、公报、报告、请示、批复、条例、规定、函、会议纪要。这是党的机关实施领导、处理公务的具有特定效力和规范格式的文书，是传达贯彻党的路线、方针、政策，指导、布置和商洽工作、请示和答复问题、报告和交流情况的工具。全国人大常委会办公厅 1998 年 2 月 6 日发布《人大常委会公文处理办法（试行）》，列出以下公文文种：公告、决议、决定、法、条例、规则、实施办法、议案、意见、批评和建议、请示、批复、报告、通知、通报、函、意见、会议纪要。这是人大及其常委会在依法行使各项职权过程中形成的具有特定效力和规范格式的文书，是发布法律、地方性法规、决定、决议、公告、指示、布置和商洽工作，请示和答复问题，报告和交流情况的工具。至此，我国公文走上了科学发展的大道，对社会主义建设起到了很好的促进作用。

进入 21 世纪，随着科学技术的日新月异，市场经济的蓬勃发展，知识经济的出现，工作管理的规范性加强，书写工具的电脑化，对应用文写作提出了新的要求，各行各业都需要高素质的、有较高应用写作能力的人才。因此，应用文写作也成为高校、中专职业学校、职业中学普遍开设的基础课程，应用文写作这门学科将得到更大的发展。

知识书签

国家机关是指各级党政机关；企事业单位是指企业和事业两种不同性质的机构，企业是以盈利为目的的组织机构，事业单位是以服务为主的公益机构。社会团体是指各级工会、共青团、协会等组织。

思考与练习

一、名词解释

应用文　　　事务文书　　　行政文书　　　专用文书

二、填空题

1. 应用文的特点是________、________、________、________、________、________、________。

2. 3500 多年前夏商周时期的________就其内容和形式来看，是应用文的雏形。

3. 较早将应用文行文方向分为上行文、平行文、下行文的是清代的______，他的代表作是________。

三、简答题

1. 应用文写作有哪些重要作用？

2. 应用文与文学作品有哪些区别？

技能训练

1. 认真阅读古代应用文名篇，领悟应用文的历史发展，并从中有所收获。

2. 分小组到社区调查，写一篇关于应用文使用情况的汇报。

第二章 应用文的作者及读者

第一节 应用文的作者

一、应用文作者的构成

一切写作行为都必须由作者来具体实施，因而凡是参与写作活动的人都称为主体。应用文作者首先在主体构成上与文学作者有区别。文学写作是创造性和个体性的活动，一般是个体式的写作，即便是“合作”，也无法改变这一创造性活动的个性化特征。文学写作是作者将那些活生生的感官印象，通过艺术的想象加工表现出来的创造行为。每篇文学作品都是作者个人化情感、思想、经历的凝聚，鲜明地打着作者的个人印记。而应用文作者在写作过程中是用政治意识、社会意识、职业意识、法规意识来规范自己的写作活动的，承担着一定社会角色的功能。

应用文作者的构成极为复杂，有个人作者、群体作者、法定作者、代言作者。

(一)个人作者

个人作者是指从写作意图的确定到文章的写作都是代表个人意图，由个人独立完成的作者类型。日常应用文的作者和私务应用文的作者都是个人作者。比如撰写日记、情书等，常常是个人作者独立完成。但个人作者完成个人写作任务时也不像文学写作那样可以自由地发挥想象来表达，而是需要考虑文体的规范和读者的心理、接受水平等，即便是写日记，也需要真实地记录和表达，不得虚构、夸张。

(二)群体作者

群体作者是由两个或两个以上的作者基于某一实际的“需要”，共同研究写作意图，共同进行调查研究，经过商讨共同完成写作任务的一种作者类型，由作者和协作者构成。作者是指完成主要写作过程的主要负责者；协作者是指协同作者共同完成写作活动，实现写作目的的人。作者和协作者相互依存、相互作用、你中有我、我中有你。在完成较为复杂的写作任务时，常由几个作者分工写作，或是每人完成一部分，或是每人分别写成内容大体相同的文章，然后经过讨论综合，取长补短，最后合为一篇文章。例如，某单位写工作总结，往往先由各部门总结，然后在部门总结的基础上，经某人或几个人的综合再写成单位总结。写调查报告也常常由几个作者一起调查，经过共同研究，由一个人执笔，最后写成调查报告。

(三)法定作者

法定作者指写作主体是那些依法成立并具有法人资格的组织，主要指公文的署名者，而不一定是撰写文稿的文字工作者。法定作者必须是依法成立的以自己的名义发出公文并能行使相应的权力并承担相应的义务的机关和法人代表。法定作者撰写定稿的文章，其内容代表某一级法人的意志，具有权威性和合法性。

(四)代言作者

代言作者实际上是以撰稿人的身份参与写作活动的人。代言人与被代言人之间往往有两种关系：一是被代言人指定代言人以助手的身份参与写作。如秘书代法定人拟写公文，代领导写讲话稿等。这就要求代言人必须熟知被代言人的写作意图，熟悉与工作相关的各方面的情况，并在熟悉过程中，帮助代言人验证写作意图的正确性。署名只能是被代言人或被代言组织，代言人不署名。二是代言人以执笔服务者的身份帮助他人完成写作任务，即代言人根据服务对象的要求，记录“作者”口述内容，如代他人写合同、协议等。

二、应用文作者的思维方式

应用文作者不仅在作者构成上与文学作者有所差别，而且在思维方式上也与文学作者有所区别。应用文作者在写作过程中究竟以什么样的思维方式在活动，应该说还是一个较难描述的课题。思维训练在写作中十分重要，应用文作者在写作时除了会运用一般的思维方法外，主要还运用了以下几种思维方式。

(一)对象化思维

对象化思维是一种思维被对象全部占有，并围绕为弄清对象的形状、性质、规律而进行思维的活动方式。对象化思维的目的是把握对象的本质，对象化思维的本质是作者有意识地将自我转化到对对象的关注上。比如作者因某种需要去调查某一事实的真相，或根据某种需要或“事由”写作“通知”，或根据对象制定出规章制度，都必须运用对象化思维，全力关注对象的特点，有意识地消除自我表现。因此，应用文作者要重视客观的调查，注意掌握第一手材料，并以此作为思维的起点，时刻把握写作对象的特征；不仅要根据客观事物的特征去思考，而且要根据特定的对象来写作，把握对象的心理，达到办事的目的。

(二)模式化思维

文学写作是一种创造性的思维活动，写作的成品要在最大限度上满足读者的新奇感，因而要求作者展开艺术想象的羽翼，突破规范和模式，创造崭新的艺术境界，给读者以“陌生化”的审美享受。应用文写作虽然也是一种精神活动，但思维的启动源于明确的指令，会有意无意地受某种文体的规范和制约，往往先按照某种模式去构思，然后按照某种模式去遣词造句。应用文作者也可以发挥个人的独创性，灵活地处理材料，寻求最佳的办事方法，但毕竟最终还要受某种规范性的制约，要把写作的应用价值放在第一位，把真实地传达信息放在至关重要的位置，所以说，这种思维的运行方式是一种模式化的思维方式。模式作为“内在尺度”制约着作者的写作思维。比如，某位作者要写作一则通知，一般都沿着这样的思维展开——为什么要发通知，通知的事由是什么，有什么要求。作者沿着这个“模式”思考下去，往往能迅速成文，满足应用文写作应“时”而作的需要。因此，作者必须掌握多种应用写作模式，在思维上要有模式化意识，自觉地按照某种模式去想、去写。当然，模式不是僵化固定的东西，随着时代的发展，按照生活的实际需要，应用文某些文种的模式也会变化、发展，因而，模式化思维也应随之变化、发展。

(三)换位思维

换位思维是一种站在他人的立场上，设身处地地替人思考的一种思维方式。应用文写作中，作者构成较为复杂，代言作者在写作中往往需要运用换位思维方式，站在被代言人的立场去思考问题，设想被代言人对这个问题是如何想的，会有什么看法，会如何表达等。秘书代领导起草讲话稿，就需要运用换位思维，设想领导在那样的场合会怎样说，对问题会怎样认识，甚至连讲话语气也要体现出领导者的语言风格。当然，换位思维必须建立在对被代言人的写作意图充分了解的基础上，而不是想当然。

任何一种思维方式的运用都要服从于写作目的的需要，在应用文写作中不仅要灵活地运用上述三种思维方式，而且要运用逻辑思维去加工和组织材料，运用创造思维去寻求办事情的最佳方法。因此，在一次写作活动中，有时需要运用多种思维方式去把握对象。

三、应用文作者的修养

在应用文写作中，作者的修养和能力是完成写作任务的主观条件。一个没有思想见解、没有良好表达能力的人是肯定写不好应用文的。应用文作者应具备以下修养。

(一)政策理论修养

政策理论修养是作者对客观世界的认知水平和政策理论水平的综合体现。作者政策理论修养的高低，直接影响到应用文写作成品的质量。如果作者能灵活运用马克思主义的观点、方法，并且思想深刻，哲学思维活跃，就能透过现象看本质，就不会停留在对现实材料的简单认识和处理上。尤其在写作政策性、法规性强的文章时，就能高屋建瓴地揭示客观事物的规律。因此，应用文作者要坚持不懈地学习哲学理论，学习党和国家的方针、政策，经常阅读报纸杂志，努力提高理论修养。

(二)业务知识修养

应用文是处理事务的工具，使用这一工具，必须以熟悉各行各业的业务知识为前提。熟悉业务知识，不仅是作者积累写作材料的需要，而且能够使作者开阔视野，准确把握材料。应用文作者主要需要储备两类知识：一类是基础知识，包括自然科学、人文科学等方面的知识；一类是专业业务知识，即熟悉行业术语，了解行业规范。应用文中的专业文书行业性较强，没有专业知识的修养，是写不出高质量的文章的。比如，写法律文书时，如果不熟悉《刑法》、《民法》以及诉讼程序等方面的行业知识，就很难写得准确规范，也很难发挥出文章应有的社会功能。

(三)词章文体修养

作者写作应用文还需要一定的词章修养。欧阳修有“事信言文”、“简而有法”之说，其中的“文”和“法”实际上就是指作者要具备词章和技法的修养。应用文写作，用语不仅要规范严谨，而且要直接明了，这就要求作者要具备较好的文字修养。应用文作者除了要掌握词的表达规范外，还必须掌握章的写作规范，培养文体感，熟悉各种应用文法定的或约定俗成的体式，这样才能满足应用文“应时”、“应事”而作的要求，快速成章。词章文体修养要靠长期学习而成，模仿则是提高应用文写作词章文体修养的有效手段。唐代史学家刘知几在《史通・模拟篇》中指出：“夫述者相效，自古而然。”可见，模仿作为学习写作的一种手段是积极有效的。

初学写作者要选择规范的应用文进行阅读，模仿其结构模式和用语技巧，有意识地进行练习，不断提高自己的词章文体修养。

四、应用文作者的写作能力

一个人的能力是由多种要素构成的，要写好应用文，作者应具备一定的写作能力。写作能力体现为文章与作者素养之间的中介性转换。在写作能力方面，应用文作者应主要具备以下几种能力：

(一)调查能力

调查能力是应用文作者的一种重要的能力，要求作者能够根据需要和写作对象适当选用调查方法，有效、快速地获取材料，并能透过纷繁的现象，揭示材料的本质，了解事情的真相。

(二)信息处理能力

要完成一篇高质量的应用文，还需要对大量的信息进行处理，包括对材料进行分析和综合，对数据进行加工整理。随着信息技术的发展，应用文作者除了要不断培养良好的思维习惯外，还要掌握电脑操作技巧，学会用电脑迅捷地处理信息。

(三)词章建构能力

在应用文写作中，作者的语言运用能力和结构篇章的编排能力，直接影响到作者能否快速、完美、合体地表达写作内容，也影响到文章的可读性和文章的交流性，这是写作的基本功。因此，作者要多阅读规范的应用文，培养应用文的语感，学会有条理地表达思想，力求"辞达意"；要掌握常用的文体模式，熟记文体要素的排列组合方式，熟练地写作应用文。

(四)把握读者心理的能力

读者是应用文的接收者。在应用文写作中，读者的地位非常突出。应用文要处理事务，要人们采取某一行动，就要明确是写给谁看，读者会以什么样的心态去看，这是非常重要的。读者的需求与写作方法的关系十分密切。因此，作者要有把握读者阅读和接受心理的能力，要有强烈的读者意识，在写作中要设想读者如何阅读，明确文章会产生什么样的阅读效果，并以此来调整自己的写作思路。写应用文不看对象，不了解读者的特定的阅读心理，写出来的文章就难以获得预期的效果。

第二节　应用文的读者

读者指阅读写作文本的人，是写作行为要达到的信息交流目的的最后完成者。写作活动包含阅读活动，只有读者和作者共同努力，应用文写作的功用性目的才能实现。应用文文本的接受者有其特殊性，写作时要认清读者类型，强化读者意识，并有意识地根据读者的特点、接受状态决定自己的写作方式，以更好地发挥应用文办事和交流的功用。

一、应用文读者的类型

应用文文本的读者是复杂的，一般以文本的读者身份或接受状态来划分读者类型。

（一）按读者身份分为：法定读者、普通读者和专业读者三种类型

1. 法定读者

法定读者主要指能代表某一级组织的领导，他们是法定行政公文、某些事务文书和一部分专用文书的阅读者。他们或通过阅读明了上级机关的方针、政策，或通过阅读理解基层的工作情况。作为阅读者，他们具有法人代表的身份，所读文章信息对他们的决策和指挥有着非常重要的作用。这类读者在接受文本信息时，要抑制个人的阅读偏好，公正地、认真地接受信息，并对所获信息及时处理。这类读者由于工作任务重，平时要阅读的文件较多，因此，自然喜欢读那些表达简明、说理清晰的文章。这就要求写作者在写作公文时要尽可能简明扼要、重点突出，否则就会影响接受效果。

2. 普通读者

普通读者是指根据本人的需要阅读某些应用文的读者。普通读者阅读应用文，主要是为了了解信息，有时是出于某种特定事务的需要，比如去翻看某一文件、阅读一份简报或一篇调查报告等。他们阅读时以自身的需要来选择阅读文本，并且不一定按照应用文的内容去办事，往往只是接受应用文的内容信息。

3. 专业读者

专业读者主要是以读专用文书为主的读者。专业读者对某一行业的应用文的文体和内容比较熟悉，有较高的文化水平和某一方面的专业知识，他们往往是出于实际业务工作的需要来阅读。他们熟悉行业用语，理解行业语汇，了解行业规范。因而，专用文书的文本可以用行业术语，不必解释得过细。另外，因为专业读者对专业熟悉，他们也比较讲究文本的规范性和使用术语的科学性。

（二）按读者接受状态分为：指定性读者和指向性读者两种类型

1. 指定性读者

指定性读者指被指定必须阅读某一应用文的人。指定性读者范围有宽有窄，可以是一个人，也可以是一群人，常常处于被动接受的状态，阅读时不允许作任何选择。

2. 指向性读者

指向性读者是指阅读对象不明确，但有一个大致的范围，读者阅读时往往采用浏览的方式，对与自己关系密切处多留意，关系不密切的就一览而过，阅读过程带有很大的选择性，接受状态也相当自由，其接受效果在很大程度上取决于读者参与的态度。

二、应用文读者的阅读特点

应用文的阅读是一种功用性的阅读，阅读的目的或是想获得某种实用的信息，了解情况，或是接受某一指令，并付诸实践。因而，应用文的阅读具有以下特点：

（一）读者是功用性阅读者

应用文作者因“需要”而写作，阅读者也因“需要”而阅读。写作是因为办事、了解信息的需要，同样，阅读也是带着一定功用目的的阅读，也是为了办事、了解信息。阅读公务文书时，读者处于受命阅读状态，阅读目的非常明确，阅读效果是预期的，作者的写作目的制约着读者的阅读，引导读者完全地接受文本的内容，所以，作者在行文时往往先写明要读者去处理和办理某事的理由，说服读者去执行。行政公文中的下行文还以指令式的口气要求读者如何做、怎样做。日常应用文的阅读功用性相对较弱，读者按需进行选择性的阅读，如果文本写得简洁、可读，文章接受的效果会更为显著。

(二)读者是近距离的接受者

应用文的信息需要读者在最短的时间内接受，不像文学文本可以延搁时日，或者“藏之名山”，留待后人阅读。应用文是“应时”、“应事”之作，写作和阅读的时效性都非常强。因而，应用文的读者往往是近距离的接受者，读者与作者的时代、地域、心理距离都很贴近。读者还有可能对文章所写内容比较熟悉，因而对文章真实性的要求也就更高，否则就会造成读者对作者的不信任，影响应用文的接受效果。

(三)读者是文本功能的实现者

应用文的阅读是带着目的的阅读，读者解读文本不仅是为了了解信息，而且读者本人往往就是文本所要求的功能的实践者。具体而言，读者或者是承担某一事件的责任人，督促他人按照文本内容去做，或者本人就是文本功能的直接实践者。因此，这种功用性的阅读，要求文本层次分明，信息明了。应用文作者要根据不同文本的功能、不同读者的阅读心态写作文本，时时处处考虑到读者是文本功能的实践者这一特点，尽量用有说服力的文本语言，明确要求读者怎样做，以使文本具有最大的可读性。

知识书签

应用文写作时，作者首先必须明确自己是什么角色，并了解各个角色的工作任务，了解自己在写作活动中所能发挥的主观能动性的程度。只有进入角色，把握好角色，才能写好应用文。

思考与练习

一、名词解释

法定作者　　法定读者

二、填空题

1. 一切写作行为都必须由作者来具体实施，因而凡是参与写作活动的人都称为________。

2. 应用文作者有__________、________、__________、________等多种类型；应用文读者按身份分为________、__________、__________三种类型，按接受状态分为__________、________两种类型。

三、简述题

1. 简述应用文作者应具备的修养。

2. 应用文读者有哪些阅读特点?

3. 作者在写作过程中为什么要有“读者意识”?

技能训练

组织一次班级讨论会，议题是“应用文作者与文学作者的异同之处何在”。

第三章 应用文写作的基本要素

一篇规范完整的应用文一般由主旨、材料、结构、语言四要素构成。这四个要素相互作用、相互联系，形成有机整体。

第一节 应用文的主旨

应用文写作的主旨是指撰写者在传达政策、汇报工作、总结经验或交流情况时，通过全文表达出来的基本思想、基本观点、写作意图，也称中心思想，它是整篇文章的灵魂。

文章的宗旨，在古代统称为“意”，“意者，一身之主也”。在当代则根据不同文体分别以不同名称表达：文学作品称之为主题，通过人物、事件、环境的刻画描写，主动地、艺术地体现出主题；议论文称之为论点，即作者对议论问题所持的见解、主张和表明的态度；应用文称之为主旨，即作者在文章中所表达的基本观点。

一、主旨的作用

(一)主旨是应用文的灵魂

一篇文章的思想线索如何贯穿全文、指导全文，受主旨的支配。

(二)主旨是应用文的统帅

应用文写作时，要围绕主旨选择、处理材料，根据主旨的需要组织、贯穿材料。材料的取舍、详略的处理、结构的安排、表达方法的选用、语言的运用，都要受主旨的约束。古人说的“意在笔先”就是这个道理。

(三)主旨在应用文的构建中起主导作用

一篇应用文如何开头，中间写什么，结尾写什么，都受主旨的支配。

二、主旨的来源

物质决定意识，文章的宗旨来源于客观实际。应用文的主旨从根本上说取决于工作和生活实际。无论是行政公文还是事务文书或是专用文书，执笔者往往是单位或部门的代言人，因而其主旨往往是机关、单位领导人的指示精神与客观现实需要相结合的产物。因此，在撰写应用文时要进行调查研究，从实际情况出发，确定符合客观实际情况和现实要求的主旨，这样的应用文才会产生应用的价值。

三、主旨句

主旨是应用文的灵魂，可以作为红线贯穿全文、指导全文、统率全文。一般来说，主旨句在应用文中的位置是比较明晰的，通常表现在“文种＋事由”中。如《关于教育经费的请示》，主旨句是“请示批准教育经费”。

一般来说，应用文不但要围绕主旨而且要穿插主旨来写，要有一个“提出—强调—重申”主旨的三段式过程。

四、确立主旨的方法

(一)去粗取精

就是摒弃所收集到的材料中那些不能反映本质的粗糙现象，保留反映本质，为主旨服务的精华。如“个别青年没有大专会计专业学历，担任了基层商店的财务工作主管，当然可以根据单位实际情况而担任财务工作的主管”这个材料就显得较为粗糙，应改为“个别青年并没有大专会计学历，但业务熟悉，能力强，可根据单位实际情况聘任为财务主管”，这样就贴切了。又如，我国1950年颁布的《婚姻法》第16条中有这样一段文字：“夫对于其妻所抚养与前夫所生的子女或妻对于其夫所抚养与前妻所生的子女，不得虐待或歧视。”1980年颁布的《婚姻法》把以上文字修改为：“继父母与继子女间，不得虐待或歧视。”整个条文仅用了15个字代替了原条文的40个字，修改后的条文前面只用了“继父母与继子女”7个字即概括了原条文前两句33个字的内容，并增加了“间”字，使原条文中的单向性规定，变成了双向性规定，这样不仅减少了文字，而且丰富了原条文的内容。

(二)去伪存真

就是舍弃所收集材料中的那些与真实本质相违背的虚假现象，而保存符合真实本质的材料。

(三)由此及彼

就是从材料彼此的联系中去寻找为主旨服务的内在联系。

(四)由表及里

就是透过材料的表面现象认识事物的本质。

五、主旨的表现

(一)观点要正确

要做到观点正确，就要从马克思主义的立场、观点、方法出发，实事求是地观察、分析、研究问题，探索事物发展的客观规律；就要以党和国家的方针、政策为准绳，依法依章办事；就要明确写作的目的，做到有的放矢。

(二)态度要鲜明

汉代王充在《论衡》中曾说：“口则务在明言，笔则务在露文。”所谓“露文”就是指主旨的表达必须鲜明，也就是作者提出问题、解决问题的观点必须鲜明，态度必须鲜明，写作必须鲜明。作者反对什么，提倡什么，用什么思想作指导，达到什么目的，必须明明白白、清清楚楚地在文章中表达出来，决不能含糊其辞、似是而非，叫人捉摸不定。文学作品的主题必须经历感染的途径，使读者进入认识领域，因而其主题往往总是通过人为想象，以曲折、婉转的方式，含蓄、间接地流露、暗示出来。而公文的主旨实质就是党的方针、政策的具体化，如果对党的方针、政策认识不清楚，态度不明朗，那主旨的表达就是雾里看花，就会使人无所适从。所以，应用文必须用最简洁的语言，鲜明地将主旨表达出来，真正做到“达而勿多”、“贵在明理”。

(三)重点要突出

一篇应用文在写作时必须抓住一个主要问题，即主要矛盾，其他内容都要为主旨服务，这样才能突出重点、主次分明，不至于出现多个中心、产生多个头绪。

(四)立意要新颖

立意新颖是指立意时要有新观点、新看法，新颖别致、不落俗套。写应用文决不能东摘西抄、人云亦云，也不能废话连篇、陈陈相因，用旧材料、旧观点、旧框框来对待日益发展的客观事物，否则只能导致作者思路的闭塞和文章内容的僵化。

第二节 应用文的材料

材料是应用文的要素之一。有的人在应用文写作时常常感到材料匮乏、力不从心，想讲点什么、写点什么，但总是囊中羞涩。解决这个问题的方法就是积累材料，建立自己的“材料宝库”。

一、材料的含义

这里所说的材料是指作者为了应用文写作，从实际生活和书本中收集到的，用来表现主旨或阐明事理的一系列事实或道理，在文艺作品中则运用“素材”与“题材”来表达这个概念。应用文的材料主要有具体的事例、数据、引语等，至于收集到的未加工整理的事实和道理，常称为资料，它是加工成材料的毛坯或半成品。

材料有直接材料和间接材料之分。所谓直接材料，是人们在实践中通过自身的观察、体验、感受、实验、调查而获得的第一手材料，俗称为“活材料”或原始材料，是形成主旨的前提和基础。所谓间接材料，是人们阅读已有的文字材料(文献材料、格言警句、党的方针政策)、看电视、听录音等各种从媒介所获得的第二手材料，俗称为“死材料”。

二、材料的获取途径

材料是提炼应用文的主旨和基础。应用文主旨确定以后，需要材料为它服务，为它展开、说明，论证主旨观点。无主旨的材料是“一盘散沙”，有主旨无材料便是“孤家寡人”。所以，主旨和材料血肉相连、相辅相成，主旨靠材料体现，材料靠主旨统率，占有的材料越丰富、越全面，就越能得出正确的观点，没有主旨的文章就如同一个人失去灵魂一样，没有材料的文章如同一个骨瘦如柴的人，没有力量。从这个意义上说，材料是文章的血肉。因此，在收集材料时，要像“韩信点兵”那样“多多益善”。材料的获取有以下几条途径：

(一)体会

有些文章的材料来自作者的亲身经历和感受。如实验报告来自科学工作者的科学实验，总结来自工作中积累的经验。可见，亲身经历和感受是获取材料的一个重要途径。当然，每个人都不可能事事亲自去实践，除了自己的亲身经历、所见外，还必须注意获取书本知识，积累自己在生活中随时听到看到的材料。

(二)观察

观察是认识客观事物的重要方法，是写作的基本功。所谓观察是用自己的感官和辅助工具去直接观察事物而获取第一手资料。可以说，我们天天在观察，但科学的观察和日常的观察是不同的。科学的观察有目的性、计划性、系统性和重复性。而日常的观察往往是自发的、偶然的，也不要求有严格的记录。

观察既要细心又要善于抓住事物的主要特征，容不得半点马虎。对于同一事物，有的人观察后收获大、印象深；有的人收获小、印象浅。这是因为前者能做生活的有心人，能从人们常见、易知、简单、表面的现象中看到它的实质，从而获得基本的材料。只有细心观察，才能增强自己敏锐的洞察力，明察秋毫，否则就会心不在焉、走马观花、视而不见、听而不闻，即使有好的材料也会从眼前溜过去，也会“不识庐山真面目”。

美国有一个心理学教授为了培养学生的观察力，在做“糖尿病尿液实验”时，教授用食指碰尿液，拇指放入嘴里尝味道。而学生则不注意细微的观察，用食指碰尿液，用食指尝味道。教授说：可悲，尿液有毒，不能尝。学生说，为什么你能尝，而我们不能尝？教授说：叫你们注意观察，细心观察，不听！我是用食指碰尿液，拇指尝，未尝尿液。同学们恍然大悟，从那以后，方才认真观察事物的本质。

(三)调查

进行有目的的、有机会的、周密的调查是获取材料的基本方法之一。毛泽东多次强调指出“没有调查，就没有发言权”。新闻界流行极广的一句格言是：“新闻是用脚写出来的”。意思是说，记者要腿勤，要奔波出没于一切新闻的“现场”。这就充分揭示了调查访问的重要性。至于学术论文等文体就更离不开调查研究了。

(四)实验

实验是指实验者按照研究目的验证假设、探讨规律的过程。

(五)阅读

在收集和积累写作材料时，除了通过观察、调查、实验研究掌握大量的直接材料外，还须通过阅读，从书籍、报刊、文献中获取大量的间接材料，这是收集和积累材料的一条重要途径。阅读文献资料要坚持“五先五后”的原则：先读中文资料，后读外文资料；先读综述资料，后读专论资料；先读近期资料，后读远期资料；先读文摘，后读全文；先大概读，后仔细读。持之以恒地阅读，必然能收集到很多“珍珠美玉”，使自己的“资料宝库”蔚然壮观。

三、材料积累的方式

一个人的时间、精力是有限的，如果什么都想积累，不着边际，反而会“抓芝麻丢西瓜”，也就形不成文章。因此，可根据本人的情况，有目的、有计划、有方向、有选择地获取，具体积累方式如下。

(一)卡片式

卡片式积累是将有关资料记录在事先准备好的卡片上。

(二)笔记式

笔记式积累是用一个专门的本子记录有关内容。做笔记和做卡片有相同之处，都是对相关材料的摘录。不同的是笔记较卡片容量大，“好记性不如烂笔头”就是这个道理。

(三)剪辑式

剪辑式积累是将有关内容从书籍、报纸、杂志上剪辑下来，编辑在一起。为防止遗失，可用专门的本子分门别类地粘贴上去。

四、材料积累的要求

(一)真实

真实就是指材料所反映的内容在现实生活中是实实在在的。如果选择材料不真实、张冠李戴、添枝加叶，哪怕只有一个数字不真实，全文就会受到置疑。

(二)切题

切题就是选择的材料能够符合表达中心的需要，与表达中心关系不大的材料应剔除，以免喧宾夺主。

(三)典型

典型是指选择最能表现主旨的、揭示事物本质、具有代表性、有强大说服力的材料，尽力做到典型精练，通过典型反映一般，通过个性反映共性是应用文写作揭示事物本质的原则。选材时，在材料中选真实的，在真实的材料中选切题的，在切题的材料中选典型的。

(四)新颖

新颖是指材料在内容上具有时代精神，在时间上发现不久或刚刚发现能给读者一种新鲜感的材料。

五、材料的整理

材料的整理就是通过观察、实验、调查及文献检索而获取的材料，必须分门别类归纳，使原来分散的、个别的、局部的、无系统的资料变成能说明事物的过程或整体。否则，收集到的信息资料就会乱成一团，用时却很费时间查找。据统计，撰写一篇应用文，事先整理好材料与未整理好材料撰写时间相差 3 倍左右；若临时查找资料，则撰写时间相差 10 倍左右。

(一)勤裁剪

做衣服要量体裁衣，写作也要根据材料进行裁剪，有的可能只选一个数据，有的可能只选一个细节，有的可能选择整个过程，使材料尽可能做到繁简适度、浓淡相宜。

(二)勤鉴别

收集到的资料要进行鉴别，才能保存备用，不能“拣到篮子里都是菜”，可谓“养兵千日，用兵一时”。首先获取的资料既丰富，又杂乱；既有“精材”，也有“粗材”。故鉴别时，要把历史资料与近期资料、不同著者的论点、论据、结论相比较、分析、研究，再“去粗取精”、“去伪存真”，并随时补充新的材料，使积累的材料如潺潺的小溪，常流常新。

(三)勤翻阅

平时积累的材料，相距用时的时间太长，容易遗忘，经常翻阅可以温习思考，对于过时价值不大的材料，随时淘汰。

(四)勤占有

按照各种不同类型的材料，整理归类，使其系统化、条理化，形成自己的观点，占有材料要把握“五宜详五宜略”的原则：即重要材料宜详，次要材料宜略；具体材料宜详，概括资料宜略；新鲜材料宜详，陈旧材料宜略；现实材料宜详，历史材料宜略；不知材料宜详，周知材料宜略。总之，占有材料要有所侧重、详略得当，要实事求是、贴切自然，绝不能牵强附会、机械占有。

第三节　应用文的结构

占有了材料，确立了主旨，要解决的就是“怎么写”的问题，也就是要解决“言之有物”、“言之有理”、“言之有序”的问题，要把内容表现得有条不紊、完整统一，就不能不讲究结构布局的技巧，也就是人们说的“谋篇布局”。

一、应用文结构的含义

应用文的结构是指文章的整体构造，包括格式和内容安排两大方面，也就是如何安排材料、组织成文的方式。具体来说是指对写作材料的精心安排，即先写什么、后写什么、再写什么、怎样开头、怎样结尾、分几个层次、如何过渡、如何衔接、哪里详写、哪里略写的安排材料的方式。

有人对主旨、材料、结构之间的关系做过这样的比方：主旨就如人的“灵魂”，材料就如人的“血肉”，结构则像人的“骨架”。人没有一副坚实健壮的骨骼，血肉就无从依附，灵魂也无处寄托；没有完整、均匀的骨骼，或有头无足，或缺手少腿，或畸形变态，形象就不会端庄动人。清代文学家李渔认为：写作如同“工师之建宅”，造房子前需有全面的设计安排，何处建厅，何处开户，栋需何材，梁需何木，必俟成局了然，始可挥斥运斧。否则，木材、石头、水泥、砖、沙、钢筋一大堆，是不能建成高楼大厦的。文章的结构安排同样如此。

二、应用文结构的内容

文章结构的基本内容包括开头和结尾、层次和段落、过渡和照应等。这是安排文章结构的几个重要环节。

(一)开头和结尾

1. 开头

“良好的开端是成功的一半”。文章的开头是全文的开始，对全文起着引导、说明、控制的作用。开头写得好，就能突出中心思想，开启主旨思路，便于展开全文；开头写得不好，就会行文不畅、事倍功半。

应用文的开头方式不固定，常用的开头方式有如下几种：

(1)目的式和根据式开头。这种开头方式是将行文的目的或发文的依据放在文章的开头部分写出来。目的式开头，如“为了贯彻全国职业教育工作会议精神，深化学校内部改革，特作如下规定”。根据式开头，如“根据全国职业教育工作会议精神，决定在学校进行深化内部改革的思想大讨论，现将有关事项通知如下”。

(2)概括式开头。概括式开头是指将全文的主要内容或中心在开头部分简要介绍出来。概括式开头，在新闻、总结、调查报告中经常用到。

(3)情况原因式开头。即开头部分交代行文的原因，或对文章内容背景、基本情况作简要的介绍。

(4)规定式开头。这种开头常用于具体规定格式写法的一些文体中，如经济合同、章程等文种的开头部分常用这种方式。

2. 结尾

文章结束即结尾，古人称为“收笔”。结尾对整篇文章起着深化、回应的作用。好的结尾，能使全篇增光添色；反之，就会使全文黯然失色。结尾常用的方法有如下几种：

(1)总结式结尾。在结尾部分对全文作总结，以概括总的观点，点明主题。常用于总结、调查报告中的结尾方式。

(2)说明式结尾。这种结尾方式是对未尽事宜做一些补充说明，或者对与内容有关的问题做一些交代。多用于通报、通告、规章制度等文体中，如“本通告自发布之日起生效”。

(3)号召式结尾。在结尾部分提出希望和号召，鼓舞斗志。常用于总结、会议纪要等文体。

(4)自然收束式结尾。这种结尾方式主要是指事尽言止，自然收结。常用于通知、决议等简短应用文中。

(5)规定式结尾。这种结尾常用于一些有具体规定格式写法的文体中，如“妥否，请审核批示”、“希望遵照执行”等，用带有期望意思的惯用语句作结尾。

总之，结尾的方式有多种，具体选用哪一种，要根据具体情况而定。需要指出的是，文章要善始善终，既不能草草收场，敷衍了事，也不能当断不断，画蛇添足，要做到简洁有力，恰到好处。

(二)层次和段落

所谓层次，是指文章内容的表现次序，体现文章内容相互间的逻辑关系，有时也称“结构段”、“意义段”。

所谓段落，是指文章中的一个个自然段，它是文章中最小的可以独立的意义单位。一般来说，层次小于篇章，大于自然段，段落是构成层次的基础。

层次的划分是有客观依据的，有时按照事物发展的时间来安排层次，有时按照文章的逻辑关系来安排层次。比如写“请示”，首先写缘由是一个层次，其次要求上级给予解决问题的部分又是一个层次，最后是结束语。

(三)过渡和照应

所谓过渡，是指文章层次或段落之间的衔接与转换。过渡犹如桥梁，在文章中起着承上启下、穿针引线的作用，使全文浑然一体。常用的过渡方法有以下几种：

1. 过渡词

就是用关联词语过渡。常见的有“因此”、“总之”、“由此可见”、“综上所述”、“鉴于此”

等表示顺接的关联词语；“然而”、“但是”、“尽管如此”、“毋庸置疑”、“另一方面”等表示转折的关联词语。

2. 序号过渡

如用一、二、三、四、……；（一）、（二）、（三）、（四）、……；1、2、3、4、……；(1)、(2)、(3)、(4)、……；首先、其次、再次、最后、……；第一、第二、第三、第四、……。

所谓照应就是文章的前后呼应。平常所说的“前有交代，后有着落”就是一种照应。在应用文中，常见的照应有两种：

1. 首尾照应

就是文章开头提出的问题，在收尾时做出回答，使人加深对文章的理解。

2. 题文照应

文章内容始终围绕题目开展叙述，并以点题的方式结尾，使文章中心更加突出，使人印象更加深刻。

三、应用文结构的基本类型

应用文种类繁多，内容不一，写法不尽相同，归纳起来，常用的有如下几种类型：

(一)总分式

开头先对全文的内容作简要的概述，然后依次分别对其展开论述。总分式通常用于篇幅较长的应用文，如总结、论文等。

(二)递进式

或以时间为顺序，或由现象到本质，或从因到果等逻辑关系为顺序划分层次，使全文各层意思层层推进、层层深入、由浅入深、由表及里。比如开头提出问题，而后剖析问题、研究问题，再找出原因得出结果，最后找出解决问题的方法或建议。

(三)并列式

全文的各层意思并列安排，逐一表达。说明文多采用这种方式。

(四)条款式

采用分条列项的方式来写，层次更加清楚，一目了然。

第四节　应用文的语言

一篇应用文章有了明确的主旨、丰富的材料和巧妙的结构，最终必须用语言表达出来，语言是文章的细胞，因此，作者一定要有驾驭语言的能力。语言分文字语言和非文字语言两大类。

一、文字语言

(一)文字语言的特点

应用文的语言特点是由应用文的性质决定的，主要体现在“三多三少”上。

1. 介词多修饰性词语少

在应用文中，为了说清事由、讲明道理、引用文件、表明目的等，常常使用较多的介词。常见的介词有：表示关联、范围的有“关于”；表示对象的有“对”、“对于”、“将”等；表示依据的有“根据”、“遵照”、“依据”等；表示目的的有“为了”、“为”等；表示状态方式的有“按照”、“参照”、“依照”、“通过”等；表示方向的有“从、向、在”等；表示时间的有“自从”、“自”、“于”、“当”等；表示原因的有“由于”、“由”等；表示比较的有“比”、“跟”、“同”等；表示排除的有“除了”、“除”等。

而一些修饰性的词语，如“红彤彤”、“热乎乎”、“朝霞满天”，很少在应用文中使用。

2. 专用词多语气词少

应用文的涉及面很广，各专业有其专业用语。如财经类的有“金融、保险、税收、资金、利润、负债”等。

语气词，如“吗、呢、啊、呀、哇”等，在应用文中基本不用。

3. 文言词语多口语少

如“接洽、函达、此复、恕不”等文言词语可适当用于应用文中。

口语，如“帮帮忙好不好”、“好得不得了”等有碍应用文的表达，在应用文中不使用。

(二)文字语言的要求

1. 准确

准确就是力求使用最恰当的语言来表达作者的思想内容，使读者正确无误地理解作者的意思。语言的准确体现在三方面：一是用字的准确，如“他们违反财经纪律，滥用扶贫资金建造商用大楼。”其中的“滥”用字不当，别人会误认为扶贫资金还可以适当用于建造商用大楼。应改为“挪”或“动”。二是用词的准确。如“××厂去年利润 200 万元，今年只有 100 万元，减少了 1 倍。”其中“减少了 1 倍”用词不当，因为在原数上减少了 1 倍，等于分文没有，所以在说明减少或降低时，不能用“倍”，只能用分数或百分数表达。故应把“1 倍”改为“50%”或“1/2”。又如，“我们要尽量节约不必要的开支和浪费。”其中“节约”不能与“浪费”搭配使用，犯了动宾搭配不当的错误。再如，“王二尝到了苹果的气味。”“尝到”不能搭配“气味”，因“气味”是用鼻子嗅到的，犯了动宾搭配不当的错误，应把“气味”改为“味道”。三是用语句的准确。如“关于张三的揭发材料。”这句话的意思不够明确，是张三揭发别人，还是别人揭发张三呢？易使读者产生误解，所以应加上揭发对象，意思就明确了。又如，缺勤 3 天以上者，扣当月奖金。其中“3 天以上”意思不明确，若缺勤正好是 3 天是否扣发当月奖金呢？应加上“含 3 天”意思就明确了。再如，“爹在娘先走。”这句话意思也不够明确，是爹走了，还是娘走了呢？应改为“爹在，娘走了”。

语言准确，就是一个字、一个词、一句话只能表达一个意思，一种解释，不含糊、不费解。

2. 简洁

简洁即用尽可能少的语言文字来表达尽可能丰富的内容，也即“言简意赅”，能用一个词说明的决不用两个词，能用一句话说清楚的，决不用两句话。如《人民日报》曾登过一则消息，报道了武汉市人民政府对机关干部接待来访者的规定，规定只有 15 个字：“一起身、二请坐、三倒水、四办事、五送客。”简洁明了，朗朗上口，易记易行。

要使文字简洁，首先要训练自己的思维能力。对要表达的内容，要有深刻的理解，抓住问题的关键，才能表达简洁、确切。如果作者对要表达的内容不甚了解、思维模糊、认识不清，抓不住材料的要害，东一句、西一句，语无伦次、啰哩啰唆，让人看了绝不会有什么好感。其次要“忍痛割爱”、“删繁就简”，避免重复。因而在应用文的写作中，常使用“若……则……”、“只有……才……”、“虽然……但是……”、“即使……也……”、“因为……所以……”等句式。

3. 朴实

应用文以实告人，求真务实，解决实际问题，在笔法上要做到开门见山，直陈其事；在表达上多用叙述、说明、议论；在遣词造句上使用大众化、通俗易懂、朴实无华的词语，避免生僻晦涩的字句。

4. 得体

得体是指语言文字的使用要适合特定的文体、对象、身份、场合和关系。如文学语言要求“艺术性”；应用文语言要求“实用性”；科技语言要求“科学性”。

(三)文字语言的表达形式

应用文作为一种实用性的文体，主要是为了解决问题和处理问题的，它的表达方式通常有叙述、议论、说明、数字、图表，至于在文学作品中常用的抒情和描写除了在广告语、讲话稿、日记、信件等文体中用一些之外，其他应用文中基本不用。

1. 叙述

(1)叙述的含义。叙述就是把人物的经历和事物发展变化过程表达出来。它是一种最基本、最常见的表达方式。如在议论文中，用叙述的方式概括某些事实，从事实中引出论点；在说明文中，可以用叙述的方式对一些功用举例说明；在应用文体中常用叙述的方式交代事件的起因、发展、结果以及人物的经历。

(2)叙述的方法。在写作过程中，人们创造了多种叙述方法，现将常用的几种方法简要介绍如下。

① 顺叙。顺叙就是按照客观事物发生发展的先后顺序进行叙述。采用这种方法的长处是可以将事情的发展有头有尾地叙述出来，脉络清楚、条理分明，便于组织材料和反映事物的本来面目，易于让读者理解和接受。如情况通报、会议纪要等常用这种方法。

② 倒叙。倒叙是先写事件的结局或最突出的论断，然后再按事件的发展顺序进行叙述。采用这种方式的长处是形成悬念，引起读者强烈的阅读兴趣，使文章产生吸引力。如总结、调查报告等，常常是先叙述成绩、结果，然后叙述工作方法、取得的经验。

③ 插叙。插叙就是在叙述主要事件的过程中，由于某种需要，暂时把叙述线索中断，插入有关的另一事件的叙述。插叙使文章内容充实，富于变化。如撰写调查报告，常用这种方法。

④ 概叙。概叙就是概略叙述某一状况，某一过程的基本面貌，给读者以整体印象。概叙可让读者快速了解情节。如调查报告、总结等文体常用概叙方法。

⑤ 详叙。详叙就是详细叙述某种事物的基本面貌或某一事件的具体过程，使读者有细致的了解。如产品说明书、调查报告等。

(3)叙述的要求

① 线索清楚。应用文叙述的线索是作者组织材料的思路在文章中的反映。线索不能复杂，主线必须清楚，条理分明。

② 交代明白。叙述的要素包括时间、地点、人物、事件、原因、结果六个方面，在叙述时不一定在文章中一一写出来，但事情的来龙去脉一定要叙述清楚，交代明白。

③ 详略得当。叙述要抓重点、分清主次。凡是能突出表现主题的部分要写得详细，凡与主题关系不大的就应略写。只有详略得当，主题才能鲜明。

2. 说明

(1)说明的含义

说明是对事物的发生、发展、结果、特征、性质、状态等进行解释、介绍的一种表达方式。如规章制度的制定，说明书、协议、合同等的写作，都是以说明为主要表达方式，在学术论文中的立场、观点、论据都需要说明，对湖泊、耕地、植物、动物等的介绍、阐述也需要说明。名词概念的解释需要说明。

说明与叙述不同。说明多为“静”的介绍；叙述多为“动”的陈述。说明侧重于知识性、科学性，多是为了解释说明事理；叙述则偏重于反映事物的变化过程。

(2)说明的方法

① 定义说明。这是用简洁明确的语言把事物的本质属性揭示出来，给人以明晰的概念。定义说明既能使人们对被说明的事物有一个明确、本质的了解，又能使人们把该事物与其他事物区别开来。

定义说明的表述要求严格，往往是一个判断句，一言以蔽之的高度概括，准确地揭示事物的本质特征。但由于概括性较强，比较抽象，对事物的现象、特点难以说得具体详尽，所以，常常需要解释来补充定义说明。

② 解释说明。就是对事物作具体的解释，它是对定义的补充说明，常常是位于定义之后用括号或破折号加以解释。

③ 分类说明。将被说明的对象根据它们的性质、形状、成因、关系、功用等，按照一定的根据分成不同的类别，然后逐类说明。如规章制度按其性质功能不同分为行政法规、章程、制度、公约。

④ 分解说明。就是把一个整体事物分解成若干部分，然后一个部分一个部分地分别加以说明，使读者对事物的特点有细致、具体的了解。例如，要说明某地居民的生活水平，可将其分解为吃、穿、住、行等几个方面，分别加以说明。

⑤ 举例说明。就是列举有代表性的实例来说明事物。它是通过个别认识一般的方法，给人以真实感。举例说明往往是定义、解释或分类说明后的一种补充。在总结、调查报告、通报等文体中常用举例说明。

⑥ 引用说明。就是引用有关文献材料、名言、谚语等来补充说明内容。行文必须贴切，有针对性。引用资料要认真核实，注明出处，以便查考。

⑦ 比较说明。比较说明就是将两个或两个以上的事物或问题彼此相互比较，通过比较说明事物或问题的特征。这种比较可以是同类比较，也可以是异类比较。

(3)说明的要求

① 抓住事物的特征，使说明具有准确性和科学性。抓住事物的特征，就是要着眼于事物的相似处，在差异性上和本质特征上下工夫。

② 把握事物的条理性，合理安排说明顺序。人们认识事物的过程往往是由表及里，由简单到复杂，由远及近，从现象到本质。所以，说明的顺序一般要与事物本身的条理性及人们的认识过程相一致。

③ 语言简明，通俗易懂。说明的目的是让读者明了事物的本质和特征，必须做到语言简明、通俗易懂、深入浅出，使人能正确了解、认识客观事物。

3. 议论

(1)议论的含义

议论即摆事实、讲道理来阐明作者观点的一种方法。议论，一般来说是由论点、论据、论证三个要素构成。论点，是作者对所论述的问题提出的主张、看法和态度；论据，是作者用来证明论点的事实材料；论证，是以论据证明论点的过程和方法。

(2)议论的方法

① 事例论证。即用典型的具体事实作为论据来证明论点的方法。也就是人们常说的“摆事实，讲道理”的方法。

② 对比论证。是将论据中截然相反的两种情况进行比较，形成鲜明的对照。

③ 类比论证。即将性质特点相近的事物放在一起比较，从而达到准确认识事物的目的。

以上三种是最基本的论证方法，此外，还有引证法、反证法、分析法、演绎法、归纳法等，这里不再赘述。

(3)议论的要求

以事实为依据，以法律为准绳，就事论事，简明扼要。

4. 数字

在应用文写作中，恰当精确的数字运用，可收到准确可信、科学可靠、清楚醒目的效果。

(1)时间

① 年份。一般用阿拉伯数字。如 2003 年 10 月 1 日。在图或表里可简写成 2003.10.1。但 2003 年不能简写成 03 年。

② 公历。用阿拉伯数字表示。如 2001 年 9 月 1 日、20 世纪 80 年代。

③ 农历。用汉字表示。如九月初九。

④ 历史朝代。历史朝代要加公历。如“光绪三十一年”要写成 1905 年(光绪三十一年)。

⑤ 时刻。用阿拉伯数字表示。如上午 8 时 45 分，在图或表里可采用非正式写法，如 8：45。

(2)图表序号、证件号码、部队番号、文件编号

用阿拉伯数字表示。如表 1、表 2，图 1、图 2，93 号汽油。

(3)计数

① 整数一到十，不是出现在一组表示科学计量和具有统计意义数字中的一位数，可用汉字表示。如“一辆自行车”、“一个人”、“三本书”、“读了十遍”、“这个百分点”、“几千年”、

“十几天”、“三点建议”。

② 数字作为词意构成定型的词、词组、惯用语，用汉字表示。如“二倍体”、“三叶虫”、“十滴水”、“四面八方”、“十月革命”、“十六大”、“九五目标”、“第二季度”、“白发三千丈”。

③ 邻近的两个数并列连用，表示概数时用汉字。如“二三米”、“三五天”、“十五六吨”、“七八十种”。

④ 表示星期几的数字用汉字。如“星期一”。

⑤ 表示计量或具有统计意义的数，用阿拉伯数字表示。如“我在宣威市一中统计 10 名初中学生的平均身高为 1.46 米”。

⑥ 用阿拉伯数字书写的多位数不得转行，每两个阿拉伯数字占一格。

⑦ 在一组数字里不得有两个以上单位名称出现。如“84000 万”不能写成“8 亿 4000 万”。

⑧ 凡是一个句子的头一个字是数字时，应设法措辞，使头一个字不是数字。如“1 克蛋白质可释放热量 4.1 千卡”，可改写为“蛋白质 1 克可释放热量 4.1 千卡”。

⑨ 百分数。用阿拉伯数字表示。如 18%。但不能写成百分之 18。

⑩ 分数。用阿拉伯数字表示。分数线用斜线表示，分子、分母、分数线占一格。如“$\frac{1}{2}$”应写为“1/2”。

(4)引文标注版次、卷次、页码

除古籍应与所持版本一致外，一般均使用阿拉伯数字。

如：许慎·说文解字·四部丛刊书，卷六上，九页。

李秋·大学应用文写作新编·杭州：浙江大学出版社，2007。

(5)数字变动的表示方法

在数字变动过程中，如果不注意正确的表达方式，就会造成科学数据的差错。正确的表达方式为：

增加过去的 2 倍，即过去是 1，现在是 2；

增加到过去的 2 倍，即过去是 1，现在是 2；

增加 2 倍，即过去是 1，现在是 3；

超额 80%，即过去是 100，现在是 180；

降低了 80%，即过去是 100，现在是 20；

降低到 80%，即过去是 100，现在是 80。

二、非文字语言的特殊表达

应用文中常出现一些非文字语言的应用，它代表文字，发挥着叙述、阐明、集中表达文章内容的作用。非文字语言和文字语言应用的有机结合，是应用文写作的重要手段。

(一)公式和化学式

重要的公式和化学式要居中书写，简单的、叙述性的式子可串文书写，长式转行时，首先在“＝”、“＞”、“＜”等符号处转行；其次在“＋”、“－”、“×”、“÷”运算符号处转行；再次是化学式在“$\rightleftharpoons$”、“$\longrightarrow$”、“$==$”处转行，不得已时在“＋”处转行。

(二)表格

表格是一种按需要制成表，并分别填上信息(文字、数字、单位、符号)，它可使大量数据或问题系统化，便于阅读和比较，起着文字叙述难以起到的作用。因此，在应用文中出现3种或3种以上的数据时，方可应用表格的形式表达。使用表格的要求如下：

第一，表中的数字书写要规范，要一律用阿拉伯数字表示，小数点的精确度要一致，位次对齐。若遇上下栏或左右栏内容相同时，要逐项重复填写，不能使用“同上”、“同左”、“—”或其他类似词语或符号；如果由计算或实验测得的数据是“0”的情况，应该写“0”；对没有数字的地方要填写“—”；对没有测量或没有测出数据的空格不填写。

第二，表序与表题之间不用标点符号，空一个字距，写于表格的左上方。表题末尾不用标点符号。

第三，表中最后一句话的末尾不使用标点符号。

第四，表内单位相同时，可把单位提出来标注在表格上面的右端。

第五，若表格需要补充说明，可用注脚形式在下方列出。每一注脚单独为一行或一段。

第六，表的位置一般随文走，并紧接在涉及的文字下面。但有时限于文章结构或表格容量较大时，也可把表格放在涉及文字段落稍后的地方，并尽量放在与文字段落的同一章节中。

第七，研究成果列表，一个表格只用三条线，称为“三线表”。对于某些比较复杂的表格，若仅用三根线无法表达时，可添加辅助线。

(三)插图

在应用文中常用插图来增加文章的说明和论证作用，方法直观，既可以节约文字和篇章，又可以达到生动形象、使人一目了然的目的。使用插图的要求如下。

第一，图序与图题之间不用标点符号，空一个字距，居中写在图的左下方。

第二，图题末尾不加标点符号。

第三，图注位于图的底线之下，注解的字数不宜太多。

第四，图的位置，一般是先见文，后见图，不能脱节。

第五，插图不得粘贴在稿纸上，应在正文相应处留出适当的空白位置，另在稿纸上绘图。

(四)照片

应用文中的照片对增强说明和论证有强有力的作用。照片要求图像清晰、层次分明、反差适中，不得有污迹或折痕。如果照片中要标注符号，不能直接写在照片上，而应该在照片背面贴有透明性的纸，然后折到前面，把照片上要说明的地方在白纸上相应处标记，寄照片时，应连底片寄出。

(五)标点符号

常用的标点符号有16种，分点号和标号两大类。点号的作用在于点断，主要表示说话的语气和停顿。点号又分句末点号和句内点号。句末点号用在句末，有句号、问号、叹号3种；句内点号用在句内，有逗号、顿号、分号、冒号4种，表示句内各种不同语气的停顿。标号的作用在于表明语句的性质和作用。常用的标号有9种，即引号、括号、破折号、省略号、着重号、连接号、间隔号、书名号和脚点号。

1. 句号

(1)句号的形式：句号的常见形式为“。”特殊形式为一个小圆点“.”，一般在科技文献中使用。

(2)句号的使用技巧：表示陈述句末的停顿，用句号。如“虚心使人进步，骄傲使人落后。”语句舒缓的祈使句末尾用句号。如“我们要沉着，别慌张。”

(3)句号的书写格式：占一个字的位置，置于格子的左下侧，不得用在每一行的开头，如果碰到了这种情况可把最上行后一个字略向前移，句号就置于每一行最后一个字的右下边。

2. 问号

(1)问号的形式：“?”。

(2)问号的使用技巧：疑问句末的停顿都用问号，如“他叫什么名字?”。反问句的末尾用问号，如“难道你还不了解我吗?”。

(3)问号的书写格式：与句号相同。

3. 叹号

(1)叹号的形式：“!”。

(2)叹号的使用技巧：感叹句末的停顿用叹号，如“为实现中华民族的伟大复兴而努力奋斗!”语气强烈的反问句句末用叹号，如“我哪里比得上他呀!”。

(3)叹号的书写格式：与句号相同。

4. 逗号

(1)逗号的形式：“，”。

(2)逗号的使用技巧：句子内部主语与谓语之间的停顿用逗号；句子内部动词与宾语间的停顿用逗号；句子内部状语后边的停顿用逗号；中文数字、阿拉伯数字、百分数及外文的并列之间的停顿用逗号，如“首先，”、“其次，”、“N＝1，2，3，…”等。

(3)逗号的书写格式：与句号相同。

5. 顿号

(1)顿号的书写形式：“、”。

(2)顿号的使用技巧：表示句子内部并列的词或词组之间的较小停顿用顿号，如正方形是四条边相等、四个角为直角的四边形。中文数字的后面用顿号，如“一、二、三、四、”。

(3)顿号的书写格式：与句号相同。

6. 分号

(1)分号的形式：“；”。

(2)分号的使用技巧：复句内部并列分句之间的停顿用分号，如“你想提高运动速度时，摩擦力是有害的；你想使物体得到稳定时，摩擦力就是有益的了。”

(3)分号的书写格式：与句号相同。

7. 冒号

(1)冒号的形式：“：”。

(2)冒号的使用技巧：用在称呼后边表示提起下文用冒号，如“同志们、朋友们：”；用在“说、想、是、证明、宣布、指出、例如、如下”等词语后边表示提起下文用冒号，如“邓小平同志指出：‘科学技术是第一生产力。’”；需要解释的词语后边用冒号，如“课题申报单位：曲靖工商学校”。

8. 引号

(1)引号的形式：双引号“　”和单引号‘　’。

(2)引号的使用技巧：行文中直接引用的话用引号。如鲁迅先生说：“写完后至少看两遍，竭力将可有可无的字、句、段删去，毫不可惜。”需要着重论述的对象用引号标示，如古人写文章有个基本要求，叫做“有理有序”；具有特殊含义的词语用引号标示，如这样的“精明”还是少点好。

引号里面还要用引号时，外面一层用双引号，里面一层用单引号。如：一个学生站起来问：“老师，‘有条不紊’的‘紊’是什么意思？”

这里还要注意引文末尾符号的使用。引用的话如果是完整独立的，句末的标点符号应放在引号内。如前面所举的引鲁迅先生话的例子，引号里的话如果只是句子的一个成分，末尾的标点符号要服从现有句子结构的需要作适当的调整，而且引文末尾的标点要放在引号之外。如鲁迅的“横眉冷对千夫指，俯首甘为孺子牛”是我们的座右铭。又如许多著名作家提出：“写作要十步九回头”。

(3)引号的书写格式：引号的前引号和后引号分别占一个字的位置，前引号标在空格的左上侧，后引号标在空格的右上侧；前引号可用在一行开头，但不能用在一行的末尾一个字的位置，如遇到特殊情况，可把下一行的第一个字提上来；后引号不能放在一行的开头，若句子的最末一个字在行末时，应将最末一个字向前一个字紧靠一点，再把符号紧靠在其右边；引号和其他标点符号连用时，两种标点符号同居一格。

9. 括号

(1)括号的形式：常见的有圆括号“(　)”、六角括号“〔　〕”。

(2)括号的使用技巧：若括号里的话是注释句子或某些词语的，这种括号叫句内括号，句内括号内部不能有句号。如“我们仅用了一年时间(2000 年 3 月至 2001 年 3 月)就完成了这个课题。”若括号里的话是注释整个句子的，这种括号叫做句外括号，要放在句末标点的后面，句外括号内部可以有句号。如“写研究性文章与文学创作不同，不能推开稿纸搞‘即兴’(其实文学创作也要有素养才能有‘即兴’)。”

(3)括号的书写格式：前括号和后括号分别占一个字的位置，前括号标在空格靠右侧，后括号标在空格靠左侧。其他书写格式与引号的书写格式相同。

10. 书名号

(1)书名号的形式：双书名号“《　》”、单书名号“〈　〉”。

(2)书名号的使用技巧：书名号标明书籍、报刊、篇名、报刊名、乐曲等名称，如“《人民日报》”。书名号里边还有书名号时，外面一层用双书名号，里面一层用单书名号。如“他撰写的《〈闪闪的红星〉观后感》，在《会泽教育》杂志上刊登了。”

(3)书名号的书写格式：与引号的书写格式相同。

11. 省略号

(1)省略号的形式：省略号在中文里为六个小圆点“……”，在外文里或公式中间为三个小圆点“…”。

(2)省略号的使用技巧：标明行文中省略了的词语。如“那时，我心中诵读的是：天高云淡，望断南飞雁，不到长城非好汉。……”标明语言的断断续续，或说话人的沉默思索，或说话人情绪激动，欲言又止。如“你……怎么……又来了?”在外文中间用省略号。如“a_1，a_2，…，a_{n-1}，…”。

(3)省略号的书写格式：省略号占两个字的位置，可在一行的中间、开头、结尾，但不能拆开首尾各占一半。在外文里或公式中的省略号占一个字的位置。

12. 破折号

(1)破折号的形式：“——”。

(2)破折号的使用技巧：行文中解释说明的语句用破折号标明。如“为了全国人民——当然也包括自己在内——的幸福。”语意的跃进用破折号。如“‘那女教师怎么把他——’，我指着一位优等生，‘把他给叫去了?’”行为引申用破折号，如“实践——认识——再实践——再认识是认识发展的普遍规律。”文章的副标题用破折号。如：

战士的豪情

——刘白羽散文的风格

(3)破折号的书写格式：与省略号的书写格式相同。

13. 连接号

(1)连接号的形式：常用形式是半字线“-”、一字线“—”、浪纹“～”、长横“——”。

(2)连接号的使用技巧：两个相关的名词构成一个意义单位，中间用连接号，如“我国秦岭—淮河以北地区属于温带季风气候区。”相关的时间、地点、数目之间用连接号表示起止，如“北京—上海”。又如“1976～1999年”。连接两种物质、图标的编号用连接号。如“针叶—阔叶林”、如“表3-4”。

连接号与破折号的区别是：连接号起连接作用，破折号起停顿作用。即连接号是“连”，破折号是“断”。

(3)连接号的书写格式：长横线占两个字格，浪纹占一个字格，半字线放在两个格子之间，不占格。连接号可放在一行的开头、中间或结尾。

14. 间隔号

(1)间隔号的形式：“·”。

(2)间隔号的使用技巧：书名与篇(章、卷)名之间的分界用间隔号标示，如《中国大百科全书·生物学》。外国人和某些少数民族人名内部的分界用间隔号标示，如“列奥纳多·达·芬奇。”涉及一月、十一月、十二月的简称表示事件，月和日用间隔号。如“一·二八”事变(1月28日)、“一二·九”运动(12月9日)。涉及其他月份时间，不用间隔号。如“五四”运动。是否使用引号，视其知名度而定。

(3)间隔号的书写格式：间隔号占一个字的位置，设于格子中间。

15. 着重号

(1)着重号的形式：“.”。

(2)着重号的使用技巧：文章里重要的词语和句子用着重号标示。如“应用文章必须突出实用性。”

(3)着重号的书写格式：着重号在强调文字的下方，不占格。

16. 脚点号

(1)脚点号的形式：“、”。

(2)脚点号的使用技巧：用于阿拉伯数字序码层次停顿的标示，如“4、3、2”，表示第四章第三条第二款。

(3)脚点号的书写格式：脚点号标注在阿拉伯数字右下角，不占格。这里要说明的是：数字用括号后，不用标点符号，如“(一)”。

> **知识书签**
>
> 应用文写作的人称是指作者在文章中的地位，这是在应用文写作中必须处理好的问题。一般采用第一人称(我、我们)和第三人称(他、他们)，使用时根据需要而决定。使用人称要始终如一，不得混用。此外，在应用文写作中，切忌用第二人称(你、你们)。

思考与练习

一、名词解释

应用文的主旨　　应用文的材料　　应用文的记叙　　应用文的说明

二、填空题

1. 应用文的四个基本构成要素是________、________、________、________。

2. 应用文主旨的表现要做到________、________、________、________。

3. 应用文材料的获取途径有________、________、________、________、________。

4. 应用文的结构是指文章的整体构造，包括________和________两大方面。

5. 文字语言的要求是________、________、________、________。

三、修改下列句子中数词表达上的错误

1. 今年××化工厂存储款猛增，达到2亿元，和去年同期相比增加到30%。

2. ××厂3月份销售额达200万元，比2月份的100万元增加了2倍。

3. 由于天灾严重，我乡今年粮食总产量为20 000万千克，比去年40 000万千克减少了2倍。

四、简述题

1. 如何围绕应用文的主旨选择材料？

2. 简述应用文的说明方式。

技能训练

以“怎样整理应用文写作材料”为题，写一篇700字左右的文章。

第四章　应用文写作要求与提高写作水平的途径

一、应用文写作的要求

应用文写得好，就能指导实践，解决问题，推动工作的发展，起到事半功倍的效果。反之，则浪费人力、物力、财力，甚至错失良机。所以，要认真对待，以主题的鲜明、材料的选定、格式的规范到语言的表达都必须慎重从事。具体来说，应注意以下四点要求：

(一)主旨单一、新颖、鲜明

主旨是指文章的中心思想，是作者的意图、主张或看法在文章中的体现，是文章的灵魂、论点。

单一，是指一篇文章只有一个中心，这个中心是全文的统帅，在行文时，字字句句围绕主旨，紧扣中心，不枝不蔓，“花开千朵，一本所系”。多主旨则无主旨，多中心则无中心，“一文一旨”是撰写应用文必须遵循的原则，也是应用文生效的保证。

新颖，是指主旨立意的观点要新、看法要新，给人以新的启发，决不是他人的翻版，跟着感觉走、人云亦云、随波逐流；决不是开头戴个帽、中间抄段报、结尾喊口号的“陈年老醋”。只有不断推陈出新、捕捉新问题、找出新观点，才会有影响力。

鲜明，是指文章的中心思想，作者的意图爱什么，恨什么，主张什么，反对什么，弘扬什么，抛弃什么，肯定什么，否定什么，使读者一看就知，不模棱两可、含糊其辞、东拉西扯、废话连篇，否则就会误导读者，给工作造成损失。

(二)材料典型、真实、有力

材料为主旨服务。如果把主旨比喻为“果核”，那么材料就是“果肉”，“果肉”紧扣“果核”而着生。材料是形成、支撑并表达主旨的事实与理论，是文章的论据。只有让材料说话，才能言之有据，言之有物，言之有理，言之有质，言之有效，写出内容充实、丰富，有较强说服力的文章。

典型，是指材料要集中、深刻地表明事物的本质、共性及发展规律，对关键问题在调查中挖掘要深一点儿，观察要细一点儿，在分析道理时要透彻一点儿，从而得到典型、宝贵的第一手材料。

真实，应用文是办实事、解决问题、讲求实效的文章，最讲究真实性，而材料的真实又是文章具有真实性的首要条件。选用第一手材料，要符合客观实际，而不能道听途说、偏听偏信，更不能随意编造、凭空想象、歪曲事实、以偏赅全。如某班有个别学生纪律不好，不能推断出该班纪律不好。选用第一手材料，要在正确全面地理解材料内容的基础上，按其本身的内涵使用，不能以讹传讹，断章取义，失去真实性。

有力，是材料具备的另一个特点。首先是说材料要为主旨服务，而不是游离于主旨之外，或同主旨相悖；其次是要求材料为主旨的表达所必须，以“以一当十、以少胜多”，增加文章的力度，提高应用文的时效性。

(三)结构合理、规范、严谨

写应用文在明确主旨、选定材料后，要构建一个把主旨有机结合在一起的框架，这个框架就是文章的结构，是文章的论证。简单地说，结构就是根据主旨表达的需要，合理组织材料。

合理，是指应用文的结构脉络符合主旨表达的需要，从材料的取舍排列序次都要凸显主旨，有助于读者读以致用。

规范，应用文的每一种文体都有统一的格式，一篇应用文包括哪几部分，各个部分应该如何排列，都有固定的模式。撰写应用文时，一定要遵守格式，并要求首尾完整，符合行文标准，做到行文自然。

严谨，首尾照应、衔接紧密、过渡自然、层次清晰、段落分明是应用文结构严谨的基本条件，也是应用文结构的基本要求。而松散无序、前后矛盾、层次混乱、颠三倒四、当止不止、不当止却止都是文章结构不严谨的表现，达不到行文的目的。

(四)语言准确、简明、平实

语言是思想的外衣、信息的载体、交流的工具，离开语言，写作就无法进行。俗话说：“语言不上蜜，却可粘住一切”。语言不仅有把无形的构思变成有形的文章的功用，而且有帮助作者梳理思维的作用，语言运用得好坏，直接关系到文章质量的高低。

准确，语言准确无误与实事求是是一脉相承的，除了用词恰当、贴切、得体之外，决不能用范围词，如“大约”、“大概”、“可能”、“也许”等。

简明，所谓“简”就是语言简洁，表达简捷，篇幅简短。所谓“明”就是表达明了，把情况说得清清楚楚、明明白白。语言简明，就是能用尽可能少的语言材料，把尽可能多的信息明明白白地告诉读者。应用文语言虽然不排挤生动、形象，但更注重开门见山、言简意赅、忍痛割爱、删繁就简，抛弃不必要的重复，剔除一切同主旨无关或关系不大的语句，杜绝食洋不化、半文不白的语句，避免空话等。

平实，即朴实自然、明白易懂。应用文语言不能像文学创作那样极力含而不露，而要直陈其事，一是一，二是二，直截了当，明明白白地把事情说清楚，让人看了一目了然，不能用夸张、修饰的词语，无须深情和细腻的描绘，更不用激动人心的抒情。我们推崇和提倡的毛泽东同志的文风，就是我们学习的典范。

二、提高应用文写作水平的途径

应用文写作是一种综合性知识的应用，是脑力劳动的具体体现，而非一蹴而就，也没有什么“秘诀”可循。要写好一篇应用文，是作者政治思想水平、生活阅历、知识水平和写作能力的综合反映，不少人说话口若悬河、滔滔不绝，但要用文字表达出来，总是望而生畏、望文兴叹，实际上就是人们常说的“茶壶煮汤圆，倒不出来。”究其原因无非是写作水平不高，而要提高写作水平，在这里仅就中职学生提出“综合治理”的五点建议以供参考。

(一)明确目的，树立自信是前提

古人云：“意在笔先”。意思是作者文章中所要表达的基本观点，在下笔之前，必须明确。

应用文是务实的，“务”什么“实”，如何去“务”，在动笔前就必须清楚。也就是说，写作时的目的要明确，要以提高经济效益和社会效益为目的，这是写应用文的宗旨。

作为一名中职学生，能读会写是“看家本事”。假若我们在工作中，满脑子的经验、创新就是写不出来，无法得以推广应用，那再好的经验又有何用？可见，不重视应用文写作水平的提高，是短视且不明智的，即使有创新也无法体现出来，看着“银子化成水”。因此，作为一名中职生，必须树立写作的自信心，熟练掌握应用文的写作技巧。

（二）领会政策，熟悉业务是基础

为指导工作的顺利进行，党和国家经常要制定并发布一些新的方针、政策。正确的方针、政策是对工作规律深刻认识的产物，代表着广大人民群众的愿望和需要，预示着社会生活发展的方向，是社会各行业或部门在一定时期内做好各项工作的指针。正因为如此，领会政策精神，是写好应用文不容忽视的一项准备工作。

“无本不立，无文不行”，应用文的写作同业务工作有着密切的联系，这里所说的业务，既包括专业知识的钻研，也包括对实际工作的了解，即“一专多能”。如果作者对业务不够熟悉，那应用文的写作就漏洞百出，是写不出高质量应用文的。

（三）掌握规律，了解规定是着眼点

“思无定契，理有恒存。”文思无定法，规律却是永远存在的。探寻写作规律，是写作理论研究的任务，务必从理论上认识规律，把握各种文体的特点和写法，了解应用文的写作规定，才能在写作中有所依据，对号入座，把文章写得规范，避免乱点鸳鸯谱、蜻蜓点水。

（四）锤炼思维能力，加强语言修养是关键

应用文是客观实际的反映，但不是消极、被动、机械的反映，而是人脑对客观实际进行深入思考的结果，是作者的思维同外界事物相互作用的产物。人是写作的主体，人的主体作用又恰恰集中体现在思维的作用上，从资料的收集到选取，从观点的形成到表达，每一个环节都离不开作者的思维活动。因此，提高写作水平，最终应着眼于思维水平的提高。

语言修养是一种较高的利用材料表情达意的能力，那些可有可无的字句要一律予以删除，做到句内无余字，篇内无闲话，有话则长，无话则短。

（五）善于借鉴，勤于实践是切入点

1. 多读书

应用文写作涉及各方面的知识，这些知识的获得，主要来自前人留下的文化遗产。唐代杜甫说：“读书破万卷，下笔如有神”，人们也常说：“熟读唐诗三百首，不会做诗也会吟”。这是古人的经验之谈，它说明多读优秀的范文，不仅能掌握文章的写作格式，更重要的是，可以学到各种文体的表达方式，收集到最新的工作动态，了解到最新的信息，动起笔来，语句自然流于笔端，运用自如，从而丰富写作内容，提高文章质量。这就是“他山之石，可以攻玉”的内涵。

2. 多实践

这里所说的实践，是指社会生活实践。陆游说：“纸上得来终觉浅，绝知此事要躬身”，这里的“躬身”就是指亲身实践。俗话说：“实践出真知”，人们也常说：“巧妇难为无米之炊”。撰写应用文章，如果没有实践这一环节，就形不成新的见解，无论写作水平有多高，也写不出好的文章来。如学游泳，先看游泳的书，什么蛙式、自由式都知道了，可是初下水的时候却很勉强，一次勉强，二次勉强，勉强游起来，一个不小心又沉下去了。反复地练习，勉强阶段过去了，不用再想手脚怎么样，自然而然地在水面上游，往前游。这才叫掌握了游泳的技术。写作和游泳一样，要提高写作能力，首先要热爱生活，投身到现实实践中去，才能把自己所掌握的写作知识内化为写作能力，形成良好的写作习惯和熟练的写作技巧。

3. 多写作

学习应用文，固然要有理论知识的指导，要反复实践，但要熟中生巧，必须通过多写、多练才能实现。写作是"行"的事情，不只是"知"的事情，要动脚才会走，要举手才会取物，要执笔，才会写作。写作能力的提高不会是"立竿见影"的，它是一种"慢"功，短时间很难见到效果。宋代文学家欧阳修在被问及怎样才能写好文章时回答道："无他术，唯勤读而多为之，自工。""勤读"指多读书，"多为之"则是指多写多练，整句话的意思是说只要多读多练，文章自然就能写好。人们常说："写作不怕功底浅，勤学苦练能过关"，从中悟出了写作能力是"写"出来的。那么，如何练习写作呢？

首先，练习写作与练习写字一样，可用现成的文章作为"字帖"去模仿，也叫"依葫芦画瓢"。以后逐渐丢掉"字帖"，独立完成，体现自己的写作风格，做到水到渠成、火候到时露真意，成为写作的能手。

其次，练习写作还要有韧劲儿，不骄不躁。写作是一种艰苦的劳动，缺乏意志的人是无法登上写作高峰的。功夫不负有心人，只有决心高，养成一丝不苟的良好习惯，反复磨炼，持之以恒，写作能力才能不断提高。

知识书签

凡作者一定要有驾驭语言文字的能力，务必在字、词、句上下工夫。据统计，汉字约10万个，但应用文写作，掌握3000个常用汉字就基本可以了。毛泽东选集1～4卷用字2981个，老舍的长篇小说《骆驼祥子》用字2413个，曹雪芹的名著《红楼梦》用字4200个。

思考与练习

1. 名词解释

主旨单一　　材料典型

2. 填空题

应用文的写作要求是指主旨__________、__________、__________，材料__________、__________、__________，结构__________、__________、__________，语言__________、__________、__________。

技能训练

全班分组讨论，议题是如何提高应用文的写作能力。

第五章　应用文的写作过程

在应用文写作中，其写作过程大致包括以下几个步骤。

一、写作动机的产生

实用写作动机一般都有较强的针对性，例如，一年一度的工作总结，其写作目的很明确，就是为了肯定成绩、总结经验、查找不足，提出下一步的工作措施，推进下一年度的工作。这与文学写作由形象或情感激发创作动机的情形是截然不同的。

二、文体的选择

实用写作强调一文一事和依事行文。在处理具体事务时，选用何种文体是很有讲究的。例如，公文中的报告和请示，当需要向上级汇报工作时，用报告；当需要请求上级答复和解决问题时，用请示。而在文学创作中选用文学体裁多半只考虑自己的专长，因而，文学体裁的表现是多种多样的。

三、立意定题

立意定题就是确定文章的中心思想，即主旨。主旨是文章的灵魂、是统率，是作者的思想、态度和观点的集中反映。

四、选择材料

材料在应用文中的任务是表现主旨，为主旨服务。因此，对表现主旨的各种事例、各种数据等材料的选择务必做到“去粗取精、去伪存真、由此及彼、由表及里”，紧扣主旨、服务主旨。

五、谋篇布局

这一步的任务是设计文章的结构，确定层次顺序，通俗地讲，就是先写什么，后写什么，再写什么，即拟订提纲。

（一）拟提纲的作用

第一，能合理展现应用文体的结构。在撰写内容复杂、篇幅较长的文章时，拟出提纲，能使文章结构合理、条理清楚，所写内容不会遗漏，同时，也避免写进无关内容。

第二，利于瞻前顾后，综观全局，通盘考虑，详略得当。

（二）拟提纲的方法

用简短的词语构成标题形式，把文章的中心内容概括出来。提纲拟订的好与坏，完整与否，对写好应用文起着关键作用。因此，拟提纲要花时间、下工夫，可谓“磨刀不误砍柴工”。

撰写字数少的简单应用文不一定都拟提纲，但必须构思好“腹稿”，撰写时方能一气呵成。

六、撰写初稿

在拟订好提纲或构思好“腹稿”之后，便可按应用文体的格式和写作要求撰写初稿。

七、修改定稿

(一)应用文修改的意义

修改，是文章写作的有机组成部分，也是应用文写作进程中非常重要的一个环节。许多好文章都是经过反复修改、多次加工而得出的结果。毛泽东说：“现在的事情、问题很复杂，有些事情甚至想三四回还不够。鲁迅说：‘至少看两遍’，至多呢？他没有说，我看重要的文章不妨看它十多遍，认真地加以删改，然后发表。文章是客观事物的反映，而事物是曲折复杂的，必须反复研究，才能反映恰当；在这里粗心大意，就是不懂做文章的起码知识。”有人说“好文章不是写出来的，而是改出来的”，这话颇有道理。

(二)应用文修改的方法

1. 趁热打铁法

趁热打铁法也叫热修改法。此法是指初稿完成后，马上修改文章的方法。这个时候修改文章，作者对文章的全貌和内容比较熟悉，对主要材料、结构、层次等记忆犹新。因而对初稿中的毛病，如何处陈旧、何处平淡、何处不妥、何处多余、何处遗漏等都比较容易发现。同时，对文章撰写过程中感觉有问题的地方因忙于行文而未作处理的，记忆清晰、印象深，改动起来不会遗漏。此法的不足之处是作者初稿刚定就修改，还处在初稿的兴奋状态，跳不出原来的逻辑思维与模式，难以“删繁就简”、“忍痛割爱”。

2. 冷处理法

冷处理法也叫冷修改法。是指初稿完成后，放置一段时间后再修改的方法。这种方法可以避免趁热打铁法中的不够冷静的弊端。

毋庸置疑，写好的初稿放置一段时间后，再读时，有一种新鲜感，这样就容易摆脱原来的思维模式，修改时易发现一些不完善和不妥当之处。但是冷处理法也有不足之处，即可能忘记一些临时闪现的思维火花，有时候，因时间限制，不允许把稿子搁置，也就无法“冷处理”了。

3. 诵读修改法

也就是初稿完成后，边诵读边修改的方法。一般地说，初稿中的一些问题，诸如字词搭配不当、衔接不好等语言表达方面的毛病，只看不易发现，但一诵读就发现了，甚至有时仅凭“语感”也能发现不妥之处。古人写诗作文，总要反复咏唱，直至顺口为止，就是这个道理。

4. 以文会友法

以文会友法也称求助法。就是初稿写完后，请别人帮助修改的一种方法。俗话说：“旁观者清，当局者迷”。自己写的文章自己修改往往有局限性，虚心请教他人，吸收他人的真知灼见，就能使自己的文章臻于完善，达到理想的目的。此法也包括主动征求领导意见、召开会议讨论。

(三)应用文的修改符号

应用文的修改一般是在原稿上进行，必须正确使用修改符号，避免文字、结构、材料等方面的混乱。修改符号是作者、编辑和排版人员共同使用的统一符号，是一种简单明了的无声语言。因此，在修改文章时务必使用惯用的、清楚的公认符号，编辑和排版人员才能一看就懂。现把常用的修改符号介绍如下。

1. 增补号

(1)增补号的形式：用“”表示。

(2)增补号的使用技巧：增补号是表示增补字、词、句的符号，一般用在需要增补的字、词、句上方。增补符号箭头要准确插入增添的位置。例：

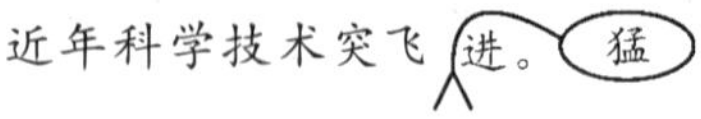

2. 删除号

(1)删除号的形式：用“”表示。

(2)删除号的使用技巧：删除号是表示删去字、词、句或标点的符号。例：

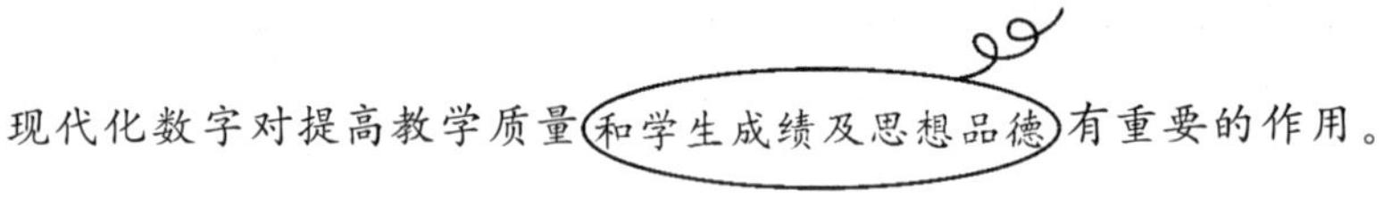

3. 调位号

(1)调位号的形式：用“”或“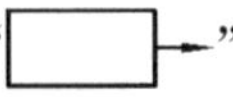”表示。

(2)调位号使用技巧：调位号也叫换位号，是调整字、词、句次序的符号。第一个符号用于个别字、词、句的调位；第二个符号用于大段或隔行的调整，箭头插在移入点位置。例：

4. 换用号

(1)换用号的形式：用“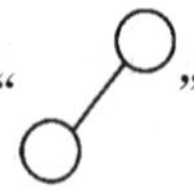”表示。

(2)换用号的使用技巧：换用号也称改用号，表示用错或不正确的字、词、句或标点，用正确的字、词、句或标点来代替。例：

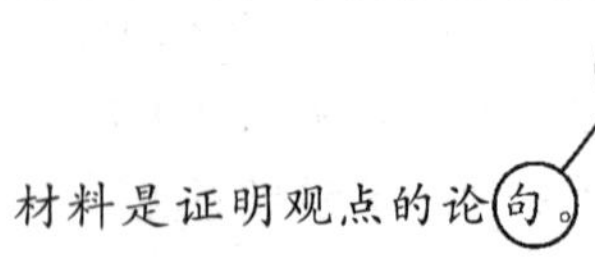

5. 连续号

(1)连续号的形式：用“”表示。

(2)连续号的使用技巧：是表示两处连接在一起的符号，用于需要连接的地方，箭头指向连接处。例：

教育科学论文也叫教育学术论文。

它是学术论文的一种。

6. 提行号

(1)提行号的形式：用“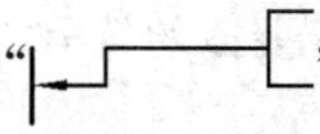”表示。

(2)提行号的使用技巧：提行号是表示需要另起一段的符号，把原来的一段文字分成两段，在需要分段的地方标示，竖线画在起段的位置。例：

……要创建具有中国特色的社会主义教育体系，就要认真研究中国的教育史。我国是世界四大文明古国之一。……

7. 复原号

(1)复原号的形式：用“△△△”表示。

(2)复原号的使用技巧：复原号也叫保留号，表示恢复已删去的文字或标点符号。例：

我们的目的一定能够达到。

△△

8. 上下移动号

(1)上下移动号的形式：用“”、“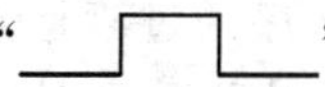”或“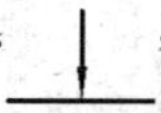”、“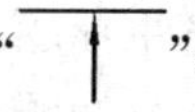”表示。

(2)上下移动号的使用技巧：表示字、词、句向上或向下移动几格。例：

第一章　应用文概述

9. 左右移动号

(1)左右移动号的形式：用“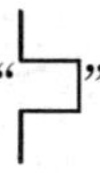”、“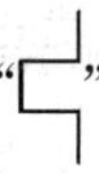”或“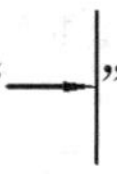”、“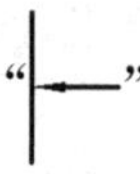”表示。

(2)左右移动号的使用技巧：表示字、词、句向左或向右移动几格。例：

无论哪种应用文体，都有

|←固定的写作格式。

10. 离空号

(1)离空号的形式：用“#”表示。

(2)离空号的使用技巧：表示文字要空格的符的符号。用一个“#”号表示空一格，用两个“#”表示空两格，以此类推。例：

字斟句酌#反复锤炼。

11. 空行号

(1)空行号的形式：用“＞、＜”表示

(2)空行号使用技巧：空行号是表示两行文字之间应留空符号。空行号应标在两行文字之间。例：

期望本人的拙见能对读者有一点启发。

＞　　　　　　　　＜

一、对学术论文界定的认识

12. 缩空号

(1)缩空号的形式：用“＜　＞”表示。

(2)缩空号的使用技巧：缩空号是表示把原有空行去掉的符号。例：

公文的分类：

＜　　　＞

比较常见的分类方法有以下几种。

(四)应用文修改的范围

一篇应用文体要修改多少次，很难预料。一般来说，第一次通读时，注意修改文章的结构；第二次通读时，侧重修改文章的内容；第三次通读时，侧重修改文章的题目；第四次通读时，侧重修改文章的语句、叙述、错别字、标点符号、公式、图、表格。修改时，要反复推敲，细心琢磨。

1. 应用文结构的修改

(1)应用文结构的修改范围

①检查格式是否符合文体规范，详略安排是否得当。

②各主标题与分标题排列次序的过渡是否自然，是否符合逻辑推理。

③各分标题是属于其主标题之下，还是归到其他主标题之下较为恰当。

④各主标题之下是否需要分标题，分标题的内容是否与主标题相符合。若不需要分标题，则把主标题之下的分标题全部删去，如果要有分标题，至少要有两个。

⑤每一个分标题中的句子，是否符合该标题的意思。如果有些句子在这个标题中不妥当，就思考将其归在其他标题里是否恰当，若不恰当，就应删去。

(2)应用文结构的修改方法

①在修改过程中，若标题及内容的前后次序移动很少，可采用圈勾标记法来修改。即把需要移到其他地方的标题、内容或句子用红笔圈好，打箭头引出稿子至边缘，注明移往某页某处，并在要移到的页数位置作出同样的标记，写明由何页何处移来插入。

②如果标题及内容的前后次序移动较多，可采用剪裁法。具体做法是等到把全文看完后，把现有标号的标题、内容或句子剪裁下来，按次序归并在一起。

2. 应用文内容的修改

(1)应用文内容的修改范围

①应用文在内容布局上是否符合“提出问题、分析问题、解决问题”的逻辑关系。

②全篇的布局、层次和段落的安排是否眉目清楚、有条有理。

③内容的每一个方面是否有足够的材料来支持自己的论点，如果材料不足，致使论点缺少骨肉，苍白无力，就要增补有代表性的、有普遍意义的新材料，使论证变得充分有力。

④所选用的材料是否真实可靠，符合要求。如不恰当，就需要把失实的材料改为翔实的，空泛的材料改为实在的，陈旧的材料改为新颖的，分散的材料整理集中，游离于主题之外的材料坚决删除，零乱脱节的材料加以串联统一。

⑤文章篇幅是否恰当。因为对于文章篇幅的长短，期刊编辑部总是有规定的，一般不超过5000字。如果篇幅过长，首先应把无关紧要的语句删去，否则材料堆积、“多多益善”，便是画蛇添足。其次考虑删去不必要的内容，或是考虑把该文内容的几个主题分开写成2～3篇。清代著名书画家郑板桥说的：“删繁就简三秋树，立异标新二月花”，就是告诉我们修改文章时，对文章的材料要“删繁就简”，像秋天的树木一样，杂枝枯叶被秋风扫尽，留下的枝干显得层次清楚、俊俏挺拔。对文章的主题要“立异标新”，像初春的花朵吐露芳姿玉色，芳香宜人，格外地引人注目。

(2)应用文内容的修改方法

①如果在应用文内容的某些字句之间增加2～3句语言作为内容补充，那么可以补在该行上面的空白处，并作插入记号。如果增加的内容较多，不便写在上行的空白处，可写在稿纸边上或另一页纸上，并作好增插标记。

②对应删去的部分用删除号删去。

3. 应用文题目的修改

在平时写应用文体拟定的题目往往在用字、措辞方面不一定恰当，这就必须根据文章内容来重新仔细考虑、反复推敲，再把标题确定下来。文章题目的修改范围和方法是：

(1)大题小作。题目涉及面宽，而文章内容却较窄，这就叫“大题小作”。这种现象在初学写作的新兵中占有相当大的比例。如有一篇论文，写的是对素质教育考试命题的改进意见。论文题目却是“对素质教育考试改革的思考”。考试改革包括很多方面的内容，诸如考试制度、考试频率、考试形式、考试命题、考试结果等，而考试命题只是考试改革的一部分。因此，这个题目就应改为“对素质教育考试命题的思考”最为恰当。

(2)题目过旧。好的文章题目，应该是在一定程度上反映出作者的观点和新意，让别人一看到题目，就能引起对文章的注意。文章题目的陈旧主要表现在重复别人用过的标题。如“小学校长在学校管理中的作用”这个题目虽然本身没有问题，但随处可见，缺乏新鲜感，如将这个题目改为“小学校长在学校管理中的影响力”就能吸引读者的注意力。

4. 应用文语句的修改

语言是表意的工具，只有字、词、句、数据、标点、公式、表格、图、参考文献准确无误，才能表达作者的思想。其修改范围和方法是：

(1)结论是否过头。因所下结论过头将使可贵的观点或真实的成绩减少光彩。如任意标榜“填补国内外空白”、“达到国内领先水平”等，在读者中造成不良影响。

(2)把似是而非的语言改为确切的，把生涩、含混、笼统的词语改为通俗易懂、清晰明了的，把用错的字、数据、公式等改为正确的。

5. 定稿

修改好的文章抄写在15×20＝300字或20×20＝400字的稿纸上即为定稿。文稿如用计算机编排打印，应使用统一规范的8K纸或A4纸，打字时，行间应留有一定空隙。一般题目用“2黑”，姓名用“4宋”，地址、摘要用“小5宋”，正文用“5宋”，图表题用“小5黑”，表内文字用“小5宋”，参考文献用“小5宋”，文内一级标题为“小4黑”。

知识书签

许多好文章、好作品都是反复修改、多次加工得出的结果。曹雪芹写《红楼梦》曾“批阅十载，增删五次”。

思考与练习

一、名词解释

趁热打铁法　　冷处理法　　以文会友法

二、填空题

1. 实用写作强调一文一事和__________。
2. 设计文章的结构、确定层次叫__________。
3. 初稿写成后，边诵读边修改的方法叫__________。
4. 应用文常用的修改符号有______、______、______、______、______、______、______、______、______、______、______、______。

三、简答题

1. 应用文的写作过程包括哪几方面？
2. 应用文修改的范围有哪些？

技能训练

教师组织学生分组讨论，议题是如何立意定题，最后教师归纳总结。

第二篇　事务文书

第六章　事务文书概述

一、事务文书的概念

所谓事务文书，就是国家机关、社会团体、企事业单位用来处理日常事务、沟通信息、总结经验、研究问题、指导工作、规范行为的实用性文书。

二、事务文书的特点

第一，针对性。一份事务文书是为哪些人撰写的，要求哪些人了解并使用，均有针对性。

第二，规范性。各种事务文书在长期的应用文写作中，大都形成了比较固定的惯用格式。

第三，真实性。事务文书力求做到信息准确、情况真实、材料无误、典型经验合乎规律。

第四，时效性。为完成工作或解决问题而撰写的事务文书，只有在限定的时间内及时完成，才能发挥应有的作用。比如，工作计划必须在工作开展之前写出，否则它就会失去意义；工作总结必须在工作结束之后马上写出，否则它的价值就会大大降低。

三、事务文书的作用

事务文书的应用范围极其广泛，其作用是多方面的，归纳起来，主要体现在以下 3 个方面：

(一)贯彻政策，指导工作

大部分事务文书是体现党和国家方针、政策，指导人们做好工作的重要工具，如计划、规章制度等。

(二)沟通情况，联系工作

由于时间和空间的制约，许多经验、情况、设想人们不可能都面对面地进行口头交流，这就需要借助像事务文书这样的文字材料来沟通情况、交流经验、联系工作。如简报具有上情下达、下情上传的作用。

(三)宣传教育，检查督促

事务文书通过介绍经验、表彰先进、抨击丑恶，可以起到宣传教育群众，检查督促工作，使人们统一思想，提高认识，激发工作热情的作用。

四、事务文书的种类

事务文书种类繁多，使用频率极高，对事务文书的分类，至今尚无一个明确的规定，本书按事务文书的作用将其分为：条据、书信、启事、海报、计划、总结、述职报告、调查报告、简报、讲话稿、规章制度、会议记录等文体。

五、事务文书的写作要求

(一)实事求是，切实可行

撰写事务文书是为了解决生活、学习、工作中的实际问题，因此，必须有实事求是的写作态度，容不得半点虚假和浮躁。

(二)行文格式约定俗成，语言准确

事务文书的格式长期约定俗成，要按俗成格式写作。同时，用语要准确、贴切。

> **知识书签**
>
> 现代管理学认为，管理活动的流程大致包括决定、计划、组织、控制，而事务文书在这四个层次的流程中发挥着重要的作用。

思考与练习

一、填空题

1. 事务文书的特点有________、______、______、________。

2. 事务文书是国家机关、社会团体、企事业单位用来处理_________、_________、________、________、________、________的实用性文书。

二、简答题

1. 事物文书有哪些作用？

2. 事物文书有何写作要求？

技能训练

按班级分成小组到社区调查，撰写一篇常用种类的事务文书。

第七章　条　据

条据是人们在日常生活、学习、工作中，为办理某些事情或发生财务往来时常用的一种简便文体。条据分为两大类：一类是说明性条据，如请假条、便条；一类是凭证性条据，如借条、领条等。条据虽然简单，但也有其一定的写作要求和格式，不能随便乱写，否则会引起纠纷。

第一节　说明性条据

说明性条据是人们在日常生活中一方向另一方有所说明时所写的简明条据，实际上是一种简单书信。常见的说明性条据有请假条和便条两类。

一、请假条

(一)请假条的概念

当因有事、有病不能按时上班、上学或参加某项活动时，为向有关人员请假而写的字条就是请假条。请假条一般由本人书写，必要时也可由他人代写。请假条可分为事假条、病假条、丧假条等。

(二)请假条的写作

请假条的写作格式通常由标题、称呼、正文、结语、落款五部分组成。

标题。即在首行居中写上“请假条”字样。

称呼。要求在标题下一行顶格写上收假条人的尊称，并加冒号，如张老师、王经理、陈班长等。

正文。另起一行空两格写正文，把请假的理由和起止时间说清楚即可。正文结束时，常常写上“望准假”、“请领导批准”等字样收尾。

结语。在正文后另起一行空两格写“此致”，再另起一行顶格写“敬礼”，不加标点符号。

落款。包括署名和日期，写在正文下一行的右边，署名要写请假人的姓名，姓名之下的年月日不可简写，必要时可写上地点。

(三)请假条的写作要求

第一，称呼明确，语言简洁明了。

第二，请假理由实事求是，不夸大。

第三，最好在请假条后附证明。

例文：

请假条

××老师：

我昨晚患重感冒，不能坚持上课，故请假1天(3月6日)，望准假为谢。

此致

敬礼

附：医院病假证明一张

学生：×××

×年×月×日

二、便条

(一)便条的概念

便条，顾名思义，就是简便的字条。当人们有事要告诉对方，而对方不在，或者不便当面说时，往往留下字条给对方，或托人代交，这样的字条就是便条。便条分留言条、托事条、约会条三种。

(二)便条的写作

便条的内容一般包括五部分：标题、称呼、正文、结语、落款。

标题。位于正文上方的中间，由内容性质和文种组成，如“留言条”。

称呼。在标题下第一行顶格写上对方的称呼，后加冒号，称呼可以根据双方的熟悉程度来写，如小王、李主任、陈师傅、陈兄、张先生等。给家庭成员留便条时，一般以成员间的关系称呼，也可用小名、爱称，如爸、妈、毛毛等。

正文。另起一行空两格写需要告知对方的具体内容。这部分内容既要语言简洁，又要把事情交代清楚。

结语。因便条在于简便，祝颂语，如“此致　敬礼”，常常省略不写。但可视具体情况写礼貌性的话语，如“谢谢”、“拜托了”等。

落款。在正文右下方，写上署名和日期。署名可只写姓，或只写名，或写爱称、小名等。署名下面是日期，由于是便条，日期可简写成×月×日，如对方一时走开且能马上回来，日期可简写为“即日”几点几分。

(三)便条的写作要求

便条要求文字简短，写清楚事情即可。

例文：

托事条

小王：

我的同事×××有事请你帮忙，我因有课不能前往，故请他带此条到你处面谈，请尽力帮忙。

×××

×年×月×日

第二节　凭证性条据

一、凭证性条据的概念

凭证性条据是单位之间、个人之间或单位与个人之间发生财务往来时，一方写给另一方的字据凭证，又称凭证或单据。凭证性条据分为借条、欠条、收条、领条、契约。

借条，借条又叫借据，它是人们在日常生活中借钱或借物时写给对方的字据，以此作为日后偿还的凭证。待钱物归还，方可收回或销毁借条。

欠条，指一方未付清或未全部付清另一方的钱和物品时写给对方的字据，以此作为日后偿还的凭证。

领条，指一方到另一方领取所需钱或物品时，交给对方的字据，以此作为凭证。

收条，收条又叫收据，指一方收到另一方的钱或物品时，交给对方的字据，以此作为凭证。

契约，是以文字的形式把双方或多方商定并达成共同意见的有关事项记载下来，作为发生纠纷时解决的凭证。

二、凭证性条据的写作

一个完整的凭证性条据包括标题、正文、结语、落款四部分。

标题。首行居中写明凭证的名称，如“领条”、“借条”、“收条”、“欠条”或“今收到”、“今领到”等标题字样。

正文。在标题下第一行，空两格写明字据的事由和具体钱物的数量。如果是欠条或借条还应写上还款日期、还款方式、利息支付等事项。

结语。正文后另起一行空两格写“此据”字样，不加标点符号。

落款。在姓名前写上“借款人”、“领款人”或“经手人”等名称，并在下面注明年月日，重要字据应加盖印章。如果是代别人收的，则要在姓名前加上“代收人”字样。

三、凭证性条据的写作要求

第一，钱物数额要清点，具体数额要大写，前不留空格，后加“整”字，若出现转行加“计”字，以防被人添加数据。

第二，单据不宜涂改，若有涂改需在涂改处加盖印章。

第三，书写要端正清楚。要用蓝色钢笔或碳素笔书写，不能用铅笔或圆珠笔书写。

例文1：

借条(今借到)

因装修房屋尚缺资金，特向×××借人民币壹万元整，借期壹年，利息不计，×年×月×日前归还。

此据

借款人：×××

×年×月×日

例文2：

契约

立契人×××，因工作调动，经说合，愿意将自己坐落在金钟山教师小区×楼×单元，面积为80平方米，加碳房20平方米的框架结构住房壹套卖给×××。

言明房价人民币×万元整，当日付款×元整，余数×元整于×年×月×日前付清，款清之日，房东×××把房产证交给×××保管使用，空口无凭，立此契约为证。

本契约一式两份，买卖双方各执一份，便于日后对证。

立契约卖户：×××

买户：×××

说合人：×××

写契人：×××

×年×月×日

知识书签

条据中涉及财务的数额必须大写，应用汉字壹、贰、叁、肆、伍、陆、柒、捌、玖、拾、佰、仟、万、亿。

思考与练习

一、名词解释

说明性条据　　凭证性条据　　借条　　欠条　　领条

二、填空题

1. 条据可分为__________条据和__________条据两大类。
2. 请假条正文内容必须写明请假的__________和__________。

3. 说明性条据的写作格式包括________、______、______、______和________五部分。

4. 凭证性条据的写作格式包括__________、__________、________和__________四部分。

三、判断题

1. 便条的标题可写可不写。　　（　　）

2. 请假条一般由本人书写。　　（　　）

四、指出下列条据中有哪些错误，并改正。

1. **请假条**

李老师：

我因生病，请准假为盼。

学生：王小刚

4月5日

2. **收　条**

今收到园艺1班学生××补交学费100元。

财务科：×××

10月20日

技能训练

以下技能训练，由自己根据题意完成，经同桌同学讨论批改后，由老师讲评、订正。

1. 张同学感到发热，经医生检查确认患上了甲型H1N1流感，建议住院6天，需向班主任王老师请假，请你以班长的名义代张同学写一张请假条。

2. 小红于×年×月×日向小明同学借笔记本电脑1台，准备10日内归还。请你代小红写一张借条。

3. 文秘3班劳动委员于某从学校总务处领取塑料水桶1只、扫帚1把，供本班打扫教室使用。请你代他写一张领条(日期自拟)。

第八章　书　信

书信是个人与个人之间、个人与组织之间、组织与组织之间用来传递信息、交流思想、表达情感、办理一定事务时所使用的一种应用文体。唐朝诗人杜甫曾说："烽火连三月，家书抵万金"，就是这个意思。书信分为一般书信和专用书信两大类，具有以下特点。

针对性。书信写给谁是明确的，也就是阅知对象是事先知道的。

丰富性。书信内容丰富，可涉及学术、艺术、文学、社交、家务、人情世故等。

多样性。书信表达形式灵活多样，可叙事，可描绘，可抒情，可议论。

规范性。书信一般有约定俗成的格式，语言朴实、准确、简明。

第一节　一般书信

一、一般书信的概念

一般书信是指人们在日常生活和工作中，亲友之间、同事之间来往的书信。一般书信的作用是互相问候、交流思想、讨论问题。

二、一般书信的种类

一般书信按照投递对象的不同可以分为家书、情书、致友人书等。

三、一般书信的构成要素

一般书信由信文(又称信瓤)和信封两个要素构成。

(一)信文的写作

信文通常由称呼、问候语、正文、祝颂语、署名和日期、附言和附件六部分组成。

1. 称呼

在首行顶格写对方的称呼，称呼后面加冒号，表示下面有话要说。称呼单位时一般写全称，以示严肃和礼貌，也可以用规范的简称，如"××市经济委员会"简称为"市经委"(本地用)。称呼个人时，平时对收信人如何称呼，信上就如何称呼。一般有以下几种情况：

(1)对亲属家人的称呼：常直接用关系称呼，如爸爸、岳父、岳母、大哥、二弟、三姐、三妹等。对晚辈可直呼其名或爱称、不道姓，有的在名后加上"儿"、"女"等称呼。

(2)对朋友、同事、同学或其他平辈的称呼：一般需在名后加"兄"、"妹"、"友"等，对并不十分熟悉的平辈，一般在其姓名后加"先生"、"女士"、"同志"等词语。

在称呼上要注意的是，一些称呼随着社会的发展，其意义已经悄然发生了变化，在使用时要多加注意。如"小姐"一词，在过去是对富贵人家姑娘的称呼，但由于现在的舞厅、酒吧、发廊等娱乐休闲场所的女士都称呼"小姐"，故对女士称呼"小姐"，女士会不高兴。

(3)对师长和尊敬者的称呼：一般只称姓而不道名，并在姓氏后根据不同的身份给予不同的称呼，如"李校长"、"张校长"、"王书记"、"赵经理"等。对德高望重的人，常在其姓后加"老"字，如"张老"、"李老"等。

2. 问候语

问候语在称呼之下，另起一行，空两格。常用的问候语是"你好"、"近好"、"节日好"等，问候语后面一般用感叹号。

3. 正文

正文另起一段空两格。正文是信的核心部分，寄信人向收信人询问、叙述的具体内容都在这里表达。如果写的是回信，首先说明什么时间收到对方来信，以免对方挂念，再询问对方情况或回答对方的问题，以表示重视对方。然后谈自己想说的事情，一件事一件事陈述，尽量做到一件事一个自然段，使对方一目了然。

4. 祝颂语

祝颂语是在正文结束后，对收信人表示祝愿或敬意的短语，如"此致　敬礼"。在正文结束后另起一行空两格写"此致"("此"在这里指书信，"致"是给予寄达)，再另起一行顶格写"敬礼"。除此之外，还可以写祝福的短语。常用的祝颂语有：

(1)给长辈的祝颂语：此致　敬礼；敬祝　安好；敬祝　健康；敬祝　福安；恭祝　尊安；恭祝　康安(病愈)；恭祝　撰安；敬祝　教安。

(2)给平辈、同仁的祝颂语：此致　敬礼；祝　工作顺利；祝　安好；祝　愉快；祝　俪安；祝　幸福；祝你　成功。

(3)给晚辈的祝颂语：祝　学安；祝　进步；祝　快乐；望努力学习；望步步高升。

5. 署名和日期

(1)署名：写在祝颂语的下一行右边，署名和前面的称呼是对应的。比如称呼是"爸爸妈妈"时，署名前可加"儿"或"女"。为了表示礼貌，署名后可加敬语。对长辈常用"叩上"、"谨上"、"谨呈"、"顿首"；对平辈常用"手札"；对晚辈常用"手谕"等。

(2)日期：在署名的下一行写明写信的年月日，以让收信人知道写信时间。

6. 附言和附件

(1)附言：信写完之后，尚有未尽之言、遗漏之事告知时，可在信末空白处补上，常用"又言"、"又及"、"再者"等词语过渡。

(2)附件：是指随信所附材料，如"附上近照 3 张"等。

附言和附件，若没有，则可不写。

(二)信封的写法

信封上的内容由收信人地址、收信人姓名、寄信人地址、寄信人姓名，收、寄信人的邮政编码组成。

1. 收信人的地址

要写清楚收信人所在地的详细地址。

2. 收信人的姓名

写在收信人地址的下一行的中间，字迹可略大一些。姓名后空两格可写上“同志”、“先生”等字样，也可不写，最后写“收”、“启”、“亲收”、“亲启”、“谨启”等字样，这是要求收信人如何收信和如何打开信封的动作状态用词。“收”是指可由他人代收；“亲收”则要求收信人亲自收启；“启”是拆信时可由他人代拆或代念；“亲启”要求收信人亲自收信亲自拆阅；“谨启”是要求收信人亲自收信并小心谨慎地拆阅。

3. 寄信人的地址

要写清楚寄信人所在地的详细地址。

4. 寄信人的姓名

挂号信和快件信需在寄信人地址后空一个字写上姓名，以表示挂号信和快件信的严肃性。同时，寄信人的姓名可让收信人知道信的来由，以及在信件无法投递时可将信件退回原地。普通信可不写姓名。

5. 收、寄信人的邮政编码

要在信封的左上角填写收信人的邮政编码，右下角填写寄信人所在地的邮政编码，示例如下：

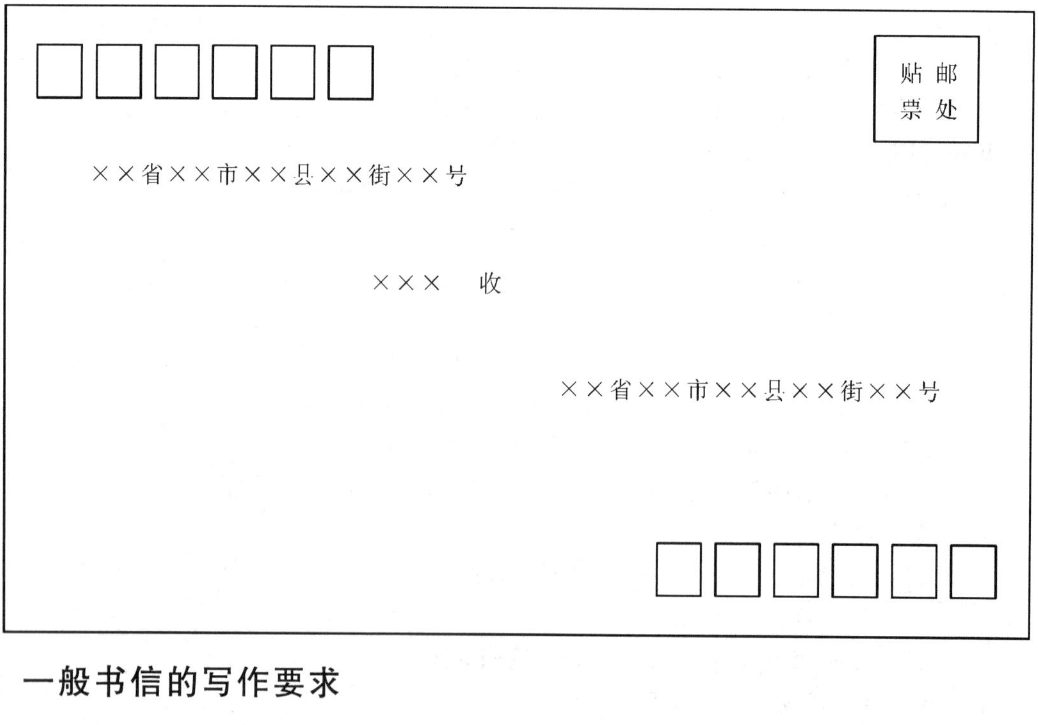

四、一般书信的写作要求

第一，称呼得当。信封上的称呼用语常用“同志”、“先生”、“女士”或者职务称呼，如“××同志”、“××老师”、“××经理”、“××校长”等。

第二，事明情真。信中所说的事一定要说清道明，真诚坦率。

第三，语言得体。语言简明扼要，不拖泥带水，写一些无关紧要的话。

第四，忌用红笔。按传统习惯，用红笔写信隐喻绝交，故写信只能用蓝、黑色钢笔或碳素笔来书写。

例文 1：

给父母的信

亲爱的爸爸、妈妈：

近来家中的情况都好吗？二老的身体怎么样？小弟小妹学习刻苦吗？他们一定还是那么调皮好动吧？由于近段时间，我正准备参加市里组织的数学竞赛，时间紧，未给二老写信，请原谅我。

为了搞好学习，我现在的生活很有规律，每天就是上课、吃午饭、午休、上课、吃晚餐、上晚自习、晚休，我的学习情况很好，请二老放心。

今年的×月×日，是父亲的六十岁寿辰，很遗憾，我不能回家庆贺了。不过，我一定会在学校默默祝福的，我不会忘记父亲的教导和养育之恩的。爸爸，生日快乐！请接受儿子在这里的真诚祝福。

爸妈，还有一件事情要告诉你们，今年的春节我不回去了。原因是：我是班上的学习委员，学校决定派我到北京实习，返校后，于正月十六参加数学竞赛，为了不辜负老师们的厚望，我不得不舍弃今年回家过春节的机会了。好男儿志在四方，我一定用优异的成绩来向爸爸妈妈报喜！就写到这里。

恭祝

春安！

儿：××谨上

×年×月×日

又及：二弟所需的《全国中学生优秀作文汇编》已买到，并随信寄出，望查收。

例文 2：

致友人书

××我友：

昨日下班很晚才回家，看到你的来信，真是久违了！因为我近日要完成单位布置下来的一个科研报告，迟迟未与你写信交流，请你多多包涵，并原谅。

你的来信的确让我吃惊。你和××中断了恋爱关系，真是出乎意料。想想上次见面时，你们二人相处得那么融洽，简直让许多人羡慕不已。短短半年后，你们分手了，这的确是一件遗憾事。但是你切不可过分沉湎于过去的美好回忆，把自己“囚禁在小屋里，不思茶饭”。切忌！

爱情是人间最美好的情感，这句话一点儿也不假。可是爱情是一个互相选择的事情，相当的复杂。我很少听说恋爱的男女能恋爱一次就成功，顺利地进入婚姻殿堂。现实生活中大多数恋爱的青年总是要经过几次恋爱经历后才能成功，只有这样，才能选择到更适合自己的恋人。

俗话说："强扭的瓜不甜"。我要劝你，这段时间最好运用"冷处理"法，一心扑在工作上，工作之余多参加一些文体活动，多出去走走，这对你更有益处。

"只要留得青山在，天涯何处无芳草"。你一定会找到一位适合你的女孩，找到一位情投意合的终身伴侣，一定要振作精神啊！就写到这里。

祝

进步！

兄：×××

×年×月×日

第二节 专用书信

专用书信是专门用于一定事物，能发挥特定作用与功能的信件。专用书信的种类很多，有介绍信、证明信、表扬信、感谢信、慰问信、贺信、求职信、自荐信、申请书、保证书、倡议书、挑战书、应战书、检讨书等。下面分别介绍。

一、介绍信

(一)介绍信的概念

介绍信是本单位人员到有关单位接洽事情、联系工作、学习经验、出席会议等所使用的一种专用书信。

(二)介绍信的作用

介绍信可以起到介绍和证明的双重作用。

(三)介绍信的种类

介绍信有书信式介绍信和带存根的表格式介绍信两类。

(四)介绍信的写作

介绍信一般包括五个部分：标题、称呼、正文、致敬语、落款与印章。

标题。在首行居中写"介绍信"三个字，带存根的表格式介绍信一般在标题右下方有编号，如"×字×号"。

称呼。在标题下一行顶格写联系单位名称或负责人的身份、称呼，然后加上冒号，以引起正文。

正文。①说明被介绍者的姓名、性别、年龄、政治面貌、职务等。如果介绍者不止一人，需注明人数。②写明接洽或联系的事项，以及向接洽单位或个人提出要求等。

致敬语。用"此致　敬礼"等词语表示祝愿和敬意，也可不写。

落款与印章。介绍信的单位名称写在正文右下方，并署上成文日期，加盖单位公章。介绍信应放入公文信封内，公文信封写法与普通信封的写法相同。

(五)专业介绍信的写作注意事项

第一，介绍信必须经主管领导批准，否则不得填写。

第二，一封介绍信只能写一个单位，严禁开称呼为"各有关部门"的通用介绍信。

第三，书写工整，不许涂改。

第四，注明有效期限。

第五，禁止用铅笔或红水笔书写。

例文：

介绍信

×××公司负责同志：

兹介绍我校×××、×××两名同志，前往贵处联系×××事宜，敬请接洽，并予以协助。

此致

敬礼

（有效期：15天）

×××学校(章)

×年×月×日

带存根的表格式介绍信

<table>
<tr>
<td>介绍信(存根)
×字×号
×××等×名，前往贵处联系×××事宜，敬请接洽。

×年×月×日</td>
<td>介绍信
×字×号
________：
兹介绍×××等×名同志前往贵处联系×××事宜，敬请接洽并予以协助。
此致
敬礼
（有效期限：3天）

×××(公章)
×年×月×日</td>
</tr>
</table>

二、证明信

（一）证明信的概念

证明信是用以证明有关人员的身份、职务、经历以及有关事项的真实情况时所写的专用书信，又称证明。

（二）证明信的作用

证明信可以用来证明真实情况，也可作为外出工作的证件。

(三)证明信的写作

证明信包括五个部分：标题、称呼、正文、结语和落款。

标题。在首行居中写“证明信”三个字或“证明”两个字。

称呼。第二行顶格写送达机关的名称，加冒号引起下文。

正文。是证明信的主体部分，另起一行写证明的事项，包括被证明人的单位、姓名、性别、年龄、职务、经历、工作情况等，并表明态度。

结语。正文后另起一行空两格写“特此证明”四个字为结语。

落款。在正文的右下方，写上开证明信的单位名称或个人姓名，在名称下面写上日期。如果是单位出具的证明信，须加盖公章。

(四)证明信写作注意事项

第一，认真负责，实事求是。

第二，用语准确，不能涂改。

第三，应保留存根备查。

例文1：

证明信

×××：

刘××，男，现年18岁，系我校2007届会计专业毕业生，毕业证书遗失，现尚未办理补证手续。

特此证明

×××学校(章)

×年×月×日

例文2：

证　　明

×××：

来函收到，根据函中要求，将×××同志的情况证明如下：

×××同志，我校高级讲师，1986年入党，业务熟悉，工作能力强，任劳任怨，多次被评为市先进教育工作者。

特此证明

(以上材料据个人档案所得)

×××学校(章)

×年×月×日

三、表扬信

(一)表扬信的概念

表扬信是用来表彰好人好事的先进思想、先进事迹，用以弘扬社会正气的一种专用书信。表扬信可以以组织的名誉书写，也可以以个人的名誉书写。

(二)表扬信的作用

表扬信可以表彰好人好事，发扬共产主义、爱国主义精神，弘扬人道主义和民族优良传统。

(三)表扬信的写作

表扬信的结构由标题、称呼、正文、结尾、落款五部分组成。

标题。表扬信一般用文种作为标题，即在第一行正中写“表扬信”三字。

称呼。另起一行顶格写上被表扬的单位、个人姓名。

正文。交代表扬的缘由，重点叙述人物事迹发生的经过和结果。

结尾。一般写“此致　敬礼”，也可提出建议、希望，如“这种精神值得我们学习”。

落款。在正文右下方写明开具表扬信的单位名称或个人姓名，并在下面注明日期。

(四)表扬信的写作注意事项

第一，要把事情发生的时间、地点，被表扬人物的先进思想、动人事迹都写得清清楚楚。

第二，事迹一定要真实，不能以偏赅全。

第三，语言要通俗、朴实、热情，篇幅要简短、紧凑、精悍。

例文：

表扬信

××影院的领导同志：

×年×月×日，我校退休工人×××师傅去贵院看电影，由于心脏病发作，晕倒在影院大厅内。当时正在值班的×××同志急忙找车将其送到医院急诊抢救，很快转危为安。直到我校负责人赶到医院后，×××同志才离开医院。这种高尚的共产主义品格是永远值得我们学习的。

××××学校

×年×月×日

四、感谢信

(一)感谢信的概念

感谢信是对支援、帮助、关心自己的党政机关、企事业单位、社会团体或个人表示感谢而写的专用书信。

(二)感谢信的作用

感谢信既有感谢之意，也有表扬的作用。

(三)感谢信的写作

感谢信由标题、称呼、正文、结语、落款五部分组成。

标题。标题格式有三种：①文种，如在第一行居中写“感谢信”三个字。②感谢对象＋文种，如“致×××学校的感谢信”。③感谢双方＋文种，如“××街道致×××剧院的感谢信”。

称呼。感谢信的称呼要顶格写，要求写明被感谢的机关、单位、团体或个人的名称或姓名，然后加上冒号。

正文。①简述事迹，说明效果。应交代清楚人物、事件经过、时间、地点、原因和结果，并简明扼要地叙述对方的帮助所产生的影响和社会效果。②弘扬品德，表示决心。既表示感谢之情，同时，还可说明今后如何用实际行动向对方学习。

结语。写诸如“此致　敬礼”等表示感谢、敬意的话，以示尊敬。

落款。在正文右下方写上单位名称或个人姓名，在下一行写明日期，如是单位名称要加盖公章。

(四)感谢信的写作要求

第一，话语要简练，内容既要有叙事，又要有抒情、议论。

第二，叙事要线索清楚，突出主要内容，体现被感谢人的可贵行为与精神。

第三，语言要朴实、亲切、真诚，做到情真文畅。

例文：

感谢信

××教授：

感谢您为本报社40周年社庆赐稿，限于版面，您的文章在刊登时做了删节，请原谅。

此致

敬礼

×××报社编辑部

×年×月×日

五、慰问信

(一)慰问信的概念

慰问信是组织或个人在重大节日、纪念日或在某种特殊情况(如战争、自然灾害等)时，向对方表示问候、鼓励及关怀而拟写的专用书信。

(二)慰问信的作用

慰问信的主要作用是安慰问候。

(三)慰问信的写作

慰问信由标题、称呼、正文、结语、落款五部分组成。

标题。慰问信的标题格式有三种：①文种，如“慰问信”。②慰问对象＋文种，如“给全体员工的慰问信”。③慰问双方＋文种，如“××致×××的慰问信”。

称呼。顶格书写被慰问的单位或个人姓名，后面加上冒号。

正文。一般有四个层次：首先写慰问的缘由(背景、原因)；其次叙述事实(对方的事迹或困难)；再次提出希望；最后表示决心态度。

结语。表示祝颂。一般写“此致　敬礼”或“祝　节日快乐”，其写法与一般书信相同。

落款。署名与日期位于正文后的右下方。署名如果是单位，须加盖公章。

(四)慰问信的写作要求

第一，要用事实说话，不讲空话。

第二，语言亲切，富有感染力。

第三，明确对象，即要写清楚被慰问的对象。

例文：

给春节期间值班人员及家属的慰问信

春节值班人员及家属同志们：

“风雨送春归，飞雪迎春到”。值此新春佳节之际，谨向你们致以节日的问候和崇高的敬礼！春节是中华民族的传统节日，在此期间，千家万户欢聚一堂、辞旧迎新、举杯畅饮、叙情联谊，大家都陶醉在节日的欢乐气氛中。可是，你们为了学校的安全，主动提出春节期间不休息，仍然值班，保护好学校的财产。还有你们的家属不仅没有怨言，还积极支持你们的工作。你们这种大公无私的精神，值得称赞，值得学习。

同志们，春节期间，你们坚守岗位，学校领导感谢你们！

此致

敬礼

××××学校

×年×月×日

六、贺信

(一)贺信的概念

贺信是一种表示庆贺、赞颂的专用书信。

(二)贺信的作用

贺信除具有祝贺的作用外，还具有鼓励、鼓舞的功能。

(三)贺信的写作

贺信由标题、称呼、正文、结尾、落款五部分组成。

标题。一般用文种作为标题，如“贺信”。

称呼。顶格书写被祝贺的单位名称或个人姓名。如果是写给个人，姓名后可加“同志”、“先生”、“女士”，以示尊重。

正文。表述祝贺对方什么或为什么祝贺，再写些赞美的话。

结尾。一般用“此致　敬礼”、“祝争取更大的胜利”、“祝大会圆满成功”等祝语收尾。

落款。在正文右下方写明写贺信的机关、团体、企事业单位或个人姓名，并在下面注明日期。

(四)贺信的写作要求

第一，真挚诚恳。态度要诚恳，感情要充沛、真挚。

第二，文辞严谨。文辞要用得其所、热烈、欢快。

例文：

新春贺信

亲爱的工会会员们：

2006年的新春佳节即将来临，我们谨向全校工会会员们致以亲切的问候和美好的祝愿！

回顾过去一年，我们全体会员和全校教职工一同沿着党中央指引的方向，同心同德、埋头苦干，付出了大量辛勤的劳动，取得了可喜的成绩。教学质量不断提高，科研工作取得了新成果，精神文明建设上了新的台阶。为此，我们谨向全体会员致以诚挚、崇高的敬意！

在新的一年里，学校必将取得新的成绩。同时，也给我们提出了新的要求。我们广大工会会员将认真学习实践科学发展观，更加解放思想，与时俱进，努力工作，再铸学校发展的新辉煌！

最后，祝大家新春快乐，身体健康！

中国教育工会××学校委员会

×年×月×日

七、求职信

(一)求职信的概念

求职信是个人写给用人单位谋求职业、申请某种职位的一种专用书信。它是申请书中特殊的一类，是为了申请得到一份工作而写的申请书。

(二)求职信的作用

劳动力是一种特殊商品。在求职的特定环境下，求职信可以把自己推销出去，谋求一份工作，尤其是理想的工作，并让用人单位乐意聘用。

(三)求职信的特点

自荐性。求职信要求对自己的成绩、专业、兴趣和爱好作自我介绍，属于自我推荐。

申请性。求职信具有表达愿望、提出要求，申请批准接纳的作用。

竞争性。当今社会，职业竞争激烈，求职信应表现出强大的竞争力。

(四)求职信的写作

求职信由标题、称谓、正文、致颂语、落款、附件、联系地址和电话七部分组成。

标题。一般用文种作标题，如“求职信”。

称谓。求职信的称谓写法有两种：一种是知道对方单位名称的，一般写上单位名称，有的还加上负责录用的部门名称，如“××厂人事处”。另一种是不知道对方名称的，往往写“尊敬的领导”、“贵公司领导”等。

正文。正文是求职信的主要内容，包括基本情况介绍、业务情况介绍、实践经验及成就介绍、其他情况介绍、求职意向等。

第一，基本情况介绍。主要内容有姓名、性别、出生时间、籍贯、学历、职称(务)，如还未毕业，则应写明目前就读学校、专业及毕业时间等。

第二，业务情况介绍。一是介绍所学专业知识和主要学习课程。二是介绍对受聘岗位相关知识的掌握情况，如会计专业的学生应聘保险工作岗位，则应介绍对保险行业知识的掌握情况，以便对方考虑是否录用。三是介绍有关技能掌握情况，如计算机应用能力、普通话水平等。

第三，实践经验及成就介绍。主要包括以往从事的工作、担任的职务、取得的成绩、所获奖励等。

第四，其他情况介绍。主要包括特长爱好、性格特征、是否友善、工作态度等，比如热爱绘画、篮球、书法、摄影等；性格温和、开朗大方；为人友善、乐于助人；对工作认真负责、任劳任怨等。

第五，求职意向。指到什么单位、什么部门、做什么工作等。

致颂语。常见的致颂语有“此致　敬礼”等。

附件。随信附上自己有关的证明材料，如毕业证、专利证书、论文等的复印件，以证明自己的资历和能力。

联系地址和电话。即住址、邮编、电话等。

落款。在右下方署上姓名，如“求职人：×××”，并在其下面注明日期。

(五)求职信的写作要求

第一，针对性强。求职信内容应与用人单位招聘岗位的要求相符合，即使所学专业与应聘的岗位要求不一致，也要写出自己所能胜任该项工作的理由。古人说：“知己知彼，百战不殆”，用在这里再恰当不过了。

第二，用语恰当。在介绍自己的情况时应实事求是，不能夸大其词，过分吹捧自己，那会给人留下不好的印象。当然，也不能过分谦虚，明明自己能胜任，却说自己不行，这会影响自己的录用。

第三，内容简洁。在表达中，要条理清晰，宜简不宜繁，便于审阅。

例文：

求职信

尊敬的领导：

您好！

我于2007年6月16日在《曲靖日报》上见到贵公司的招聘启事，得知贵公司因业务发展需要招聘会计1名，我特来应聘。

会计在单位起到管财、理财，向领导提供财务咨询的作用，是辅助领导管理财务的重要助手。忠于职守、忠于事业的高度责任感，是对会计思想品德的最高要求，也是我终生不渝的追求。我热爱会计工作，在三年的中专学习中，我的专业就是会计电算化。毕业前夕，我在××单位进行了两个月的会计实习，有了一定的会计实践经验。现即将毕业走向社会，我盼望能找到一个学有所用、用有所长的工作岗位。贵公司的事业欣欣向荣，如能在贵公司工作，我将感到十分幸运，我会与贵公司的同人一起尽心尽力地工作，共求公司的发展。

我的简历、学历证明、身份证、实习鉴定、会计证、计算机等级证明及有关证件、奖状的复印件随信奉上，请查验。如能给我一次面试的机会，对我进行全面的考察，我将十分感谢！

此致

敬礼

附件：××××××××

联系地址：××××××××

邮编：××××××

联系电话：×××××××

求职人：×××

×年×月×日

八、自荐信

(一)自荐信的概念

自荐信就是个人推荐自己的信，是自己向有关单位、部门或领导推荐自己从事某种工作、承担某种任务的书信。

(二)自荐信的特点

针对性。自荐信是针对用人单位对某岗位、某种职务的需求而写的，这就是自荐信的针对性。如果不针对用人单位的需求条件而写自荐信，往往徒劳无功。

展示性。在自荐信中要充分展示自己的学识、能力。

求实性。写自荐信时，一定要实事求是，切忌夸夸其谈、言过其实。

(三)自荐信的格式

自荐信的写法与求职信的写法相似。自荐信的重点在“荐”，自己推荐自己；求职信的重点在“求”，求取职位。写求职信，要在“求”字上下工夫，写明求什么、为什么求、凭什么求、怎么求。

(四)自荐信的写作要求

第一，突出重点。自荐信的重点在于推荐自己的才能和特点，以引起用人单位的注意，达到自荐目的。

第二，书写规范。一是书写格式要规范。二是字体要工整。三是用语要恰当。

例文：

自荐信

尊敬的贵单位领导：

您好！

我是曲靖××学校旅游与饭店管理专业的应届毕业生，在即将毕业之际，我怀着十分激动和对未来充满憧憬的心情向贵单位自荐，渴望能在贵酒店获得一份学有所用的工作。恕我冒昧，如能拨冗审阅，不甚感谢！

在中专三年的旅游与饭店管理专业的学习中，我学习了旅游概论、现代管理学基础、旅游饭店客房管理、餐饮管理、财务管理、旅游英语等中专课程，并取得了优异的成绩。在×××大饭店实习期间，我曾打扫客房，为客人铺床叠被；也曾在餐饮部，为客人上菜斟酒。在涉外饭店实习时，我能用英语与来华客商会话、交谈，多次得到外宾和实习饭店经理的赞扬。

我性格开朗、乐观，善于与人相处，喜爱文体活动，在学校举办的交谊舞大赛上，曾获三等奖。

我热爱社会，热爱生活，热爱旅游饭店的工作，我非常希望能在贵单位工作，为贵单位的发展和自我成长贡献我的所学，勤奋工作。

在收笔之际，我郑重地提一个小小的要求：无论您是否选择我，都希望尊敬的领导能够接受我诚恳的谢意！

祝贵单位事业蒸蒸日上！

附件：个人简历、学历证明、身份证、荣誉证书各一份

联系地址：×××××××××××

联系电话：×××××××

自荐人：×××

×年×月×日

九、申请书

（一）申请书的概念

申请书是个人或集体出于某种需要，向组织、团体、单位说明情况，提出书面请求的专用书信。申请书在日常生活、工作中使用范围广泛，诸如个人向党组织、团组织或其他党派、群众性组织、团体申请加入时，都要写申请书。

（二）申请书的作用

申请书可以加强个人与组织、下级与上级的沟通。

（三）申请书的写作

申请书由标题、称谓、正文、致敬语和落款五部分组成。

标题。申请书的标题位于首行正中位置，有两种形式：第一，事由＋文种，如“入党申请书”。第二，文种，如“申请书”。

称谓。另起一行顶格写接受申请的单位、团体、组织名称或负责人的姓名、职务，后加冒号。

正文。①申请内容：开篇就要向领导、组织开门见山、直截了当地提出申请内容。②申请原因：说明为什么申请，也就是说明申请书的目的、意义及自己对申请书事项的认识。③决心和要求：表明自己的决心、态度和要求，以便组织了解申请人的认识和情况，应写得具体、详细、诚恳，语言要朴素准确、简洁明了。

致敬语。致敬语一般是表示敬意的话，如“此致　敬礼”。也可写表示感谢和希望的话，如“请组织考验”、“望领导批准”等。

落款。在正文右下方署上“申请人”三个字后加冒号，再署上申请人的姓名或申请单位的名称，并在下一行注明日期。集体申请书要加盖公章。

（四）申请书的写作要求

第一，语言准确，行文朴实。

第二，态度恳切，表意集中。

第三，有话则长，无话则短。

例文：

入学申请书

××××教务处：

我是×××，今年××岁，系××县第一中学高三年级学生。因为我的父母已调到曲靖市×××学校工作，我的户口已随父母迁入麒麟区南宁派出所，属于贵校所辖学区，所以我申请转入贵校继续读书。

高三以来，我的学习成绩均排在全校年级前8名，××××年还被评为市“三好学生”。请校领导、老师们放心，如果我能进入贵校读书，我一定遵守校纪校规、尊敬老师、团结同学、刻苦学习，争取以优异的成绩回报校领导、老师、家长对我的期望，争取考取一所名牌大学。

请批准我的入学申请为盼。

此致

敬礼

申请人：×××

×年×月×日

十、保证书

保证书与决心书的内容大同小异，格式相近，写作目的相差无几，人们常常将二者相提并论，故决心书又叫保证书。

(一)保证书的概念

保证书是指个人、团体、集体或单位为响应上级号召，在接受某项工作之前写成的表达决心、提出保证的一种文书。有时，决心书、保证书也指犯了错误或做了错事后所写的表示悔过、痛改前非的书面材料。

保证书(决心书)一般是由个人写给组织或单位，由下级写给上级，且流动是单向的。

(二)保证书的种类

保证书按范围分为集体保证书和个人保证书；按内容分为完成任务保证书和改正错误保证书。

(三)保证书的写作

保证书由标题、称呼、正文、致敬语、落款五部分组成。

标题。保证书的标题有两种形式：①事由＋文种，如“学习进步保证书”。②文种，如“保证书”。

称呼。标题下一行顶格写接受保证书的单位名称或个人姓名、称呼，后面加冒号。

正文。正文内容包括保证缘由、保证事项、保证态度或决心三部分。①保证缘由。写明是因什么原因而写这份保证书。②保证事项。保证事项要尽量具体、实在。③保证态度或决心。保证态度要明确，以求领导和群众监督。

致敬语。一般用“此致　敬礼”作结语。

落款。在保证书正文的右下方，写上出具保证书的单位或个人名称，在名称下面写上日期。集体保证书要加盖公章。

(四)保证书的写作要求

第一，交代具体。保证书要交代为何事而定决心，从哪些方面做起，要达到什么程度，产生什么效果。

第二，分条分项写。书写保证书时要一事一条，做到单一而完整，眉目清楚。

例文 1：

决心书

尊敬的团支部：

通过学习雷锋的先进事迹，我们受到了极大的教育，决心以雷锋同志为榜样，努力做到以下几点：

一、集中力量，认真搞好科研工作，勤勤恳恳，取得好成绩。

二、工作之中，不为名、不为利，全心全意为人民服务。

三、不怕困难、精益求精，不断提高自己的业务水平。

四、热爱党、热爱祖国，决心为四化建设贡献自己的一切力量。

×××

×年×月×日

例文 2：

保证书

尊敬的孔老师：

感谢你对我的关心和教育。×月×日下午我和王×打架，虽然是他先动的手，但责任在我。如果不是我骂他，他是不会采取这种过激行为的。经过你对我的教育，我充分认识到了自己的错误所在。我现在向你保证：今后，我一定和同学和睦相处，不骂他人，好好学习，做一个德才兼备的好学生。请老师和同学们监督我的行动。

此致

敬礼

学生：×××

×年×月×日

例文 3：

运动员誓言

各位领导、老师们、同学们：

请允许我代表全体运动员向学校第三届篮球运动会宣誓：

在本次比赛中，我们做到讲文明、讲礼貌、讲道德，守纪律；服从裁判、尊重对手、尊重观众；“友谊第一，比赛第二”、赛出水平、赛出风格。

宣誓人：×××

×年×月×日

十一、倡议书

(一)倡议书的概念

“倡”在古代汉语中与“唱”字通假，引申为“首先放声歌唱引领其他人随声附和”。“倡议”是首先建议和发起之意。“书”在此指文件。倡议书是指在集体内部开展某种活动时，发起和倡导某种建议，用以引起广泛响应的一种专用文书。

(二)倡议书的作用

倡议书是人们实现美好愿望和蓝图的重要手段。

(三)倡议书的写作

倡议书由标题、称呼、正文、落款四部分组成。

(1)标题。倡议书的标题格式有两种：一种是由文种构成，如“倡议书”。另一种是由倡议书内容和文种共同组成，如“给青年志愿者的倡议书”。

(2)称呼。倡议对象的称呼要顶格写，后面加冒号，如“全体同学:”。

(3)正文。倡议书的正文包括以下三部分：①缘由：提出倡议的目的、意义、理由和依据，即指出为什么倡议。②事项：具体说明要倡导公众做什么事情，即倡议什么。③号召：号召公众起来响应倡议，激励公众付诸行动，即说明怎样做。

(4)落款。在右下方写明倡议单位名称，在其下注明日期，并加盖公章。

(四)倡议书的写作要求

第一，倡议书的内容要有新的时尚和精神，切实可行。

第二，倡议书的背景目的要写清楚，理由要充分。

第三，倡议书的措辞要恰当，情感要真挚，同时要富于鼓动性。

例文：

倡议书

各位老师、同学：

大家好！在此，园艺(3)班谨向全体同学发出“我自豪，我不作弊”的倡议。

古代哲人孟子曰：“车无辕而不行，人无信则不立。”在社会主义现代化建设的今天，诚信作为公民基本道德要求之一被再次提了出来。作为21世纪的青年，我们更应该用诚信这个标准来要求我们的行为，衡量我们的人生价值。

然而，不知从何时起，社会上弄虚作假的风气有所抬头，人们纯洁的心灵被蒙上了虚假的阴影。而神圣的校园里也悄悄刮进了弄虚作假之风，比如作业懒得做，就拿着答案书抄；考试时，偷偷摸摸把小纸条放在桌兜里；或是考试的时候偷看旁边同学的答卷纸。

考试是检验能力的机会，作弊者却错过了这个机会，丢掉了作为一名考生起码的诚信。有的作弊者坦言，作弊只是为了多考几分。可是他们不知道，作弊不仅给自己及自己的班级抹了黑，而且是对自己能力的否定和蔑视，也是对学校考风考纪的亵渎。你既然拥有勤劳的双手及聪慧的大脑，为什么不摩拳擦掌，在考试的时候大大地施展一番自己的才华呢？

也许你对自己的能力有点小小的怀疑，也许你对现在的考试制度有点小小的意见，也许你只是希望考一个很好的成绩给父母和老师一个大大的惊喜，可是，这一切都不能成为你丢掉诚信这个立人之本的借口。

现在，又一轮期中考试临近，园艺(3)班向全校同学发出倡议：如果你相信自己的大脑和双手，如果你相信自己的能力，那么就让我们在即将到来的期中考试中考验自己，还考场一片纯净的天空，考出自己真实的成绩。让我们一起高声说："我自豪，我不作弊！"

园艺(3)班
×年×月×日

十二、挑战书

(一)挑战书的概念

挑战书是个人、集体和单位，为开展某次竞赛而发出的挑战，是希望与其他人、集体和单位共同参与竞赛而使用的一种应用文。

(二)挑战书的作用

挑战书是人们开展有意义的活动，完成重大任务的一种行动手段。

(三)挑战书的写作

挑战书由标题、称呼、正文、结尾、落款五部分组成。

标题。用文种作标题，如"挑战书"。

称呼。写清接受挑战的对象的名称或礼貌称呼。

正文。写明竞赛的目的、内容、意义和竞赛的条件、措施、决心、希望等，最后写明请谁评判。

结尾。用"此致　敬礼"之类的致敬语结束。

落款。写明发出挑战的单位、部门或个人的名称，并在下面注明日期。

(四)挑战书的写作要求

第一，提出的挑战要有实际目的，有针对性。

第二，要写清楚竞赛的目的、内容、条件、起止时间。

第三，语言要准确、得体。

例文：

挑战书

全体毕业同学：

为认真贯彻执行学校关于毕业生的就业方案，在奔赴工作岗位之际，我们向你们提出友谊挑战。我们商定的条件是：

一、服从学校的就业安排，到需要自己的地方去贡献自己的力量。

二、发扬先人后己，吃苦在先，享乐在后的精神，坚持原则，坚决反对和抵制“走后门”的不正之风，坚决做到：不托熟人、不请客、不送礼拉关系。

三、如果家长不支持个人志愿，就主动说服家长支持自己服从学校的就业安排。

最后，我们提议：请学校的毕业生就业安排领导小组的全体成员作评判人。

此致

敬礼

×××学校××级2班

×年×月×日

十三、应战书

(一)应战书的概念

应战书是根据收到的挑战书的内容而回复的书信。

(二)应战书的写作

应战书由标题、称呼、正文、落款四部分组成。

标题。用文种作标题，如“应战书”。

称呼。另起一行顶格写清挑战对象的名称或礼貌称呼。

正文。写明决心、态度及补充意见。

落款。写明应战部门或个人姓名，并在下面注明日期。

(三)应战书的写作要求

第一，要结合实际制定竞赛内容和目标。

第二，要本着真心向对方学习，以竞赛促进工作，以竞赛加深友谊的态度完成写作。

例文：

应战书

××级3班全体同学：

我们接到你们关于认真贯彻执行学校毕业生就业方案，顺利毕业走上就业岗位的挑战书，我们班全体同学进行了热烈讨论，大家一致表示：坚决应战！

你们提出的有关条件，我们完全同意，坚决支持。此外，我们还提议由我们两个班联合起来，向全体毕业生提出挑战。

××级2班全体毕业生

×年×月×日

十四、检讨书

(一)检讨书的概念

检讨书又叫检查，是一个人犯了错误，做了错事，有了缺点时，为表示检讨、悔改、自省而写的，并且要上交领导或主管部门的书面文字。

金无足赤，人无完人，人非圣贤，孰能无过。一个人在丰富的社会生活中，难免会发生了解情况不全面，处理问题的方法不恰当，头脑不够理智、做事出现错误等情况。做错事情并不可怕，只要能及时改正，坏事就能变成好事。改正错误，纠正偏漏，最重要的一点是当事人要真心地对自己的所作所为有所认识，有所反省。只有这样才能把错误变成宝贵的经验教训。这种认识的进步，内心的自我反省，正是写检讨书的目的。

(二)检讨书的写作

检讨书由标题、称呼、正文、结语和落款五部分组成。

标题。一般用文种作标题，如"检讨书"。如果是检查思想上的问题，标题用"我的检查"、"检查书"、"检查"；如果是反省行为上的错误，标题用"我的检讨"、"我的忏悔"。

称呼。写明送交检讨书的机关、单位或领导、负责人的名称。

正文。写清自己所犯错误，为什么犯了这样的错误，对此错误有什么认识，这些错误将造成什么后果与危害，今后如何改正和对待自己的错误等。

结语。常用"此致　敬礼"作结语。

落款。在正文右下方署上姓名和日期。

(三)检讨书的写作要求

第一，检讨书的内容必须实事求是，犯了什么错误就写什么错误，不夸大、不缩小、不隐瞒。只有真正从思想上认识错误，才有利于改正错误，避免以后再犯。

第二，所检讨的错误，一定要交代清楚，只有交代清楚错误，才能更有针对性地谈认识。

第三，检讨书的语言要准确。

例文：

检讨书

张主任：

我因与本车间年轻工人×××赌博打架，被保卫科拘留，经保卫科同志的批评教育，我深深地认识到自己的错误已经造成了极其严重的不良影响。在此，我向你和全体车间的同志作以下检讨。

事情的经过是这样的：10月13日下午快下班时，我与×××早退，想早点回家。在厂区遇到另外两个车间的朋友，他们约我俩打扑克。我们四人溜回宿舍，说好打扑克每盘输家给赢家壹元钱，每人事先押拾元。七点半左右结束时发现少了拾元钱，×××说我没掏拾元钱，我和他随即发生了口角，并打了起来。我用随手捡起的三角板打伤了他的手臂和头，还流了血。年轻工人小王见劝架不成，叫来了保卫科的陈科长，才拉开我们。后来陈科长在床下看到了拾元钱。

钱虽然找到了，但我不能因此就可以推卸责任。

经过陈科长的教育，我认识到自己犯了以下三个错误：一、不应该早退，违反厂规厂纪；二、不应该聚众赌博；三、不应该口出脏话，并动手打人，且不听劝阻，不想后果。这些错误反映出我平时自由散漫的不良习气，对厂里的规定和纪律熟视无睹，我行我素，不听领导与师傅的教诲，说明我是个没有理想、没有志向的青年，不仅不知道抓紧时间学习文化知识，以提高自己的素质，而且和×××打架时，根本不听别人的劝阻，还以为自己占着理，说明我是一个十足的法盲。

我已经认识到自己的错误，并决心彻底改正，作一个有理想、有抱负、知法守法的年轻工人，请接受我的检讨，并予以监督和帮助！

此致

敬礼

×××

×年×月×日

知识书签

托人转交的信，若收信人地址是捎信者所熟悉的，则可不写地址，只写"面交×××同志"、"烦交×××同志"等即可。

思考与练习

一、名词解释

求职信　　申请书　　感谢信

二、填空题

1. 书信的称呼又叫称谓或抬头，后面要加__________号，表示下面有话要讲。
2. 介绍信起着__________和__________的双重作用。
3. 感谢信是单位或个人__________、________与________表示感谢的书信。
4. 申请书通常由________、________、________、________和________五个部分组成。
5. 倡议书的结构由________、________、________和________四个部分组成。
6. 求职信是个人向用人单位谋求________、________的一种专用书信。

三、判断题

1. 一般书信有严格的书写形式，而专用书信则没有固定的形式。（　　）
2. 现在有了身份证，介绍信就失去了作用。（　　）
3. 表扬信可以以组织的名义写，也可以以个人的名义写。（　　）

四、写作题

1. 新学期开学了，请你给家长写一封信，汇报你在学校的学习情况。
2. 请你为班级拟写一封给班主任的教师节慰问信。
3. 请为自己拟写一封求职信。

技能训练

1. ×××学校××同学来自贫困乡村，父亲早亡，母亲多病，仅靠60多岁的爷爷种地养活全家。本学期国家资助25%的农村户口贫困学生免除学费，完成学业。请你代×××同学写一份免学费的申请书。

2. ×××学校举办元旦文艺演出，需向市舞蹈学会借8套蒙古族服装，现派校团委的杨东老师去办理。请你代表校团委就此事写一封介绍信。

3. ××同学不慎将毕业证遗失，毕业证编号为200706328。现因此同学参军入伍，急需学历证明。请你以学校的名义给××同学写一份学历证明。

4. 期末考试即将来临，请你代表本班级写一份“认真做题，考出水平”的倡议书。

第九章　启事　海报

第一节　启事

一、启事的概念

启事是机关、企事业单位、团体或个人因有事需要向公众说明或希望公众协助办理而使用的一种事务文书。“启”即叙说、陈述；“事”即事情。“启事”的本意是公开陈述事情。

二、启事的特点

告知性。启事一般张贴于公共场所或刊登在报纸上，也可在广播中播出，在电视上播放，目的是向社会公众告知某件事情，并取得回应。

真实性。启事以事实为核心，所告知的事实必须真实、准确。

通俗性。启事的告知对象众多，务必让人们看后即明白其要表达的意思。

三、启事的种类

告知类启事。如开业启事、停业启事、迁址启事、更名启事、更正启事。

征求类启事。如征订启事、征婚启事、征地启事、招聘启事。

寻求类启事。如寻人启事、寻物启事。

四、启事的写作

启事由标题、正文、落款三部分组成。

标题。标题一般有三种形式：①只写文种，如“启事”。②事由＋文种，如“寻人启事”。③单位名称＋事由＋文种，如“××酒店开业启事”。

正文。启事的正文由开头、主体、结尾三部分构成。开头写发出启事的原因；主体写启事要求，希望他人怎么做；结尾根据启事事项写告知者的承诺，也可不写。

落款。写明告知者的名称、地址、联系方式和年月日。

五、启事的写作要求

启事要真实、准确、具体、通俗易懂、诚挚恳切。

例文 1：

校庆启事

为庆祝我校建校 30 周年，学校已成立校庆筹备委员会，特恭请历届校友届时返回母校参加校庆活动。同时，学校拟编《校史资料集》、《优秀论文集》，请各界校友踊跃提供有关史料及省级以上获奖论文、著作，拟参加校庆及提供资料者，请来电告知姓名、单位、职务、毕业届次于校庆筹备办公室。

时间：××××年×月×日上午 9 时在学校大礼堂举行校庆大会，下午 3 时举行学术成果交流会，晚上 8 时举行文艺联欢会。

地址：×××职教中心××××学校

联系人：×老师、×老师

联系电话：×××

传真：×××

××××××校庆办公室

×年×月×日

例文 2：

寻物启事

本人于 7 月 6 日下午将李宁牌书包遗忘在学校灯光球场 42 座，内装求职信一封和本人身份证、毕业证，有拾到者请速与本人联系，万分感激。

园林 1 班×××

×年×月×日

第二节 海报

一、海报的概念

海报是主办单位向公众告知将要举行文化、娱乐、体育等活动的一种事务文书。

二、海报的特点

告知性。海报将举办某项活动的信息告知公众，可以起到一种宣传作用。

吸引性。海报讲究标题醒目、布局新颖、图文并茂、色彩鲜艳，以鲜明美观的画面吸引观众。

新闻性。海报可张贴，也可登载于报纸，或在电台、电视台等新闻媒体播放，传播迅捷。

三、海报的种类

海报按内容可分为：戏剧海报、联欢海报、电影海报、体育赛事海报、报告会海报等。

海报按形式可分为：文字海报、图文海报等。

海报按发布方式可分为：报刊海报、电视海报、广播海报、张贴海报等。

四、海报的写作

海报的结构包括标题、正文、落款三部分。

标题。海报的标题一般有三种形式：①由文种作标题，如“海报”。②由内容作标题，如“舞会”、“科技讲座”。③由主办单位和内容构成，如“×××学校迎新晚会”。

正文。写清楚活动的内容、时间、地点、参加方式即可。

落款。在正文右下方写明主办单位名称和日期。

例文：

海　　报

为了进一步开展法制宣传教育，特邀请××律师事务所××律师来校作有关青少年保护条例的报告，欢迎全校师生员工届时听讲。

时间：×月×日(星期三)下午3时整

地点：学校大会堂

×××学校

×年×月×日

知识书签

海报的名称，最早起源于上海。当时，人们常把职业性的戏剧表演界称为“海”，作为剧目演出信息的张贴物，也因此被叫做“海报”。现在的海报，适用范围更加广泛，除可以张贴外，有的还可以刊登在报纸上，或在电台、电视台播放。

思考与练习

一、名词解释

启事　　海报

二、填空题

1. 启事一般张贴于________或刊登在________上，也可在电台、电视台中播放。

2. 海报正文要写清楚______、______、______、______等内容。

技能训练

1. 为迎接建校30周年，校团委发起主题为“我爱我校”的征文比赛，请你写一则征文启事。

2. ××党校的张××教授到我校作“学习党的十七届四中全会精神”讲座，请你代写一份海报。

第十章 计 划

一、计划的概念

计划是为了实现某一管理目标，完成某个任务，开展某项工作，而预先作出安排，并用书面形式表达出来的一种事务文书。

二、计划的作用

指导作用。人们无论干什么，只要有了计划，就可以把大家的意志和行动统一起来，就可以做到心中有全局，奋斗有目标，行动有方向，减少盲目性和被动性，增强预见性和自觉性。同时领导也就有了指挥下属去实现奋斗目标的主动权。

推动作用。有了计划，就可以合理地安排和使用人力、物力和财力，充分发挥群众的积极性和主动性，使行动和步骤有条不紊地进行。

保证作用。有了计划，领导就可以预先估计今后工作中可能出现的困难和问题，并制定措施，及时主动解决，还可以随时掌握工作的进程，检查任务指标的完成情况，使任务能及时保质保量地完成。

三、计划的特点

目的性。制订计划就是为了在一定时间内完成某项任务，获取某项效益，计划的目标、任务、要求、步骤、期限、方法、措施都要十分具体而明确。计划的目的性就像一个人的灵魂一样，制约着一切，决定着一切。如果计划的目的性不明确，没有针对性，计划也将失去现实意义。

预见性。计划是在进行某项活动之前预先编写的，是对某项活动的目标、措施、方法、完成的步骤以及可能出现的问题所作的设想，最终要按此设想去实现，因此，计划具有很强的预见性。

可行性。计划中的任务和目标，要根据实际需要和客观现实来制订计划。既要积极稳妥，又要切实可行，既不能高不可攀，也不能触手可及。

具体性。计划是行为的先导，是组织行动、落实步骤、完成任务的基本依据，一旦制订就要遵照执行。计划对实践具有指导作用，未来的工作将在它的规范下被具体落实，甚至上级领导检查工作，也可以以计划为依据。因此，在制订计划时，要写明完成计划的具体办法、措施、时间，这样才有利于计划的实现。

业务性。计划是业务性很强的文种，行业性质不同，专用术语也不同。因此，制订者要熟悉业务，按自身工作所涉及的各项业务指标来制订计划。如果在施行中，发现有不可行之处，要及时修改。

四、计划的种类

计划是计划类文书的统称，从实际工作应用来看，大体有以下几种分类方法。

(一)按名称分类

计划按名称分类有纲要、规划、方案、意见、要点、安排、设想、打算。

纲要：适用的时间长，范围较广，内容较为概括。

规划：重在定规模、定方向，要求完成的时间较长，范围广，具有指示性。

方案：是从目的、要求、工作方式到工作步骤均作出全面部署与安排的计划。方案是经过上级批准以后才能执行的计划，具有决定的性质。

意见：是上级机关向下级单位部署一定时期的工作，交代方针政策，提供方法、措施，提出要求的计划性文件。

要点：是列出主要工作目标的计划，具有政策性和原则性的指导性质。

安排：安排适合于时间短、内容比较具体的小型计划。

设想：是初步的尚未成熟的非正式计划。

打算：是短期内工作的要点式计划。

(二)按内容分类

计划按内容分类有学习计划、生产计划、教学计划、科研计划和工作计划等。

(三)按范围分类

计划按范围分类有国家计划、省计划、地区计划、单位计划、部门计划、班组计划和个人计划等。

(四)按时间分类

计划按时间分类有长期计划、中期计划和短期计划三类。

长期计划：一般指 10 年以上的远景规划或发展纲要。

中期计划：是长期计划的具体化，主要指 5 年规划。

短期计划：一般是指 1 年及 1 年以下的计划，如年度计划、季度计划、月份计划、周计划等。

(五)按性质分类

计划按性质分类有综合性计划和专项计划两类。

综合性计划：指单位和个人对一定时期内所要完成的各项任务的打算和安排，如《曲靖工商学校 2007 年工作计划》。

专项计划：指单位和个人对一定时间内所要完成的某一项任务的打算和安排，如《英语学习计划》、《第一届艺术节活动计划》。

(六)按格式分类

计划按格式分类有条文式计划、表格式计划和综合式计划三类。

(七)按作用分类

计划按作用分类有指令性计划、指导性计划、一般性计划。

五、计划的写作

一份完整的计划，一般包括标题、正文、落款三部分。

(一)标题

标题，即计划的名称，常见写法是：①计划单位＋期限＋内容＋文种，如《曲靖工商学校2006年度工作计划》。②计划单位＋内容＋文种，如《曲靖工商学校先进性教育活动计划》。③计划期限＋内容＋文种，如《关于2009年农村小学教育工作的意见》。④计划内容＋文种，如《学习计划》。

另外，如果计划还不成熟或还未讨论通过，就需要在标题后面加括号注明“初稿”、“草案”、“讨论稿”、“征求意见稿”、“供讨论稿”、“送审稿”等字样。如果是个人计划则姓名不宜在标题中，而应写在落款的日期上方。

(二)正文

正文是计划的具体内容，是计划的核心部分。这部分要围绕“为什么做、做什么、怎么做、做多久”进行表达，由前言、主体和结尾三部分构成。

前言。前言是计划的总纲，一般注明为什么做，依据什么做，除此之外，前言内容还包括上级指示、指导思想及今后的工作任务等，常用“现制订如下计划”作为过渡语。

主体。主体是计划的核心部分，包括目标和任务、措施和方法、步骤和安排。

目标和任务：目标和任务是计划的灵魂，任何计划都要写明计划期内要完成的目标和任务，也就是明确“做什么”。计划的目标和任务要求写得具体。

措施和方法：措施和方法是实施计划的重要保证，是解决“怎么做”的问题，也就是拟订实现目标和任务的手段和方法。这一部分的主要内容是：组织领导、任务的分工、政策保障、采取的手段等。

步骤和安排：步骤和安排是解决“做多久”的问题，也就是拟订实施计划的先后顺序，确定先做什么，后做什么，主要抓什么，次要抓什么，只有把计划的日程安排出来，才能使计划有条不紊地执行。步骤和安排要科学化，过紧过松都不利于计划的完成。有的计划不单独写步骤和安排，而是夹杂在措施和方法中。

结尾。大多数计划都无结尾，正文写完即可。部分计划往往在最后提出希望和号召，有的强调一下注意事项，如检查、评比、修改办法等。

(三)落款

在正文右下方署上计划制订单位的名称或个人姓名，在其下写上日期。有些普通计划若在标题中已有制订单位和时间，则不需要落款。若标题中有单位名称，则在这里只写日期，并加盖公章。

六、计划的写作要求

第一，把握方向，贯彻政策。计划是政策的具体落实，是单位或个人工作的指南和努力方向。因此，制订计划必须遵循党和国家的路线、方针和政策，符合法律法规和上级的有关决定、指示和要求。只有把握方向，贯彻大政方针，并将其体现在计划中，才能指导本单位在今后一定时期内的工作沿着正确的方向发展。

第二，实事求是，调查研究。计划的制订只有通过实事求是的调查研究，走群众路线，集思广益，群策群力，才能使计划有根有据，经得起实践的检验，才不至于半途而废。切忌闭门造车、随意炮制、纸上谈兵，也切忌“倒口袋”的方法，照抄上级主管部门的计划，致使计划的目标、内容、措施、步骤严重偏离实际。

第三，全面兼顾，突出中心。计划的制订，既要统筹兼顾，又要突出中心。因而，制订计划必须做到中心工作与一般工作相结合，当前与长远相结合，局部与整体相结合，对各方面工作既要有适当安排，又能使“优势兵力”用在刀刃上。这样才能全面兼顾、突出中心、相辅相成、相得益彰。

第四，积极稳妥，切实可行。计划的制订，必须要有科学的态度，既要考虑到客观条件，又要充分发挥人的主观能动性，要本着积极稳妥的指导思想去确定所要达到的目标，以保证计划的付诸实施。因而，在制订计划时，必须从实际出发，不能过高或过低，应切实可行。目标过高，经过努力也难以达到，这样就会挫伤工作人员的积极性，从而失去信心；目标过低，轻易就可以达到，也难以激发工作人员的积极性、创造性，反而会使工作人员松松散散，停滞前进的步伐。

第五，分工落实，留有余地。计划是行动的指南，计划中的各项任务都要落实到人，使所有人员都各在其位、各司其职、各尽其责、尽心尽力。计划虽然在制订前经过周密地调查研究，但在执行中仍然会遇到意料不到的不利因素，因此，必要时可以随时根据实际情况对计划加以修改、补充、完善。可见，计划的制订必须分工落实，留有余地，不能过于死板和机械。

第六，明确要求，便于检查。计划中提出的任务、指标、措施、责任、时限等内容必须具体明确，以便于执行和检查。

例文：

××学校旅游管理5班实习计划

为了促进教学理论与操作实践相结合，增强学生的社会实践能力、动手能力和职业适应能力，培养学生吃苦耐劳的精神，帮助学生形成脚踏实地的工作态度，针对本专业特点，并根据学生所学内容和实际情况，本教研室特安排本次实习，具体计划如下：

一、实习目的

通过实习，让学生了解目前餐饮、饭店管理现状，在餐饮、饭店服务中学会接待、摆台、值台、送客等实践技能；掌握导游服务中的引领、介绍等知识要点，能正确引导游客游览、观光。

二、实习时间

×年4月2日至4月30日，共29天。

三、实习地点

××市××山庄。

四、实习内容和教学要求

1. 实习内容

(1)餐饮实训——接待、摆台、值台、送客。

(2)导游实训——引导游客游览、介绍景点。

2. 教学要求(略)

五、组织管理方式(略)

六、实习纪律要求(略)

七、实习指导教师与责任(略)

八、学生实习人员名单(略)

九、经费预算

根据学校对经费使用的政策和要求，核算如下：(略)

××学校旅游管理教研室

×年×月×日

知识书签

“凡事预则立，不预则废”。“预”就是预先打算、安排的意思。计划犹如一个建筑工程设计的蓝图，有了计划，就有了明确的目标，工作就可以有序进行，减少盲目性。相反，从事某项工作时，如果事先没有打算和安排，就有可能出现问题。因此，制订计划是完成任何一项工作不可缺少的手段。

思考与练习

一、名词解释

规划　　方案　　要点

二、填空题

1. 计划的结构通常是由______、______、______三部分组成。

2. 计划的正文部分一般包括______、______、______等几方面内容。

3. 计划的种类很多，而且从不同的角度可以对其进行不同的分类，比如，按其性质的不同分为________和________两类；按其名称分为____________、__________、__________、__________、__________、__________、__________和__________八类；按时间分为__________、__________和__________三大类。

三、判断题

1. 判断此标题写法是否正确：《××县第一中学今年工作回顾及明年工作计划》。(　　)

2. 判断此标题写法是否正确：《××省十年植树造林安排》。(　　)

3. 工作计划在实施过程中是不能随意修改的。(　　)

4. 工作计划应当具有预想性和操作性。(　　)

5. 目标、任务是计划的灵魂和核心，是一切计划不可缺少的内容。　（　　）

四、多项选择题

1. 计划的标题，一般包括（　　）。

A. 单位名称　B. 适用期限　C. 计划内容

D. 计划名称　E. 计划要点

2. 计划类文书包括的文种有（　　）。

A. 规划　B. 纲要　C. 计划　D. 方案　E. 安排

五、简答题

1. 什么叫计划？计划有哪些作用？

2. 计划有哪些主要特点？

3. 计划的写作要求主要有哪些？

技能训练

1. 把全班学生分成若干小组，4 人为一组，每组拟写一份本学期郊游的活动计划。

2. 假若期末考试只剩七天的时间，请你为自己制订一份考前复习计划。

提示：本计划可写成表格形式，分为时间、复习课程、复习要求三部分，逐日填写。

3. 开学了，请你为自己写一份本学期的学习计划。

第十一章　总　结

一、总结的概念

总结是单位或个人对过去的工作进行全面的回顾、检查、分析和评判，高度概括取得的成绩、经验、存在的问题，用以明确今后的努力方向，指导今后工作的一种书面材料。

二、总结的作用

（一）了解情况，推进工作

通过总结，可充分地了解本单位和个人的具体情况，肯定成绩，发现问题，找出成功的经验和失败的教训，用以指导今后的工作。正如毛泽东所说："人类总得不断地总结经验，有所发现，有所发明，有所创造，有所前进。"今天，在改革开放的时代，市场经济发展迅速，新生事物层出不穷。这就需要我们摸着石头过河，边实践边总结，尽量少走弯路，减少失误，更好地推进下一步的工作。

（二）汇报工作，交流信息

通过总结所形成的书面材料，能让上级了解下级完成任务的情况，同时，使下级得到有针对性的指导以便更好地贯彻上级的意图。对兄弟单位而言，通过总结，可以互相沟通交流，取长补短，能在新的起点上得到更快的提高。

（三）提高认识，科学决策

人们平时的工作实践是分散的、感性的。通过总结，可以把零散、肤浅、表面的感性认识上升为全面、系统、本质的理性认识，进而把握事物的规律，在今后的工作中提高自觉性、规范性、科学性，避免盲目性、随意性。谚曰："前车之覆，后车之鉴"。工作中的偏差、失误在所难免，通过认真总结，"吃一堑，长一智"，就能提高决策的科学性。

（四）模范借鉴，调动积极性

总结中概括出来的经验，可以为以后的工作起到重要的借鉴作用。总结出的先进事迹、典型模范，能鼓励先进，鞭策后进，充分调动人们工作的积极性。

三、总结的特点

自我性。总结是对自身社会实践进行回顾的产物。它以自身工作实践为材料，采用第一人称的写法，其中的成绩、做法、经验、教材等，都有自我性的特点。

客观性。总结是对前段社会实践活动进行全面回顾、检查的文种，这就决定了总结有很强的客观性特征。它以自身的实践活动为依据，所列举的事例和数据都必须完全可靠、确凿无误，任何夸大、杜撰、歪曲事实的做法都会使总结失去应有的价值。

指导性。回顾过去，总结经验，面对现在，展望未来，推进工作，是总结的出发点和最终目的。可见，实践是总结的土壤，指导性是总结的生命，离开了指导性，总结也就失去了它的生命。

四、总结的种类

根据不同的分类标准，可将总结分为不同的类型。

第一，按范围来分：有个人总结、班组总结、单位总结、行政总结、地区总结等。

第二，按内容来分：有工作总结、教学总结、学习总结、科研总结、项目总结等。

第三，按时间来分：有月份总结、季度总结、阶段总结、年度总结等。

第四，按意图来分：有体会、回顾、做法、情况等。

第五，按性质来分：有综合总结、专题总结。

(1)综合总结：也叫全面总结，是单位、部门或个人对一定时期内各项工作的全面回顾。

(2)专题总结：就是单位或个人对在一定时期内完成的某一项工作的回顾。

总结的分类不是绝对的，相互之间可以相容，也可以交叉。如《××学校2006年度工作总结》按性质讲是综合总结，按范围讲是单位总结，按时间讲是年度总结，按内容讲是工作总结，这说明在总结的分类上，应灵活掌握，不必过于拘于类型。

五、总结的写作

总结一般由标题、正文和落款三部分组成。

(一)标题

总结的标题比较灵活，大致有以下几种表现形式。

1. 公文式标题

(1)单位＋时间＋事由＋文种，如《××学校2007年教研工作总结》。

(2)单位＋事由＋文种，如《××学校教学工作总结》。

(3)单位＋文种，如《××学校总结》。

(4)时间＋文种，如《三季度工作总结》。

2. 文章式标题

这种标题多用于经验总结。标题的拟制比较灵活，大都无“总结”两字，而用“怎样”、“体会”、“回顾”、“做法”等字眼提示总结的文体。如《我们是怎样安排毕业生就业的》、《××学校学生工作回顾》、《学会多思》、《安全维稳工作要做到经常化》。

3. 新闻式标题

新闻式标题分正标题和副标题。正标题概括总结的主要内容，副标题则显示文体特点。如《辛勤耕耘结硕果——××学校2007年工作总结》、《优生优育、利国利民——××市2006年计划生育工作回顾》、《苦练内功求实效　创建特色上台阶——××学校2008年工作回顾》。

(二)正文

正文包括前言、主体、结尾三部分。

1. 前言

前言简单地概括出所要总结的时间、地点、背景、事情的大致经过；或者将总结的中心内容、主要经验、成绩作简明扼要地提示；或者将工作的过程、基本情况、突出的成绩作简洁的介绍。其目的在于使读者对总结的全貌有一个概括的了解，为阅读、理解全文打下基础。

2. 主体

这是全文的核心部分，介绍具体情况和做法、成绩与经验、存在的问题与教训等内容。

(1)具体情况和做法：主要是写清做了哪些工作，分别是怎么做的，即采取了什么措施、办法和步骤，有何效果等。

(2)成绩与经验：成绩与经验是总结的关键部分。成绩是指在工作实践中所取得的物质成果和精神成果，要写得具体、实在，体现出感染力和说服力。经验是指在工作中取得的成绩和成功的原因，从中找出规律性的认识。

(3)存在的问题与教训：所谓问题，是指在实践活动中应该做到而未做好、未做完的工作，或者是尚未解决的问题。所谓教训，是指从产生的过失、错误中得出的反面经验。这部分内容虽然不是总结的重点，不一定在每篇总结中都写，但不应忽视，对工作或学习中存在的问题，必须实事求是地加以分析，找出原因，以达到吸取教训、改进工作的目的。写存在的问题和教训要中肯恰当、实事求是、条理分明，一般不宜过长。

3. 结尾

结尾一般写今后的努力方向或今后的打算，提出新的奋斗目标。结尾部分应写得简洁、自然。

(三)落款

落款是在正文的右下方，写上总结单位名称或个人姓名，在名称下面写上成文日期。如果在标题中已列出单位名称或姓名，则在落款处可以省略。发表在报刊上的总结，一般将署名写在标题下。

六、总结与计划的区别

目的性不同。计划是预想未来，是在工作之前制订的，是总结的前提和基础；总结是回顾过去，是工作到一定阶段而撰写的，是对计划落实后的认识和评价。

内容不同。计划的内容是为完成一定任务所设想的具体步骤、方法和措施，重在叙述说明；总结是对一定阶段的工作或计划执行情况作出的分析、评价，重在找出有规律性的认识。

回答的问题不同。计划所要回答的问题是做什么，怎么做，做到什么程度；总结所要回答的问题是做了什么，做得怎么样，有何工作规律。

七、总结的写作要求

第一，实事求是。一是要用“一分为二”的观点来分析实践活动，既要充分肯定成绩，又要看到存在的不足；既要看到现象，又要揭示本质，一切从客观实际出发，如实反映实际情况，决不能报喜不报忧。二是恰如其分地评价成绩，一就是一，二就是二，既不夸大，也不隐瞒、不缩小，更不允许“移花接木”，弄虚作假。

第二，突出重点。总结的目的是为了指导今后的活动，切忌面面俱到、记“流水账”，要认真分析工作中取得的主要成绩和存在的主要问题，要抓住要害，突出重点，力求写出特点，提炼经验。

第三，措辞恰当。在总结中切忌用“基本上”、“大体上”、“一定程度”等范围词语。取得的成绩和存在的不足是“大”还是“较大”都要准确使用。

例文：

学习应用文写作的体会

进了中专学校，读上文秘专业，才知道要成为一名文秘人员需有过硬的笔下工夫，而文秘人员接触最多的是各种应用文，所以学好应用文写作就显得特别重要了。两年来在老师的指导下，我基本上掌握了应用文写作的规律和方法。以下是我对学习应用文写作的几点体会。

一、拟。“拟”就是借鉴别人的成功作品，以其好的文件为“蓝本”进行仿造。应用文都采用事务语体。事务语体在语言材料的选择和组织上与其他语体有明显区别，它以务实应用为准则，语言风格平易、朴实、庄重，不追求语言的艺术化，表达方式以说明为主。中学所学的文章大部分属于文学语体或议论语体，而对事务语体接触较少。要学好应用文写作，就需由只习惯于运用文学语体或议论语体过渡到事务语体。我认为，“拟”是过渡的好方法。那么，要怎么样去“拟”呢？首先，要根据需要找准“蓝本”，在文种上要与所写文本一致。其次，要“拟”重点。“拟”不是抄袭，而是此一事、彼一事地仿造，重点放在框架层次和拟写语言风格上。通过对不同文种、不同文件、不同语言主体的反复模拟，使其格式和语言风格在头脑中固定下来，最后就会形成“条件反射”取代“拟”，达到“形似其物”(写什么像什么)、“声似其人”(语言风格转成事务语体)的程度。

二、积。“积”就是收集积累对应用文写作有用的事务语体的词汇、句式以及各类文种的格式。应用文都有一定的表达程序，有一套固定的专门用语，有相对稳定的句式，有比较固定的结构式样。所以，积累这方面的材料对学习应用文写作，特别是对学习公文写作有很大的帮助。我在中学就有积累好文章、好词句的习惯，学习应用文时，我还是保持该习惯，将一些事务语体和惯用词汇、句式以及一般应用文格式摘录在本子上，有空便多翻看。此外，我平时还会找一些有关应用文写作的书籍来参考，有意识地把这些文种、内容相似的文件、文章进行比较性鉴赏，从中挑出一件“精品”，并对“精品”进行解剖，将其优点摘录下来，以便日后用到自己的文章中。手头上有了丰富的事务语体词汇和各种文种的格式后，写起应用文来就会感到得心应手。

三、改。“改”就是对文稿进行修改。应用文旨在应用，不为欣赏，其文“以辨洁为能”，其事“以明核为美”，故应用文写作要求准确、简练。要想一落笔就写出一份简练而又准确表达意思的应用文确非易事，唯有经过反复修改，文章才能达到准确、简练的要求。学习应用文写作，我体会最深的一点就是：文章是改出来的。第一学期时，我的一篇文章被老师进行了一次“大手术”，评语是：“文章贵精简，可有可无的字、词、句、段要毫不留情地删去”。自此，我十分注重完稿后的修改工作。改的准则是：首先要求准确。事实要准，整理要确，字、词、句要准。其次要求简约，要把可有可无的字、词、句删去，力求简洁。

总的来说，“拟”是入门，“积”是基础，“改”是提高，最终都要落实到练。只要平时多写、多练、多修改、多总结经验教训，并持之以恒，就不难掌握应用文写作的规律和方法。

×××

×年×月×日

知识书签

毛泽东曾说："人类总得不断地总结经验，才能有所发现，有所发明，有所创造，有所前进。"今天，我们正处于经济建设的历史新时期，及时总结经验，可以更好地指导和推动各项工作。

思考与练习

一、名称解释

综合总结　　专题总结

二、填空题

1. 总结是单位或个人对过去的工作进行________、________、________和________，指导今后工作的一种书面材料。

2. 从不同的角度，可将总结划分为不同的类型，按其性质分类，可将总结分为________总结和________总结两大类。

3. 总结一般由________、________和________三部分构成，总结的正文一般包括________、________和________几个部分。

三、判断题

1. 总结一般用第三人称来写。（　　）
2. 写总结应报喜不报忧，便于以后工作。（　　）
3. 为了充分说明问题，可用夸张的手法写总结。（　　）
4. 总结是同计划相对应的事务文书。（　　）
5. 计划是总结的前提和基础。（　　）

四、单项选择题

1. 以下标题写得正确的一项是（　　）。

A.《2009年××学校工作计划》　　B.《××学校工作计划(2009)》

C.《××学校2009年工作计划》　　D.《××学校工作》

2. 以下标题不属于总结的一项是（　　）。

A.《××学校学生工作计划》

B.《学贵多思》

C.《苦练内功求实效——××学校2009年工作总结》

D.《职业教育必须从实际出发》

五、多项选择题

1. 总结的作用是（　　）。

A. 了解情况，推进工作　　B. 汇报工作，交流信息　　C. 提高认识，科学决策

D. 模范借鉴，调动积极性　　E. 预测作用

2. 总结的特点是（　　）。

A. 自我性　　B. 客观性　　C. 指导性　　D. 计划性　　E. 预见性

3. 总结的写作要求是(　　)。

A. 实事求是　　B. 突出重点　　C. 措辞恰当

D. 适用范围广　　E. 面面俱到

六、阅读题

下面是一所学校学年工作总结的开头和结尾，请阅读后回答问题。

开头：2001 年我校全面贯彻党的教育方针，在思想政治工作方面，坚持从爱国主义教育入手，以共产主义思想教育为核心，教育学生自觉抵制资产阶级自由化思想的影响，争当社会主义事业的建设者和接班人；在教学工作方面，坚持以培养学生能力为突破口的教学改革，以提高教育质量为目标，着眼于扎扎实实抓基础，发展智力，培养能力；在体育工作方面，加强开展全校性的体育活动，提高学生身体素质。一年来，我们努力在德、智、体教育方面开创新的局面，取得可喜的成绩。

结尾：一年来，我们在全面贯彻党的教育方针方面做了一些新的工作，取得了一些新的成绩和经验，但离形势的发展和党的要求还有很大的差距。我们要进一步全面贯彻党的教育方针，坚持正确的政治方向，努力探索教育、教学规律，力争把我校办得更好，为建设祖国作出新的贡献。

1. 请写出总结的标题：______________________。

2. 正文部分应从如下几个方面写作：____________________。

3. 结尾部分主要是说明______________________。

技能训练

请你以班长的名义，写一份班级学期总结。

提示：1. 总结者的身份是班长。

2. 内容包括学习、体育、纪律、卫生等方面。

3. 既要肯定成绩，又要找出不足和经验教训，提出下一步工作思路。

第十二章

述职报告

一、述职报告的概念

述职报告是领导干部根据自己的职务要求和工作情况，向上级领导机关、主管部门、本单位的干部群众汇报自己在一定时期内履行岗位职责情况的书面报告。

二、述职报告的作用

有利于自我的提高。领导干部作述职报告，可对自己的任职情况加以回顾和反思，有利于提高自我，改进工作方法。

有利于考核干部。领导干部作述职报告，对于上级领导、主管部门和本单位的干部群众来说，既有利于考核干部，又有利于群众监督。

三、述职报告的特点

总结性。述职报告是对自己的工作实践总结成绩和经验，找出不足与教训，提出下一步工作思路，有很强的总结性。

时限性。述职报告是汇报任职期间的履职情况，具有很强的时限性。

真实性。述职报告所汇报的事实真实可靠，有理有据，让人信服。

特指性。述职报告必须按任职期间考核的内容进行汇报，如领导干部的德、能、绩、廉，其他方面则不必汇报。

四、述职报告的种类

述职报告主要从以下几方面来分类。

第一，从时间上分为：任期述职报告、年度述职报告、阶段述职报告。

任期述职报告是指任现职以来的总结情况汇报。年度述职报告是指本年度履职的情况汇报。阶段述职报告，又叫临时性述职报告，是担任某项临时职务时完成某次任务的汇报。

第二，从内容上分为：综合性述职报告、专题性述职报告。

综合性述职报告，是述职者对工作中的各方面情况所做的综合性汇报。专题性述职报告是述职者对所分管的某一项工作的情况汇报。

第三，从表现形式上分为：书面述职报告、口头述职报告。

书面述职报告是指任职者以书面的形式汇报自己的履职情况。口头述职报告，即任职者口头陈述汇报自己的履职情况，一般任职期限较短者常采用口头述职报告。

第四，从述职主体上分为：个人述职报告、领导班子述职报告。

五、述职报告的写作

述职报告一般由标题、称呼、正文、落款四部分组成。

(一)标题

述职报告的标题有单标题和双标题之分。

单标题。单标题有以下四种构成方法：①职务＋时间＋文种，如《××学校校长 2009 年述职报告》。②职务＋文种，如《××学校校长述职报告》。③时间＋文种，如《2009 年述职报告》。④文种，如《述职报告》。

双标题。将内容的主旨概括为主标题，以年度和文种构成副标题，这就形成了双标题。如《坚持从小事做起——2008 年述职报告》。

(二)称呼

在标题下方另起一行顶格写上述职者对听众的称呼。述职者应根据所面对的对象采用不同的称呼，如“各位领导，同志们”。

(三)正文

正文由前言、主体和结尾三部分组成。

1. 前言

前言包括岗位职责、指导思想、概括评价三个方面。

岗位职责。说明自己从何年何月起担任何职，主要负责什么工作。

指导思想。说明自己在什么样的思想原则、方针政策指引下进行工作。

概括评价。简要介绍自己任职以来的工作情况。

以上三个方面的内容要简洁、精练，一般为一个自然段即可，常用“现将任现职以来的主要工作报告如下”作过渡语，引出下文。

2. 主体

主体是述职报告的核心内容，分为思想政治素质、业务实绩、经验和教训三个部分。

思想政治素质。主要写任职期间对党的路线、方针、政策的执行情况，自己的工作作风和是否廉洁行政等。

业务实绩。主要写如何按岗位要求履行职责，完成了哪些工作，效果如何；在工作中解决了哪些实际问题，效果如何。

经验和教训。写成功的经验有哪些，失败的教训有哪些，今后应如何防止出现失误。

主体部分的写法大致有三种：

一是工作项目归类法。即把自己所做的工作按性质加以分类，如生产方面、销售方面、后勤方面等，每一类作为一个层次依次进行阐述。自己主持完成的工作和协助别人完成的工作要分开写。另外，对自己做出突出成绩的工作和创新性的工作要重点写，一般性的工作和日常事务性工作要略写。

二是时间发展顺序法。即把任期内自己所做的工作按时间先后顺序分成几个阶段来写，便于在各阶段中详细阐述所取得的成绩和经验。

三是内容分类集中法。一般分主要工作、成绩、经验教训和对策等几个部分来写。

3. 结尾

结尾可以对自己做一个基本的评价，也可以提出自己今后的努力方向或今后的打算，如果在前面已经说过，则可不写结尾部分，而用模式化结束语结束全文，如“以上述职报告，请审查”、“述职完毕，请批评指正”、“特此报告”、“专此述职”等。

（四）落款

落款包括署名和述职时间两部分，如果标题下有署名，则在此处可省略。

六、述职报告与总结的异同

（一）相同点

述职报告和总结都是用第一人称来写的自述性文件。两者都是对自身的实践活动进行回顾、反思，对自身的工作进行自我评价。

写作范围是确定的，都是针对过去的工作情况进行说明。

（二）不同点

内容的侧重点不同。述职报告着眼于履行职责的能力如何，与职责无关的工作，做得再出色，也可略去不写。对于总结，凡是取得的成绩都可写进去。

引起的效果不同。述职报告是考核述职人能力的依据之一，也是干部群众评议的基础。总结的主要目的是找出规律性的认识，推动工作向前发展。

七、述职报告的写作要求

第一，实事求是。述职报告既要讲成绩又要讲失误，既要讲优点又要讲不足，不能揽功诿过；要处理好主管工作与分管工作之间的关系，要分清个人成绩与集体成绩之间的关系。

第二，突出特点。不同行业、不同岗位、不同层次的述职者均有不同的工作内容和工作方法，鉴于此，述职者务必突出自己的工作特点，显示自己的工作方法，避免千部一腔、千人一面，没有特点没有个性的写法。

第三，抓住重点。要有意识地把工作中的主要成绩、总结的主要经验、找出的主要教训写得详细、具体、全面。次要部分可一笔带过。

第四，语言简练。行文语言要朴实、简练，评价要中肯，措辞要恰当，语气要谦和，切忌用“大体上”、“差不多”等范围词，切忌用描写、抒情、夸张的语言。

例文：

述职报告

尊敬的学校领导、全体教职工：

我现在向你们述职，若有不妥之处，请批评指正。我被聘任为学校党政办主任一年来，按照党政办主任的岗位目标和工作职责，紧紧围绕学校的发展目标、培养目标、效益目标，遵照学校倡导的“三种作风”、“五种精神”、“四个制度”，认真履职，现作简要汇报。

一、回顾履职历程，主要做了四个方面的工作第一方面是求真务实地工作。首先是积极承担和完成学校领导安排的工作任务，做到按程序办事，不拖拉、不延误，“到位”而“不越位”，向学校领导反馈办事结果及时、真实；其次是协调科室工作时分清轻重缓急，做到统筹兼顾、忙而不乱、有序进行；再次是做好党务工作，建立和完善了“三会一课”制度、党风廉政建设制度等，发展教师党员 2 名、学生党员 6 名，壮大了党员队伍，发挥了党员的先锋模范作用。

做好上级领导、专家、同行到校调研、参观的接待工作，在接待工作中认真准备、注意细节，从没有出现纰漏，以最少的接待费，办好学校最满意的事情。对来校办事者不以任何借口推诿、搪塞、拒绝，注意文明礼貌，把握分寸。

做好学校的“改制”和新校区建设工作。《改制方案》经过几十次修改、补充、完善，已经市政府批准实施，《股份制办学协议》和《章程》正在修改完善中，最近几天即可完成。新校区建设已完成了项目的立项工作；《科研报告》编审工作；总体规划；道路、交通、供排水、电力通信等规划和环评审批手续，完成了《项目选址意见书》、《建设用地规划许可证》和用地审批手续，《初步设计方案》、单体设计正在进行中，回填土石方已完成 80%，地堪工作已基本结束，主体工程可望在近期开工。

第二方面是规范公文行文和管理。在起草文件、材料时把好“四关”：政策关、格式关、内容关、文字关，做到文稿符合上级党委、政府和学校的又好又快发展精神的要求，上报的文件、材料全部合格。在工作中注重“开源节流”，比如说《新校区建设项目建议书》、《科研报告》是在学校领导的指导下，由我撰写完成，为学校节约了 10 多万元的费用。在收文办理中，做到及时收发、送批、传阅，并按照档案管理的规范化标准，圆满完成了 2007 年的文书立卷工作，在档案局组织的年度考核中，以 98 分的高分居曲靖市直学校第一名。

第三方面是做好学校的宣传报道工作。一年来，学校的办学事迹在《云南经济日报》、《曲靖日报》等报刊上报道 23 次，在曲靖电视台报道 9 次。我自己撰写的“曲靖工商学校分类资助特困生”等 11 篇文章在《曲靖日报》上登载，宣传了学校的办学事迹，提升了学校办学的知名度。

第四方面是在教学中不断总结经验，并撰写《教师体态语的和谐美》、《心理健康教育德育功能刍议》、《板书艺术美》、《职业中专园林植物课程教学初探》等文章，在《中国农村教育》、《教学与管理》等刊物上发表，并得到了同行的认可。

二、存在的问题

在一年来的工作中，我虽然努力工作，但也清醒地认识到自己还存在着许多不足，归结起来，主要是“三个不够”：

一是由于办公室事务多、时间紧，耐心细心不够。二是在工作中创新意识不强，思想解放不够。三是深入教职工和学生中谈心做得不够。

三、下一步工作

针对上述“三个不够”，我将通过今天的述职，从思想上查找和分析原因，认真清思、反思、真思，不断提高自己的工作能力。具体从以下几方面努力：

1. 加强学习，提升素质。首先是认真学习党政知识，领会党的路线、方针、政策，增强自身的政治敏锐性；其次是认真学习专业知识，提高专业水平，努力使自己的理论水平满足学校教育教学改革的需要。

2. 解放思想，更新观念。“更新观念心眼明、更新观念胆气壮、更新观念办法多”。因此，在今后的工作中，我将坚决抛弃不适宜于学校发展的观念，使自己的思想观念与学校的改革创新发展合拍，积极、主动、自觉、全身心地干好工作。

3. 身体力行，务实工作。我将积极承担和完成学校领导安排的工作任务，认认真真履职、扎扎实实工作、耐心细致办事，诚心诚意为全体师生员工服务。

我的述职至此，真心地恳请尊敬的学校领导、各位教职工审查评议我的述职报告，并批评指正，我将虚心接受。

谢谢！

述职人：孔××

×年×月×日

知识书签

述职报告，是以“报告”为名，但同党政公文中的“报告”却不是同一类文体，内容、功用和作者身份都有很大的区别。述职报告是在改革大潮中产生的，在干部管理考核中专用的一种文体，具有很强的实用性。

思考与练习

一、名词解释

任期述职报告　　年度述职报告

二、填空题

1. 述职报告的特点有______、______、______、______。

2. 述职报告从时间上分为______、______、______三种；从内容上分为______、______两种；从表现形式上分为________、________两种。

3. 述职报告一般由______、______、______、______四部分组成。

4. 述职报告的正文由______、______、______三部分构成。

三、简答题

1. 述职报告的写作有哪些注意事项？

2. 述职报告与总结的异同点有哪些？

技能训练

分组讨论本学期本班的表现情况，并由班长代表班委起草本学期的班集体述职报告，并在主题班会上述职。

第十三章 调查报告

一、调查报告的概念

调查报告是根据一定的目的，针对某一现象、某一情况、某一文件或某一问题进行深入细致地调查研究，然后用科学的方法进行分析而写成的反映调查结果的书面报告。

二、调查报告的作用

调查报告对人们的社会实践有着重要的指导作用，具体表现在以下三个方面：

第一，为指导工作提供依据、明确方向。积极地开展调查研究，可以更好地了解实情、找出问题、抓住机遇、明确方向，为指导工作提出切实可行的依据，正确地指导今后的实践工作。

第二，及时总结经验，发扬推广。调查报告用以总结一个单位、一个部门甚至一个地区的成功经验、先进事迹，以点带面，发扬推广。

第三，总结教训找问题，针砭时弊。对一些失误教训、存在问题，写成调查报告，可以给人以警醒，引以为戒，防微杜渐，也可以用于揭露某一方面的问题，或者探明某个事项的真相，还可以介绍某个事物的发展过程，从而推进工作的开展。

三、调查报告的特点

真实性。调查报告是对客观事物的如实反映，不论是总结经验、研究新事物，还是揭示事实真相，必须以充分确凿的事实为依据，必须确有其人，实有其事，决不能道听途说，东拼西凑，绝不能有半点浮夸和虚假，更不能歪曲事实。

针对性。针对性是调查报告的灵魂。进行调查研究，撰写调查报告，是为了解决实际问题，因此要有很强的针对性。同时，针对某个问题要深入下去调查，走马观花的调查是不会有很大收获的。一般来说，针对性越强，调查的效果就越好。

典型性。调查报告所反映的内容，无论是经验，还是问题，都应有典型性，要能起到以局部反映全局或以“点”带“面”的作用。调查报告如果反映的是没有任何典型意义的孤立的个别事例，则不会对工作有指导意义。

时效性。调查报告回答的是现实生活中迫切需要解决的问题，有较强的时效性。否则，时过境迁，就失去了现实的指导作用。因此，调查要迅速深入，报告要及时写出，以发挥其有效的作用。

四、调查报告的分类

调查报告的种类很多，可从不同的角度按不同的标准进行分类，主要分类如下：

(一)按内容分

有经验调查报告、情况调查报告、问题调查报告。

经验调查报告：主要以先进经验、典型事例为调查对象，通过对其进行调研，提出若干值得人们思考的规律性认识和可借鉴的典型经验。写作时要列举成绩、总结经验做法，尤其是要写好遇到的困难和克服困难的方法及取得的效果，以利于指导今后的工作。

情况调查报告：主要针对一些社会情况，诸如社会生活中发生的新事物、新问题、新变化、新现象以及新观念所写的调查报告，包括社会风气、衣食住行、婚礼、赡养等群众生活的各方面问题，也是人们经常关心的一些问题。撰写情况调查报告要进行深入地分析、论证，权衡利弊得失。各种新闻媒体很重视这一方面题材的报道。

问题调查报告：主要是针对实际工作与现实生活中存在的带有倾向性的问题展开调查，详细分析问题的种种现象，阐述引起问题的原因，指出问题的危害，探寻解决问题的办法与措施。

(二)按功能分

有指导型调查报告、定性型调查报告、咨议型调查报告。

指导型调查报告：即经验调查报告。

定性型调查报告：是指通过对某些事件或某个引起争议的人物进行调查，并站在政策法规的高度作出定性的以引起有关人员重视的调查报告。它以明断是非、核对事实、得出正确结论为写作目的。

咨议型调查报告：是指针对事关全局的问题，如民情进行调查，通过分析、对比、评述，向领导的决策提供建议、解决方案。

(三)按范围分

有综合调查报告、专题调查报告。

综合调查报告：指对某一单位或某一事物、某一问题等进行多方面的调查研究和综合分析，提出观点和意见的综合整体。

专题调查报告：是围绕某项工作或某一问题等进行系统调查分析，并加以研究后写成的报告。

五、调查的方法和撰写程序

(一)调查的方法

按调查性质分：有访问调查法、问卷调查法、文献调查法、实验调查法、观察调查法。

按调查范围分：有个案调查法、抽样调查法、普通调查法。

(二)撰写程序

第一，确立调查目的，确定选题。

第二，拟订调查提纲：包括①调查目的。②调查对象。③调查形式。④调查内容。

第三，调查、整理资料。

第四，拟订写作提纲。

第五，完成调查报告。

六、调查报告的写作

调查报告一般由标题、正文、落款三部分构成。

(一)标题

调查报告的标题从形式上看，有单标题和双标题之分。

1. 单标题

调查报告的单标题又分为文件式标题和文章式标题两种。

(1)文件式标题主要有两种形式：一种是调查对象＋事由＋文种，如《××企业负担过重的调查》；一种是事由＋文种，如《农村产业结构调查》。

(2)文章式标题有三种形式：①用问题作标题，如《职业中专学生究竟需要什么》。②用观点作标题，如《辛苦打工者，赚钱何其难》。③叙述式标题，如《三个孩子去少林寺》。

2. 双标题

由主标题和副标题组成。主标题点明调查报告的主旨或揭示调查者对这个问题的看法，副标题由调查对象、内容范围和文种组成，如《靠信誉赢得市场——关于××公司扭亏为盈的调查》。

(二)正文

正文包括开头、主体和结尾三部分。

1. 开头

调查报告的开头部分又称导语、前言等，常有三种形式：

介绍式：介绍调查的目的、时间、地点、对象、范围、方式等。

概括式：指将被调查对象的主要情况、调查结论用概括的文字简洁叙述清楚。

提问式：在开头提出问题，引起读者对调查课题的关注，促使读者去思考。

2. 主体

主体是调查报告的主要部分，这一部分常见的叙述和议论形式有三种：

纵式结构：即按事物发展的先后顺序安排材料，确定叙述的次序。

横式结构：即按事物的性质和特征对材料加以归类，从不同的角度反映情况，说明情况。

混合式结构：所谓混合式结构也就是纵横式混用结构，即以一种结构形式为主，兼用另一种结构形式，既考虑事物的发展脉络，又照顾事物的分类特征，兼有两种结构形式的特点。

3. 结尾

调查报告结尾的常见写法有四种。

总结式：总结内容，明确观点。

指导式：指明努力的方向。

启发式：提出发人深省、引人思考的问题。

号召式：预示前景，提出号召。

(三)落款

在正文的右下方，写上调查者的单位及姓名，在其下写上日期。如果是在报刊上发表的调查报告，署名应写在标题之下，正文右下方只写日期即可。

七、调查报告与总结的区别

使用的人称不同。调查报告是调查某一情况之后写成的书面报告，采用第三人称的写法；总结主要是总结本单位或个人的情况，采用第一人称的写法。

写作的目的不同。调查报告是通过对“点”的剖析来指导、改进、推动“面”上的工作；总结则是通过检查自己的工作，来指导今后的工作实践。

材料来源不同。调查报告的写作材料，主要由调查得来；总结的写作题材受空间和时间的限制，只能写已经完成的或正在进行的工作。

八、调查报告的写作要求

第一，认真进行调查研究，充分占有材料。从调查工作一开始，就要注意收集、积累各种材料，做到充分占有材料。

第二，以正确的立场和方法，认真分析并合理组织材料。调查获得的材料必须经过“去粗取精，去伪存真，由此及彼，由表及里”的加工制作，才能反映问题、认识问题、解决问题。

第三，观点统率材料，材料说明观点。调查报告的写作，一定要观点统率材料，材料说明观点，使二者有机地结合起来，材料才能充分显示其意义，观点才会有坚实的基础，整个调查报告才会显得有血有肉。相反，有的调查报告，要么占有材料少，要么缺乏具体分析，要么材料和观点相互脱节，让人看了有乱麻一团之感。

例文：

关于中专学生环境意识的调查报告

一、调查目的

了解中专生环境意识的现状，探索学生环境意识的相关因素和进行环境保护活动的途径，并借此机会宣传环境知识，加强学生对环境保护重要性的认识，增强学生的环境意识。

二、调查对象

××职业技术学校学生。

三、调查方式

问卷调查。发出问卷 200 份，回收 198 份，有效问卷 198 份。

四、调查内容

学生住址、家长受教育程度、学生性别、学生年龄等各种因素对学生环境知识、环境意识的影响。

五、调查结果分析(略)

六、调查结论(略)

七、建议与反思

针对这次问卷调查，提出以下建议：

1. 在学生获得丰富的环境知识的同时，更应提高他们的环境意识，并自觉应用于实际行动中，这才是环境教育的主要目的。

2. 加强对毕业班学生的宣传教育，在紧张的准备就业过程中，也要从小事做起，自觉地保护环境。只有人人参与，才能真正实现环境的可持续发展。

3. 把本校环境教育的成果推广给全市其他同类学校，使环境教育深入到每个人的心中。

4. 家长和学生互动学习，扩大教育效果。教育学生把学到的环境知识带回家，从而提高学生家长的环境意识，使学生和家长相互影响、学习，并在生活中自觉地保护环境。

××学校团委

×年×月×日

知识书签

调查报告，顾名思义是两个名称合二为一，一是调查，二是报告。调查即考察，报告即把事情或意见告诉上级领导和群众。调查是报告的基础，报告是调查的反映；调查是报告的依据，报告是调查的说明；调查是报告的灵魂，报告是调查的体现。毛泽东同志说："没有调查，就没有发言权。"江泽民同志说："坚持做好调查研究这篇文章，是我们的谋事之基，成事之道。"这都说明了调查研究的重要性。

思考与练习

一、名词解释

情况调查报告　　经验调查报告　　问题调查报告

二、填空题

1. 根据调查报告的内容，可将调查报告分为三种类型：______、______和______。

2. 调查报告的结构一般包括______、______和______三部分。

3. 拟订调查提纲的主要内容有______、______、______、______。

三、判断题

1. 调查报告是反映调查结果的书面报告。（　　）

2. 调查报告是在调查研究的基础上写出来的。（　　）

3. 凡调查研究所得到的材料都应写成调查报告。（　　）

4. 调查报告不宜在报刊上公开发表。（　　）

5. 调查报告只能写正面内容，不能写反面内容。（　　）

四、单项选择题

1. 调查报告采用的叙述人称是（　　）。

A. 第一人称　　B. 第二人称

C. 第三人称　　D. 多种人称

2.《如何提高质量——××学校关于学生就业的调查》属于（　　）。

A. 经验调查报告　　B. 情况调查报告

C. 问题调查报告　　　　D. 个案调查报告

五、多项选择题

1. 调查报告的特点是(　　)。

A. 真实性　B. 针对性　C. 典型性　D. 时效性　E. 批判性

2. 调查的方法，按调查性质分为(　　)。

A. 访问调查法　B. 问卷调查法　C. 文献调查法

D. 实验调查法　E. 观察调查法

3. 调查报告的正文包括(　　)。

A. 标题　B. 落款　C. 开头　D. 主体　E. 结尾

六、简答题

1. 调查报告的作用有哪些?

2. 调查报告的正文应怎样写?

3. 调查报告的写作要求有哪些?

4. 调查报告与总结有何区别?

技能训练

请你对本班同学的课外阅读情况进行调查，并根据调查所掌握的材料，写一篇情况调查报告。

附：职业中专生课外阅读情况调查问卷

为了加强××学校学生的文化素质教育，有针对性地进行课外阅读指导，把握中专生课外阅读的现状，了解其课外阅读的兴趣特点，发现其中需要重视的问题，并向广大学生提出指导性建议，现特向您发放此调查问卷，请根据题目要求在您的选项上打“√”。谢谢您的合作!

性别：A. 男　B. 女

年龄：A. 15～18 岁　B. 18 岁以上

政治面貌：A. 党员　B. 团员　C. 非团员

你的家乡属于：A. 农村　B. 集镇　C. 城市　D. 郊区

问题：

1. 你有阅读课外书籍的习惯吗?

A. 有　B. 没有　C. 有一点

2. 你喜欢读哪一类书籍?

A. 武侠小说　B. 言情小说　C. 通俗小说　D. 军事杂志

E. 政治时事和历史小说　F. 其他

3. 你目前阅读什么类别的杂志?

A. 理论学习类　B. 时事新闻类　C. 财经类

D. 文学类　E. 体育、军事类　F. 科技类

G. 旅游类　　H. 娱乐类　　I. 其他

4. 你最喜欢阅读的杂志是：

A.《读者》　　B.《青年文摘》　　C.《中国青年》

D.《知音》　　E. 其他

5. 你目前阅读什么类别的书？

A. 政治理论　　B. 哲学　　C. 经济学　　D. 法律

E. 计算机　　F. 外语　　G. 历史　　H. 文学艺术

I. 体育　　J. 人物传记　　K. 科普知识　　L. 励志、成功类

M. 其他

6. 你喜欢阅读的图书类型是：

A. 纯文字图书　　B. 纯图片图书　　C. 文字与图片混编图书　　D. 无所谓

7. 你认真阅读过的中国古典文学作品有：

A.《中国神话》　　B.《诗经》　　C.《楚辞》　　D.《唐诗》

E.《宋词》　　F.《红楼梦》　　G.《三国演义》　　H.《西游记》

I.《水浒传》　　J. 其他

8. 你读过几部中国古典名著、外国名著？

A. 一部　　B. 二部　　C. 三部　　D. 四部以上

9. 你不愿意读中国古典名著、外国名著的原因是：

A. 读不明白　　B. 读着太累　　C. 根本就不知道哪些是名著

10. 你阅读课外书籍时，利用什么时间？

A. 假日　　B. 课后　　C. 自习课　　D. 上课时

11. 你在课余一般会用多少时间去阅读课外书籍？

A. 1 小时　　B. 2 小时　　C. 3 小时　　D. 4 小时以上

12. 阅读课外书籍占用了课余时间，你认为会影响你的功课的学习吗？

A. 会　　B. 不会　　C. 有一点

13. 对于中专生，你认为有必要去阅读中国古典名著、外国名著吗？

A. 有　　B. 没有　　C. 只看老师规定的一些篇目　　D. 无所谓

14. 你认为阅读课外书籍会对思想行为有影响吗？

A. 有　　B. 没有　　C. 有一点

15. 你认为过多阅读武侠小说会不会导致“为朋友两肋插刀”的事件发生？

A. 会　　B. 不会　　C. 不一定

16. 你认为过多阅读言情小说会不会导致中专生的早恋行为？

A. 会　　B. 不会　　C. 不一定

17. 班里同学阅读的课外书主要来自哪里？

A. 自己买　　B. 向别人借　　C. 向学校图书馆借

18. 对班里在课外从不阅读课外书的同学，你的态度是：

A. 引导他们看　　B. 漠不关心　　C. 讨厌

19. 你认为班里在课外从不阅读课外书的同学不阅读的原因是：

A. 没有良好的读书习惯　B. 学校的藏书太少

C. 觉得读书太累

20. 如果不阅读课外书，你觉得知识还可以从哪个途径获得？

A. 电影、电视　B. 网络　C. VCD　D. 录像

21. 课外阅读时你会做读书笔记吗？

A. 每次都会　B. 经常做　C. 偶尔做　D. 不做

22. 你会和别人交流课外阅读的感受吗？

A. 每次都会　B. 经常会　C. 偶尔会　D. 不会

23. 读到让你感动的书籍时你会写一点读后感吗？

A. 每次都会　B. 经常会　C. 偶尔会　D. 不会

24. 你认为学校课外阅读风气不好的话，有必要引导同学们去课外阅读吗？

A. 有　B. 没有　C. 无所谓

第十四章 讲话稿

讲话稿是指讲话人在一定场合上讲话时所用的书面文摘。讲话稿包括：会议讲话稿、演讲稿、礼仪讲话稿三类。会议讲话稿又分为综合性讲话稿、专题性讲话稿、开幕词、闭幕词等。演讲稿按演讲内容和性质可分为政治演讲稿、学术演讲稿、社会活动演讲稿等；按演讲的场合可分为会场演讲、聚会演讲、教室演讲、宴会演讲、电视演讲等。礼仪讲话稿可分为欢迎词、欢送词、贺词等。本章只介绍会议讲话稿和演讲稿，礼仪讲话稿将在专用文书章节中介绍。

第一节 会议讲话稿

一、会议讲话稿的概念

会议讲话稿是党政机关、社会团体、企事业单位的负责人，对全体与会者讲话的文稿。

二、会议讲话稿的作用

第一，会议讲话稿是讲话人讲话的“蓝本”。

第二，会议讲话稿可使讲话人的讲话更有条理和章法，使主题更加明确，使中心更加突出，避免东拉西扯，湮没主题，浪费时间。

第三，会议讲话稿便于讲话人掌握讲话时间，调整语速。讲话速度一般在每分钟 250 个字左右。

三、会议讲话稿的特点

议论性。会议讲话稿的目的和内容是说理，因而讲话稿具有议论的本质属性，属于议论文。

务实性。会议讲话稿应理论联系实际，不仅要有实实在在的理论材料，而且要有根有据的事实材料，不仅要体现出政策水平和理论水平，而且要以解决实际问题、推动工作为目的。切忌玩文字游戏、空话连篇，开头“戴个帽”、中间“抄段报”、结尾“喊口号”，看似慷慨激昂，实则空洞无物，空空如也。

可听性。会议讲话稿是以讲话人的声音为媒介，以听众为对象，通过讲话者的“说”与听众的“听”来完成的。会议讲话稿本身是否上口、入耳直接影响“听”的效果，因而，适应口头表达需要的可听性是会议讲话稿的一个重要特征。

号召性。从某种程度上讲，会议讲话稿需要有一定的号召力和感召力，让讲话者把思想、观点和感情传达给听众，并使听众在情感上产生共鸣，在理智上心悦诚服地接受，在行动上积极实施，完成工作任务。

四、会议讲话稿的分类

第一，按范围的不同分为综合性讲话稿、专题性讲话稿。

综合性讲话稿是讲话人对整个会议召开的情况进行归纳、分析，概括性地发表具有一定指示性、指导性或号召性言论的文稿，如《××政府工作报告》。

专题性讲话稿是讲话人针对某项事情表达见解和主张，阐述其观点或思想，以达到影响和感染听众目的的一种文摘，如《××在××学校军训总结表彰大会上的讲话》。

第二，按会议的效用分为工作部署性讲话稿、动员性讲话稿、总结性讲话稿、传达性讲话稿、纪念庆祝性讲话稿、学术性讲话稿等。

工作部署性讲话稿是指上级领导向下属部署工作时使用的讲话稿；动员性讲话稿是在某项活动开始之前，就活动的性质、意义、作用进行阐述，以鼓舞斗志和信心而使用的讲话稿；总结性讲话稿，即年度总结大会上的讲话稿；传达性讲话稿是指以传达党和国家的方针、政策、决议，以及上级的重要指示和重要会议精神为目的的讲话稿；纪念庆祝性讲话稿是为纪念和庆祝重大节日、重大历史事件而召开的会议上的讲话稿；学术性讲话稿是指在思想理论和工作方法的研讨会上的讲话稿。

第三，按参加会议的性质分为工作会议讲话稿、代表大会讲话稿、座谈会讲话稿、茶话会讲话稿等。

五、会议讲话稿的写作

会议讲话稿一般由标题、日期、称呼、正文四部分组成。

(一)标题

标题有单标题和双标题之分。

1. 单标题

单标题包括公文式标题和文章式标题。

(1)公文式标题。包括两种形式：①讲话人姓名＋会议名称＋文种，如《××同志在第25个教师节座谈会上的讲话》。②会议名称＋文种，如《在××学术会上的讲话》。

(2)文章式标题。从文章的内容中概括出标题，如《当前反腐倡廉的几个问题》。

2. 双标题

双标题由主标题和副标题构成。主标题概括讲话稿的内容。副标题说明是什么人在什么会议上的讲话，如《进一步学习和弘扬雷锋精神——××同志在××会议上的讲话》。

(二)日期

会议讲话稿的日期有两种写法：一种是在标题之下，用圆括号注明讲话的年月日，如果在标题中没有讲话人姓名，即在日期上面署上讲话人的姓名。另一种是写在文尾。

(三)称呼

讲话人称呼与会者时，要显示礼貌并引起听众的注意。如果是党的会议，称呼一般用“同志们”三个字；如果是行政会议，称呼可用“尊敬的各位领导，到会的同志们、朋友们”；如果是代表会议，称呼可用“各位代表”；如果是国际会议，常见的称呼是“各位嘉宾，女士们、先生们”。

称呼写在标题下顶格处，独占一行，用冒号引起下文。称呼在讲话稿中要注意准确性、次第性、包容性，为了引起听众的注意，称呼可多次出现。

(四)正文

正文由开头、主体、结尾三部分组成。

1. 开头

会议讲话稿的开头，要根据会议性质、讲话内容、讲话者的身份和听众来写，在写法上较为灵活，总的原则是简洁新颖，不落俗套，引起听者的注意，控制会场情绪。

工作讲话稿的开头，通常要写明讲话的目的。在法定会议上的工作报告，还要说明是受什么权力机构委托，作什么方面的报告。

传达会议讲话稿的开头，一般要开门见山地写明传达什么会议，什么文件精神，召开会议的主要精神是什么。

动员会议讲话稿的开头，一般要说明动员的中心议题，或者直截了当地说“关于某件事，我讲几点意见”等。

2. 主体

会议讲话稿的主体部分要根据开头部分提及的内容，围绕全文的中心思想来写，力求做到重点处详细阐述，次要处一带而过。

工作讲话稿的主体部分一般采用并列式，分别列举取得的成绩和收获、得到的经验和教训、存在的不足和问题、下一步努力的方向。

传达性讲话稿的主体一般围绕主要精神展开，一方面传达客观内容，一方面发表传达者的认识、感受，夹叙夹议。

动员性讲话稿的主体部分一般阐述开展这项工作的意义、具体的方法和要求是什么等内容。

3. 结尾

会议讲话稿的结尾是全文的收束部分，一般是总结全文，表明态度，或表示敬意和祝贺，或提出希望、要求、号召等。

六、讲话稿的写作要求

第一，针对性要强。会议讲话通常有特定的场合和听众，无论是讲话者亲笔写，还是他人代写，都必须考虑会议意图和听众对象的特点，据此确定讲话的主题、材料及写作形式。会议讲话稿有了针对性，才会收到理想、满意的效果。

第二，主题要集中鲜明。撰写会议讲话稿要像其他文章那样确定主题，并以主题统领全文，如何开头，怎样结尾，哪里制造高潮，哪里轻描淡写，哪些内容详写，哪些内容略写，都要精心构思，要做到层次分明、条理有序、环环相扣、内容衔接、前后照应、整体布局天衣无缝。同时，由于听众不能像读者那样反复研读文章，因而，讲话稿的主题赞成什么、反对什么、主张什么、避免什么，都要明白无误地告诉听众。反之，如果内容庞杂、含混，语言拖泥带水、含糊其辞、模棱两可，让人听了不得要领、不知所云，会使人乘兴而来、败兴而去。

第三，内容要吸引人。一篇会议讲话稿的质量如何，在很大程度上取决于能否吸引听众。讲话即使再有意义，如果不能引起听众的注意，也是无济于事的。增强讲话内容的知识性、哲理性和趣味性，是征服和打动听众的有效方式。有些讲话稿左一个“根据”、右一个“遵照”、再来一个“严格”、最后来一个“必须”，使听众精神紧张，听而生厌，不利于吸引听众。

第四，语言要通俗生动。讲话稿是要讲出来给人听的，与纯粹的书面语言有所不同，要带有生活化、口语化、大众化的特点。首先，用语要通俗自然，使听众有亲切感，并容易理解和接受；其次，要尽量用形象生动的语言作点缀，如恰当运用比喻、幽默、警句、诗文、成语等；再次，要注意协调语音，使讲话稿读起来抑扬顿挫、朗朗上口、铿锵有力、富有节奏感和韵律美；最后，为了方便聆听，有些标点符号可用文字代替，如顿号改为“和”，破折号改为“是”，引号表示否定时前面加“所谓”，括号补充另用文字说明等。

例文：

在2008年秋季学期学生军训汇报表演大会上的讲话

××学校党总支书记、校长　戴××

（2008年9月5日）

各位教官、老师们、同学们：

大家好！

××学校在市经委、市教育局的关心、指导下，在成都军区××训练基地官兵的大力支持下，经过全体师生员工的共同努力，为期7天的3000多名新生军训，圆满完成了各项任务。今天下午特在这里举行军训汇报表演，汇报军训成果。在此，我代表全体师生员工对各位教官表示衷心的感谢和敬意！对完成军训任务而辛勤工作的各科室和全体教职工表示感谢和问候！向参加军训的800多名同学表示问候！向取得优异成绩的个人和集体表示热烈的祝贺！

回顾本次军训，具有四大特点：一是时间紧、任务重。本次军训的时间是9月3日至9月9日，为期7天，军训内容包括军训常识、齐步、正步、跑步、队列、内务整理、一日生活养成教育、专业思想教育、培养目标教育等几个方面。二是训练场地分散。本次军训地点分校本部、西校区、北校区，并同时进行训练，组织、管理难度非常大。三是周密计划、精心组织、狠抓落实。成都军区××训练基地的官兵们和学校领导及相关中层干部一起讨论、研究，制订好本次军训计划，在军训期间高标准、严要求地狠抓落实，各连连长、指导员、班主任积极配合军训工作，确保了军训工作的顺利开展，圆满完成了军训任务。四是成绩显著。刚才同学们的队列式表演，动作整齐、声音洪亮、英姿焕发、斗志昂扬，这就是本次军训成绩的印证。

具体来说，本次军训取得了七个方面的成绩：

一是通过军训常识的学习教育，同学们树立了提高警惕、保卫祖国的国防意识。

二是通过军训，同学们发扬了人民解放军不怕苦、不怕累的精神，培养了团结紧张、严肃活泼的优良作风，磨炼了吃苦耐劳的品格和坚韧不拔的意志。

三是通过内务整理教育，同学们按照教官的要求，把宿舍内的被子、鞋子、洗漱用具等摆放规整做到了整齐划一，从而培养了同学们爱美、审美、惜美和求美的高尚情操。

四是通过一日生活制度养成教育，培养了同学们良好的学习习惯和卫生习惯，增强了同学们的文明素养，提高了同学们的生活自理能力，规范了同学们的行为举止，强化了同学们坚持“八荣八耻”的社会主义荣辱观。

五是通过规章制度的学习教育，同学们的法制观念、纪律观念和组织纪律观念明显增强，不良习气和作风得到了明显纠正，强化了热爱学校和热爱所学专业的思想意识，使同学们懂得了要争分夺秒地学习有用的知识，为把曲靖“建成工业强市和珠江源大城市”贡献力量。

六是通过军训中的争先创优活动，增强了同学们积极向上、明礼诚信、团结友善的爱国主义精神和集体主义精神。

七是通过军训，培养了同学们的自律、自信、自尊、自爱、自强意识，为把同学们培养成为“品德高尚、身心健康、习惯良好、作风过硬、一专多能”的合格建设者奠定了坚实的基础。

总而言之，本次军训，时间虽短，但成绩可喜。

同学们，“良好的开端是成功的一半”。希望同学们在今后的学习和生活中，保持军训期间不怕苦、不怕累的精神，继承团结紧张、严肃活泼的优良作风，弘扬艰苦朴素和坚韧不拔的意志，增强集体荣誉感，遵守学校的各项规章制度，认真学习，夯实知识基础，提高专业技能水平，为曲靖“建成工业强市和珠江源大城市”贡献力量。

最后，祝教官们工作顺利、安康幸福！祝各位教职工工作有所创新、取得新的成绩！祝各位同学取得优异成绩！

谢谢！

第二节　开幕词

一、开幕词的概念

开幕，指会议、活动的开始。开幕词是会议讲话的一种，是指党政机关、社会团体、企事业单位领导或主持人在大型会议开幕时所作的讲话。

二、开幕词的作用

开幕词是会议的奏鸣曲，集中体现大会的指导思想，点明大会宗旨、性质、任务、议程、要求等内容，对与会者有重要的指导作用。

开幕词具有鼓动性，能激发听众热情，集中会议注意力。

三、开幕词的特点

宣告性。开幕词用于宣告会议或活动的开始，具有宣告性。

简明性。开幕词是会议的序曲，只负责拉开序幕，用语要简短明了、生动贴切，不拖泥带水。

明快性。开幕词要表现出喜庆的色彩，有感染力。

四、开幕词的写作

开幕词一般由标题、时间、称呼、正文四部分组成。

（一）标题

开幕词的标题有单标题和双标题两种。

单标题。单标题常见的形式有三种。①会议名称＋文种，如《在××会议的开幕词》。②致辞人姓名＋会议名称＋文种，如《××同志在××会议上的开幕词》。③在文种名称上有变通，如《在××学校第一届运动会上的致辞》。

双标题。由正、副标题构成，如《严肃校纪　整顿校风——在××学校全体师生员工会上的开幕词》。

（二）时间

用括号在标题正下方写明会议开幕的年月日。

（三）称呼

在标题的下一行顶格写称呼，加冒号。称呼要根据会议性质和与会者身份、职业、地位等而定，最常用的是“同志们”、“各位代表”、“各位来宾”、“女士们、先生们”。

（四）正文

正文由开头、主体和结尾三部分构成。

1. 开头

开头的内容包括以下几项：①宣布大会开幕，如“××大会现在开幕”。②对参加会议的人员或团体加以介绍，其中重点人物和单位要突出介绍，如“参加这次会议的领导有市教育局的××局长”。③对参会人员表示欢迎和对这次会议的召开表示祝贺，如“我代表××同志对大会表示衷心的祝贺！对各位领导和来宾表示热烈的欢迎！”

2. 主体

主体的内容包括以下几方面。

（1）召开会议的意义。即总结以往工作，分析当前形势，说明会议目的。

（2）会议的指导思想。阐明会议的指导思想、大会任务及议程和安排。

（3）对参会者提出要求。

3. 结尾

开幕词一般用祝颂语结束全文，如“最后，祝大会取得圆满成功！祝各位在××市愉快！谢谢！”

五、开幕词的写作要求

第一，深入细致了解会议情况。对会议的有关文件、领导对大会的安排、参加会议的人员情况，均要了如指掌。

第二，篇幅简洁明了。在开幕词中，话不能说得过细，避免本末倒置，离题太远。从时间上讲，一般不超过 15 分钟。

例文：

第三届校运会开幕词

各位来宾、老师、同学们：

在全国亿万学生掀起“迎奥运、讲文明、树新风”的热潮之际，××学校第三届学生田径运动会今天胜利开幕了。在此，我谨代表学校对运动会的胜利召开表示热烈的祝贺！对精心筹备这次运动会的组委会工作人员和刻苦训练的运动员表示亲切的问候，对一直关心我校发展的各界朋友表示衷心的感谢！

身心健康、体魄强健、意志坚强、充满活力，是一个民族旺盛生命力的体现，是社会文明进步的标志。体育运动对于强身健体、启迪智慧、陶冶情操、磨砺意志具有重要作用。我校向来有重视体育运动的优良传统，特别是近年来，学校坚持“以人为本、德育第一、全面发展”的教育理念，积极推进素质教育，学校体育运动取得了长足的发展。

一年一度的运动会，是对我校体育教育状况的一次综合检测，是对师生精神风貌和学校各项工作的一次大检阅，同时，更是各代表队建设与展示良好班风班貌的大好时机。为此，我想对全体与会人员提几点希望：第一，希望全体运动员传承更快、更高、更强的奥林匹克精神，战胜自我、努力拼搏、挑战极限、赛出水平、赛出风格。第二，希望全体裁判员和工作人员树立安全第一意识、热情服务意识和严守规则意识，做到忠于职守、公正裁判、热心服务。第三，希望各代表队、全体同学发扬主人翁精神，严守纪律、文明参会、倾情奉献，充分展示自己最优秀的一面。

我相信，有大会组委会的精心组织，有全体师生员工的团结合作和共同努力，本次运动会一定能够开成一个安全的大会、奋进的大会。

最后，预祝全体运动员取得优异的成绩！本届运动会取得圆满成功！

×××

×年×月×日

第三节　闭幕词

一、闭幕词的概念

闭幕词是党政机关、社会团体、企事业单位的领导或主持人在会议闭幕时所作的总结性讲话。

二、闭幕词的作用

第一，对会议进行评价和总结。

第二，激励与会人员的信念和信心。

三、闭幕词的特点

总结性。闭幕词意味着会议即将结束，一般要运用明快、恰当的语言对会议进行概括和总结，向与会者提出希望和要求。

简明性。闭幕词是会议的概括，语言要简明，富有感召力和鼓动性。

原则性。闭幕词应紧扣会议中心议题，有原则性与分寸感。

四、闭幕词的写作

闭幕词一般由标题、时间、称呼、正文四部分组成。

(一)标题

闭幕词的标题有单标题和双标题之分。

单标题。单标题的常见形式有三种。①致辞人姓名＋大会名称＋文种，如《××同志在××大会上的闭幕词》。②大会名称＋文种，如《××大会闭幕词》。③在文种名称上有所变通，如《在××会议闭幕上的致辞》。

双标题。由正、副标题构成，如《齐心协力　开创未来——××同志在××闭幕会上的讲话》。

(二)时间

时间位于标题下方，用括号注明会议闭幕的年月日。

(三)称呼

在标题下一行顶格写称呼，加冒号。称呼要根据会议性质和与会者的身份、职业、地位而定，如“同志们”、“各位代表”。

(四)正文

正文由开头、主体和结尾三部分构成。

开头。闭幕词的开头，一般要用简洁的语言，说明大会经过领导的关心、与会人员的共同努力、会务人员的辛勤工作，已经完成预定任务，今天就要闭幕了。

主体。一般总结会议的特点、会议通过的主要事项和基本精神、会议的重要意义和深远影响，并提出贯彻会议精神的要求和希望。

结尾。闭幕词的结尾通常比较简单，最常见的形式是：“现在，我宣布：××大会闭幕”。

五、闭幕词的写作要求

第一，跟踪会议进程，掌握会议情况，收集会议的主要文字材料，尽早构思，适时动笔。

第二，从会议实际情况出发，紧密结合中心议题阐述。

第三，高度概括，点到为止，富有鼓励性和号召力。同时，要行文热情，语调激昂，号召有力，使会议在高潮中圆满结束。

例文：

在毕业生就业研讨会上的闭幕词

各位领导、来宾、朋友们：

经过两天来紧凑而富有成效的活动，“2009年毕业生就业研讨会”现在就要闭幕了。各位企业领导和教育界同人的光临，是我校的荣幸，也是各位对我们这次研讨会的最大支持。在此，我谨代表学校对各位领导、来宾、朋友们为本次研讨会积极献计献策表示衷心的感谢！

在研讨会期间，与会人士围绕着“提高毕业生就业质量”这一主题进行了深入的研讨，发表了很多卓有成效的观点，同时，我们还举办了“2009届毕业生作品展”、“毕业生文艺汇报演出”，通过这些活动，让参会的各位领导充分了解了毕业生的就业水平和能力，同时增进了与学校的友谊，对我校的又好又快发展产生了积极的推动作用。

在本次研讨会即将结束之际，我谨代表学校特别感谢市经委和市教育局、市劳动保障局对本次活动的重视和关心。我还要特别提到××先生和××高级讲师，他们为本次研讨会积极出谋献策，我也代表学校对他们表示诚挚的谢意！

我们在一起度过了两天的美好时光，各位领导、嘉宾、朋友们，请记住我们一张张洋溢着友谊和欢乐的笑脸，请记住办学成绩突出而年轻的××学校，××学校不会忘记你们！

祝：各位领导、嘉宾、朋友们一路平安！

谢谢各位！

×××

2009年×月×日

第四节 演讲稿

一、演讲稿的概念

演讲，是对听众讲述有关某一事物的知识或对某一问题的见解。演讲稿也叫演说词或演讲词，它是演讲者事先准备的供演讲使用的文稿。

二、演讲稿的作用

第一，交流思想，表达主张见解。

第二，宣传鼓动，提高认识。

三、演讲稿的特点

针对性。演讲稿是进行宣传鼓动的文稿，这就决定了演讲者必须针对大家关注的问题和需要解决的疑难问题表达自己的看法，陈述自己的观点。这样才能引起大家的重视，思想为之震动，情绪为之激昂，热血为之沸腾。

感情性。要想感动听众，说服听众，和听众产生共鸣，演讲稿就必须以感情为依托，以晓之以理、动之以情为前提，这样才能产生最好的宣传演讲效果。

通俗性。演讲稿的语言要通俗化、口语化，要好说、好听、好懂、好记，要讲得朗朗上口、悦耳动听，以便吸引听众的注意力。

四、演讲稿的种类

按演讲性质和内容分为：政治演讲稿、学术演讲稿、社会活动演讲稿等。

按表达内容分为：叙述性演讲稿、抒情性演讲稿、议论性演讲稿等。

按演讲场合分为：会场演讲稿、集会演讲稿、课堂演讲稿、宴会演讲稿、广播电视演讲稿等。

五、演讲稿的写作

演讲稿由标题、称呼和正文三部分构成。

(一)标题

演讲稿的标题没有固定格式，一般有五种类型。

揭示主题型，如《人应该有奉献精神》。

揭示内容型，如《在市科技工作会议上的讲话》。

提出问题型，如《当代职业中专生应具备什么素质》。

抒情型，如《我爱你，五星红旗》。

警句型，如《天下兴亡，匹夫有责》。

(二)称呼

标题下一行顶格写称呼，并加冒号。演讲者对听众的称呼应自然、亲切、得体，以拉近和听众的感情距离。如“敬爱的老师、亲爱的同学们”、“同志们、朋友们”、“女士们，先生们”。

(三)正文

正文由开头、主体、结尾三部分构成。

1. 开头

常见的开头语有五种形式：

(1)以问候语、感谢语开头。

(2)开门见山，概括中心内容或揭示中心论点。

(3)从演讲题目谈起，如“今天我的演讲题目是”。

(4)从一件事引入正题。

(5)用发人深省的问题开头。

2. 主体

(1)主体的表达方式：有描写、叙述、议论、抒情四种方式。笔者应根据演讲稿类型，合理选择，综合使用。

(2)主体的表达结构。主体的表达结构一般有三种类型：

①叙述性演讲稿。可按人物事件发展的过程采用纵向式结构，也可按事物的类别、属性的不同采用横向式结构。②议论性演讲稿。可采用议论文的论证方式，如采用总分式、并列式、对照式、层进式安排结构。③抒情性演讲稿。可按感情变化的线索来安排纵向式结构，也可用排比段、议论中心句体现结构层次的清晰性。

(3)主体的表达技巧：在结构上要达到层次清晰、条理分明的艺术效果；在节奏上应张弛起伏、一波三折，始终吸引听众的注意力；在衔接上要具有自然、浑然一体的整体感。

3. 结尾

结尾是演讲稿成功与否的关键。可以言简意深，在演讲高潮处断然收笔，引起听众思索，使听众回味无穷，并付诸行动；可以写得充满豪情，给人以鼓舞；可以发出号召，给人以力量；可以指出目标，催人奋进；可以表示祝愿、感谢；可以照应题目，在激动人心的结语中收束全文。

六、演讲稿的写作要求

第一，了解听众。要对听众的思想、心理愿望和要求，以及他们经常关心、经常议论、迫切需要解决的问题有所把握，这样才能确定讲什么，怎样讲，效果如何。

第二，感情真挚。演讲稿既要有冷静的分析、哲理的概括，又要有热情的鼓动、感人的抒情，把说理与抒情结合起来，达到既动之以情，又晓之以理的目的。

第三，观点明确。演讲稿的观点要明确、鲜明、深刻，既要科学地反映客观事实的本质，又要能强烈地表现人民群众的愿望。

第四，通俗易懂。要把概念的东西形象化，把深奥的道理浅显化，以达到激动人心的宣传效果。

例文：

竞选班长演讲稿

同学们：

你们好！

今天，我走上讲台的唯一目的就是竞选“班级元首”——班长。我坚信，凭着我新锐不俗的“官念”，凭着我的勇气和才干，凭着我与大家同舟共济的深厚友情，这次竞选演讲给我带来的必定是下次的就职演说。我从没有担任过班干部，缺少经验，这是劣势。但正因为从未在“官场”工作过，一身干净，没有“官相官态度”、“官腔官气”，更不可能是“官痞官油子”。我少的是畏首畏尾的私虑，多的是敢作敢为的闯劲。正因为我一向生活在最底层，从未有过“高高在上”的体验，对摆“官架子”看不惯、弄不来，特别具有民主作风。因此，我的口号是“做一个彻底的平民班长”。班长应该是架在老师与同学之间的桥梁，能向老师提出同学们的合理建议，向同学们传达老师的苦衷，我保证做到在任何时候、任何情况下，都首先是“想同学们之所想，急同学们之所急”。当师生之间发生矛盾时，我一定明辨是非，敢于坚持原则。

特别是当老师的说法或做法不尽正确时，我将敢于积极为同学们谋求正当的权益。

班长作为一个班级的核心人物，应该具有统御全局的才能，我相信自己是有足够条件的。首先，我有能力处理好班级的各种事物，因为本人具有较强的组织能力和协调能力，凭借这一优势，我保证做到将班委们的积极性都调动起来，使每个班委成员扬长避短、互促互补，形成拳头优势。其次，我还具有较强的应变能力，能做到“处变不惊，临乱不慌”，能够处理好各种突发事件，将损失减少到最小限度。再次，我相信自己能够为班级的总体利益牺牲个人利益，必要时，我还能“忍辱负重”。最后，因为本人平时与大家相处融洽，人际关系较好，这样在客观上就减少了工作的阻力。

我的治班总纲领是：在以情联谊的同时以“法”治班，最广泛地征求全体同学的意见，在此基础上制订出班委工作的整体计划，然后严格按计划行事，推选代表对每个实施过程进行全程监督，责任到人，奖罚分明。我准备在任期内与全体班委一道为大家办十件好事：（略）

同学们，请信任我，投我一票，给我一次锻炼的机会吧！我会经得住考验的。相信在我们的共同努力下，我们的班务工作一定能搞得十分出色，我们的班级一定能跻身全校先进班级的行列，步入新的辉煌！

谢谢大家！

×××

×年×月×日

知识书签

讲话一词，包括“讲”和“话”。“讲”是象征整体的艺术生命体，又称“讲演”或者“演”。“话”是主体的实质性道理。讲话是一门学问、一项活动，更是一门艺术，是整体生命的投入和表现。

思考与练习

一、名词解释

开幕词　　闭幕词　　演讲稿

二、填空题

1. 会议讲话稿的主要特点有______、______、______、______。

2. 综合性讲话稿是讲话人对整个会议召开的情况进行归纳、分析，概括性地发表具有一定______、______或______言论的文稿。

3. 开幕词和闭幕词的结构一般由______、______、______、______四部分组成。

4. 开幕词和闭幕词的正文由______、______、______三部分组成。

5. 演讲稿按演讲的性质和内容分为______、______、______等。

6. 演讲稿由______、______和______三部分组成。

三、判断题

1. 会议讲话稿不同于发言稿，也有别于演讲稿。（　　）

2. 开幕词的结尾一般用祝颂语收束全文。（　　）

四、单项选择题

1. 机关领导人在各种会议上宣读的文稿称为(　　)。

A. 发言稿　　B. 讲话稿　　C. 闭幕词　　D. 演讲稿

2. 主办隆重会议的单位主要领导在开会之时对与会者发表的讲话称为(　　)。

A. 开幕词　　B. 闭幕词　　C. 演讲稿　　D. 发言稿

五、多项选择题

1. 在以下各类文书中，是讲话类文书的有(　　)。

A. 讲话稿　　B. 开幕词　　C. 闭幕词　　D. 演讲稿　　E. 报告

2. 演讲稿的主要特点是(　　)。

A. 针对性　　B. 感情性　　C. 通俗性　　D. 总结性　　E. 实用性

六、简答题

1. 开幕词有哪些写作要求？

2. 闭幕词有哪些写作要求？

3. 演讲稿有哪些写作要求？

技能训练

××市举办“葡萄节”，请你分别代拟一份开幕词和闭幕词。参考材料如下。

1. 参会人员：省领导、市领导、社会各界人士。

2. 活动：庆典、展销、趣味娱乐、文艺演出、参观地方文化、酒会、洽谈会、订货会等。

3.“葡萄节”口号：品××葡萄，过甜美日子。

4.“葡萄节”主题：甜甜的葡萄富民的果。

第十五章 简　报

一、简报的概念

简报，顾名思义，就是简明扼要的情况报道。它是党政机关、企事业单位、社会团体用于汇报工作、反映情况、交流信息的事务性文书。在实际工作中，它常以“动态”、“简讯”、“情况反映”、“内部参考”、“信息快报”、“会议简报”等名称出现。

二、简报的作用

下情上达。基层单位印发的简报，是向上级机关汇报工作、提供信息、反映情况，使上级机关及时了解情况并给予指导的重要工具。

上情下达。领导机关的简报，对于基层单位，有传达指示、介绍经验、树立典型、推动工作开展的作用。

互通情报。在平级单位之间或同一单位内部各岗位之间互发简报，可以沟通情况，促进了解，达到互相借鉴、互相激励的作用。

三、简报的特点

简短。简报以简取胜，千把字甚至几百字，只要把情况说明即可。也只有简短才能使编者编得快，读者接收得快。

快速。简报具有新闻性，传递信息要迅速及时，争分夺秒，这样才能发挥简报应有的作用。

真实。简报反映的情况和问题要真实、准确、可靠、有价值，材料未经核实的不写，“一知半解”的不写，不能随意扩大或缩小事实，必须实事求是，判断准确、语言恰当。

新鲜。一是材料要新鲜，要反映新情况、新问题、新经验；二是要善于发现工作、生活中的“新鲜事”，观点有新意。

四、简报的分类

简报形式多样，内容广泛，从不同的角度，用不同的方法可以对简报作出不同的分类。

按时间分为：定期简报(如周刊、月刊、季刊)、不定期简报、临时性简报。

按内容分为：工作简报、学习简报、会议简报等。

按性质分为：综合简报、专题简报、动态简报。

按行文去向分为：上行简报、平行简报、下行简报。

下面介绍几种常用的简报：

综合简报：用于在一个明确主题的贯穿下，综合反映一条战线、一个地区或者一个部门的情况、问题与经验。这种简报，既有全局情况的概述，又有典型材料的介绍，面中有点，点面结合，既有广度，又有一定的深度。

专题简报：着重反映贯彻某项政策、完成某项工作、开展某项活动的实际情况和典型经验。要求以点为主，以点带面，用点上的情况和经验来反映全局中的某个侧面。

动态简报：用于迅速及时、简明扼要地反映新发生的各种重要的、有意义的情况、问题和动态。

会议简报：是在会议期间专门用来反映会议的进程，并组织引导会议进行的简报，如反映会议的概况；会议期间的活动；会议研究讨论的问题；典型发言；与会代表的情绪、愿望、意见等。

五、简报的写作

简报由报头、报核、报尾三部分组成。

(一)报头

报头部分在首页的上方，约占全页版面的 1/3，一般包括简报名称、密级、期数、编发单位、编发日期、间隔红线六部分。

简报名称。在报头的居中位置，用套红大号字体醒目地标出，故简报又称“红头小报”。简报的名称一般由简报内容加简报二字组成，如“工作简报”、“情况简报”、“××会议简报”、“招生工作简报”、“教研工作简报”，也有不写“简报”二字的，“××动态”、“××通讯”、“××快报”、“××信息”等。

密级。有保密程度的简报，要在简报的左上方注明秘密等级，或写上“内部材料，注意保存”等字样。

期数。标注于简报名称的正下方，先写“第×期”，再写“总第×期”，外加括号，也可不写“总第×期”。

编发单位。置于期数左下方，如“××学校办公室编”。

编发日期。置于期数右下方，与编发单位的位置并排。

间隔红线。报头部分用粗红色横线与报核部分隔开。

(二)报核

报核又称报体，包括目录、按语、正文三部分。

1. 目录

只有单一内容的简报不写目录。综合性简报或内容比较多的简报，常常在报头的下面编排目录。目录位于间隔红线下面，按语之上。

2. 按语

按语不是简报必备的结构要素，有的简报可以不写按语。按语一般由编发单位指定有关人员撰写，通常在按语前加“编者按”、“按”等字样。常见的按语写法有两种：一是提示性按语，即把简报的中心内容提示出来，便于读者迅速把握文章精神；二是评价按语，表明编写者对所报道事实的看法，引导读者掌握政策界限。按语位于目录之下，标题之上。

3. 正文

正文包括标题、开头、主体、结尾四部分。

标题。标题位于正文之上居中，要求准确地概括正文的内容，引人注目。

标题可以用单标题，也可以用双标题，如《××市政协第×次会议隆重开幕》、《领导干部必须“五官端正”——嘴不馋、腿不懒、耳不偏、心不散、手不长》。

开头。主要是概括全文的内容或主要事实。在写法上可以先交代何人、何事、何时、何地、何果，使读者对全文有一个大致的了解，也可以先对所反映的情况作简要的评论，阐述其性质和意义。

主体。具体叙述简报的内容。不同的简报有不同的内容，如“会议简报”要具体介绍会议进程、议题和决议、代表的发言；“工作简报”要具体反映工作经验、做法、效果、体会等；“转发式简报”主要是撰写“编者按”，以说明转发文章的撰写单位、内容、性质及对其进行评价。

结尾。因文而定，可以言尽即止，也可以用号召式、启发式、评述式、小结式收束全文。

简报一般不落款，必要时可在正文右下方加括号注明供稿单位或撰写人姓名。日期在报头上有，不必再写。

(三)报尾

报尾位于正文之下两条平行线之间，在平行线内的左侧分别写明报、送、发单位名称或个人。在平行线外的左侧写明打字人、校对人，右侧写明印刷份数。

基本格式示意图如下。

内部资料
注意保存

××学校简报
（第 6 期）

××学校办公室编　　　　　　　　　　　　×年×月×日

目录
编者按
文章题目
开头
主体
结尾

报：×××
送：×××
发：×××

打字：×××　　　　　　校对：×××　　　　　　（共印×份）

六、简报的写作要求

第一，掌握政策，抓住时机。简报具有很强的新闻性，撰稿人和编辑者必须正确贯彻党的方针、政策，必须对当前工作的重要情况、领导十分关心的问题、对推动工作起积极作用的新事物、新经验不失时机地加以报道，真正发挥其积极的引导作用。

第二，实事求是，真实可靠。简报的生命力在于真实性。凡是写入简报的材料，都必须反复核实，真实可靠。这就要求撰稿人和编者一定要尊重事实，准确、全面地反映事实，使简报真正能为领导决策提供翔实、可靠的依据。

第三，认真斟酌，把握分寸。简报具有上情下达，下情上达的重要作用。因此，对问题的分析、趋势的预测、思想的评判都要认真斟酌、把握分寸、仔细推敲，力求恰当、客观、中肯，这样才有利于推动各项工作的开展。

第四，简明扼要，言简意赅。简报基本上是一事一文，要求内容集中、开门见山、直截了当、简洁得当、干净利落，字数一般在1000字左右，俗称“千字文”。

例文：

××学校“三讲”教育简报

（第×期）

××学校“三讲”教育领导小组办公室编　　　　1999年×月×日

目　录

★编者按

★党委开展调研活动，征集对学校工作的意见和建议

★查摆突出问题，研究“三讲”教育方案

★计算机系狠抓突出问题，加紧制订青年教师培养计划

编者按　在县级以上党委领导班子、领导干部中深入开展以“讲学习、讲政治、讲正气”为主要内容的党性党风教育，是中央和省委进一步落实党的十五大精神，深入学习邓小平理论，加强领导班子建设，提高领导干部素质的一项重要举措。我校被省委破格评为全省“三讲”教育试点单位之一，为了切实搞好我校的“三讲”教育，宣传“三讲”教育的重大意义、指导思想和具体做法，交流学习经验，我们特编辑了《××学校“三讲”教育简报》，欢迎各部门、各单位惠赐稿件，并对我们的工作提出宝贵的意见。

党委开展调研活动，征集对学校工作的意见和建议

1999年×月×日，学校党委召开由中层领导干部、专家学者、优秀中青年教师和离退休教职工代表参加的研讨会，全面征集对学校党政工作和班子成员的意见和建议。到会代表共88人，收回调研表85份。参加调研的同志以对学校工作高度负责的精神，结合学校的工作实际和个人的切身感受，对学校近年来取得的成绩和工作中存在的问题提出了许多肯定的意见和建议。这些意见和建议将帮助学校领导班子发现自身存在的问题，并通过“三讲”教育予以解决。

查摆突出问题，研究“三讲”教育方案

1999年×月×日，校党委书记××同志主持召开党政联席会议。会议认真听取了关于“三讲”教育工作情况的汇报。

班子成员结合学校的实际工作，根据省委关于开展“三讲”教育试点工作的要求，全面分析了广大群众对学校党政工作的意见和建议，实事求是地查摆了工作中存在的突出问题和不足。

学校领导对“三讲”教育方案进行了认真的研究，就开展“三讲”教育的意义、指导思想、目标要求、基本原则、方法步骤和组织领导工作等内容进行了深入的探讨，对工作方案进行了许多补充和修改，为在全校开展“三讲”教育提出了重要的指导性意见。

计算机系狠抓突出问题，加紧制订青年教师培养计划

计算机系党政领导班子通过“三讲”教育，结合实际，查找不足，他们从班子自身建设入手，强化改革意识，明确改革思路，针对缺少拔尖技术带头人在某种程度上已制约学科发展这一最为突出的问题，加紧制订青年教师培养计划。

他们着眼于计算机系的整体发展与21世纪对人才培养的需要，在政治思想、职业道德、教学教研方面，拟订了青年教师培养计划和要求，并提出了具体措施：（略）

报：中共××省委“三讲”教育领导小组办公室

送：校领导

发：各党总支、直属党支部、党委各部门

打字：××　　　　校对：××　　　　（共印×份）

> **知识书签**
>
> 剪报是把报纸上有参考价值或个人喜爱的图片、文字等剪下来，分类粘贴在白纸上，汇编成册，具有一定的保存价值。

思考与练习

一、名词解释

工作简报　　会议简报　　动态简报

二、填空题

1. 简报的特点是______、______、______、______。

2. 简报分为______、______、______三部分。

三、判断题

1. 简报是人人皆知的，因此简报没有保密性。　　（　　）

2. 简报只能一事一反映，不能写成综合性的。（　　）
3. 简报只能是党政机关使用的一种法定公文文种。（　　）

四、多项选择题

1. 简报的格式从总体上分为（　　）。
A. 报头　B. 报核　C. 报尾　D. 主送机关
E. 发文字号
2. 常见的简报名称有（　　）。
A. 动态　B. 简讯　C. 情况反映　D. 通讯
E. 信息快报

五、简述题

1. 什么是简报？简报有哪些写作要求？
2. 简述简报的写作格式。

技能训练

把学生分为若干小组，每组写一篇反映职业中专学习生活的简报稿，最后由组长和学习委员汇编成班级"学习生活"简报，要求文本格式齐全。

第十六章 规章制度

第一节 规章制度概述

一、规章制度的概念

规章制度是党政机关、社会团体和企事业单位为在一定范围内规范人们的行为而制定的一种具有法规性和约束力的事务文书。它是国家政策、法律、法令的具体化。

规章制度是一个总称，通常包括法规、制度、章程、公约四大类。规章制度的应用范围极为广泛，任何单位、部门、社会团体，为保证工作、学习、生活正常有序地进行，都会根据各自具体的实际需要，制定若干规章制度，要求一定范围内的人员共同遵守，严格执行。

二、规章制度的作用

保证作用。在人们的日常行为过程中，规章制度实质上是法律的延伸与补充，是保证人们正常进行各项活动的重要手段。合理的规章制度是群众团体在民主自愿的基础上订立的，有坚实、广泛的群众基础，在建立健康向上、文明和谐的社会等方面，发挥着极其重要的作用。“国有国法、家有家规、校有校纪”就是这个道理。

协调作用。通过规章制度的制定，一方面可以明确规定各级机关、企事业单位、社会团体各自的职责与权限，促使上下级之间、部门之间、系统之间、单位之间互相协调，步调一致地开展工作；另一方面可以协调国家、企事业单位、个人之间的利益与分配关系，既保证国家利益，又保证人民生活水平随着生产的发展而不断提高。

制约作用。规章制度的制定与发布，可以使各级领导和工作人员对自己的行为承担责任，约束人们的行为，制止损害人民利益的现象发生。

三、规章制度的特点

严肃性。规章制度的制定是一件十分严肃的工作，切忌轻率从事。其严肃性具体表现在：第一，各种规章制度的制定都有一定的权限，并有相应的调查、拟定、审议和批准程序。第二，各种规章制度一经确定，就有相对的稳定性，有较长的时效，不能朝令夕改，让执行者无所适从。

规范性。规章制度是用来规定人们的行为准则和办事规程的，具有明显的规范性。具体要求是：①在内容上，要符合国家有关的政策、法令规定，不得与之相抵触。②在写法上，要有一定的写作要求，如执行的范围、执行的条款、执行的标准和要求等，都要尽可能考虑周全，便于执行。③在执行上，规章制度一经公布，就具有法规性质，可以起到规范一定范围内人们行为的作用。它规定人们“只允许这样做，不允许那样做”，如果违反了，就要受到一定的制裁。

周密性。规章制度的内容表达必须周密、严谨，用语必须仔细推敲，措辞必须无懈可击。

明晰性。规章制度一般都采用条款结构，“条”上有“章”，“条”下有“款”，“款”下有“项”，但经常使用的是“条”与“款”，统称条款。“条”的顺序由始至终排列，不因章的划分而中断。“章”是内容上的分类，“条”是内容的表述，“款”是内容表述上的方面或部分，“项”是内容某方面、某部分的细节。这就是所谓的条分缕析。

四、规章制度的分类

规章制度有许多不同的体式，按其性质功能不同，可分为行政法规类、制度类、章程类、公约类四大类。行政法规类有条例、规定、办法、细则等，制度类有制度、规则、守则、须知等。

五、规章制度的写作要求

第一，依据政策。规章制度必须依据党和国家的政策、法律制定，不得自行其是，另搞一套，或为满足局部利益、小集体利益，搞土政策，任何违背党和国家的政策、法律的规章制度都是没有效力的。

第二，明确权限。不同的规章制度有不同的适用范围和对象，必须明确规章制度制发的权限。一般来说，全国性的规章制度，要由党中央或国务院及其主管部门制发。省级、地级、县级可根据上级的规章制度制发地方性的规章制度。机关、团体、企事业单位的规章制度，可由本机关、团体、企事业单位制发，并报上级审核备案。

第三，符合实际。制定规章制度要从实际出发，做到切实可行。规章制度的内容要结合本单位或本部门的实际情况和实际需要，以便在实际工作中发挥积极作用，产生良好效果。如果规章制度的内容不切实际、脱离群众、闭门造车，人为地设置条条框框，限制人们的正常活动，那就会成为一纸空文，耽误工作。要想使规章制度的内容切实可行，在制定规章制度时，必须经过充分的调查研究，全面总结实践经验，广泛征求专家和群众的意见，并充分估计可能出现的问题，防患于未然。

第四，明确具体。为了便于理解、记忆、执行，规章制度的条文一定要明确具体。首先是用词要准确，前后一致，不产生歧义。其次是界限要明确，允许做什么，不允许做什么，允许怎样做，不允许怎样做，一定要清清楚楚。再次是具体表达上，要注意条款的排列顺序，力求层次清楚，合乎逻辑，前后一致。最后是文字表述上要用肯定性的词句，既简明扼要，又准确无误，不能大发议论，也不能含糊其辞。

第五，不断完善。规章制度有一定的稳定性，但并非一成不变，随着社会的发展，规章制度中出现的问题要及时修改、补充、完善，以顺应时代发展的需要。如果规章制度有待进一步完善，需在标题后注明“草案”、“暂行”、“试行”等字样，或在标题下加注“讨论稿”字样。

第二节 常见规章制度及其写作

一、规定

规定是机关、团体、企事业单位针对某一方面的工作或活动作出具体规范的法规性文件。

(一)规定的特点

广泛性。规定可以针对全面工作使用，也可以针对具体问题使用，这就说明，规定的适用范围比较广泛。

限制性。规定只限于实施行为规范，是对活动开展、事项管理、问题处理做出规定，因而限制性较强。

(二)规定的写作

规定一般由标题、署名和日期、正文三部分组成。

1. 标题

规定的标题有以下三种形式。

(1)单位名称＋事由＋文种，如《国务院关于行政区域管理的规定》。

(2)事由＋文种，如《城镇园林绿化管理规定》。

(3)文种的前面加修饰语，如“暂行”、“试行”、“几项”、“补充”、“若干”、“优惠”等，如《国务院关于审计工作的暂行规定》。

2. 署名和日期

涉及面广、规格较高的规定在标题下方署上制定规章制度的单位名称，在单位名称下方写上发布或通过日期，并用小括号括住。一般的规定在正文右下方写明制发机关和时间即可。

3. 正文

正文一般由序言、主体、结束语三部分构成。

(1)序言。简述规定的目的、依据。

(2)主体。列出规定的事项。

(3)结束语。说明实施要求、生效日期及解释权等。

(三)规定的写作要求

第一，正确使用。规定侧重于规定性、制止性及政策性，不能错用或滥用。

第二，结构灵活。规定可采用章条式写法，也可采用条目式写法。

例文：

班级外出郊游暂行规定

郊游活动是有益学生身心健康的一项活动。在郊游活动中可以使学生亲近大自然，感受大自然，从而更加热爱生活、陶冶情操、追求美好未来。为确保学生在郊游活动中的生命财产安全，特制定本规定。

1. 班级郊游一般每学期进行一次，至多不超过两次，每次安排一天时间。

2. 班级进行郊游活动，应事先由班主任向学生处提出书面申请，经学生处和保卫处同意并报学校主要领导批准后方可进行。郊游申请内容包括：郊游路线、郊游人数、郊游时间和郊游安全措施。

3. 郊游过程中严禁到没有饮食安全保障的小摊点购买食品和饮料，严防食物中毒。

4. 严禁在郊游活动中酗酒滋事、惹是生非。

5. 郊游过程中严禁游泳、攀爬危险地段、参与不安全活动。

6. 郊游过程中要以组为单位进行活动，严禁个人单独行动和私自离队，否则后果自负。

7. 郊游结束返校后，要及时报告学生处及保卫处，学生处、保卫处要做认真登记，以备查。

8. 凡违反该管理规定擅自组织郊游的，学校要给予组织者相应的处分；凡造成安全事故的，组织者要承担全部经济责任以及相应的法律责任。

9. 本规定自发布之日起执行。

10. 本规定的解释权属于学生处、保卫处。

××学校

二〇一〇年三月二日

二、办法

办法是行政机关、企事业单位对某一项行政工作比较具体的规定。办法、规定都是法规性文本，但二者的使用范围不同，规定多用于某些重大的问题和事项，而办法一般用于具体事务和单一事项。

(一)办法的特点

广泛性。办法的使用范围比较广泛，使用频率也较高。它可以为各有关上下级部门实施某项具体工作作出规定。

具体性。办法是对具体工作制定出规范性的标准或对某些法令、条例实施中可能出现的各种情况规定具体的界限，并以此作为处理实际问题的依据。因而，办法对某些工作的方法、步骤、程序、措施等的规定更加具体、细致，利于遵守执行。

约束性。办法的约束力主要体现在行政约束方面，是便于有关人员遵照执行的某些具体工作的规范标准。

(二)办法的写作

办法一般包括标题、署名和日期、正文三部分。

1. 标题

办法的标题有以下三种形式：

(1)发文机关＋事由＋文种，如《××市招工办法》。

(2)事由＋文种，如《办公自动化管理办法》。

(3)短期或临时性的办法，在“办法”两字前加“暂行”、“试行”等字样，如《××市招工暂行办法》。

2. 署名和日期

在标题之下用括号注明办法制定的单位和时间，若是由会议通过或上级部门批准的办法，也必须注明时间。署名和日期也可置于正文右下方。

3. 正文

办法的正文有三种写法：

(1)正文由总则、分则、附则三部分构成。

总则：具体写明制定办法的目的、依据、意义、指导思想、适用原则和范围。

分则：详细说明办法执行的措施、方法和步骤等。

附则：写明实施意见，以及解释权、说明权、实施日期等。

(2)正文由前言、主体、结尾三部分构成。

前言：写制定办法的目的、依据、意义、作用等。

主体：写办法的具体内容。

结尾：写要求、希望。有的不写结尾。

(3)条目式正文

条目式正文即从正文的开头到结尾分条列出办法的具体内容。

(三)办法的写作要求

第一，标题规范。办法的标题要规范，要就实避虚，一看便知道是什么单位有关什么事项的办法，使人一目了然，清楚明白。

第二，内容详细。制定办法的依据和目的、办法的具体规定以及实施说明，要力求详细、具体，便于操作。

第三，语言准确。办法行文多用肯定语气，必须准确、精当，不含糊其辞，不出现歧义。

例文：

学生违纪处分暂行办法

第一章　总　则

第一条　为了更好地贯彻落实党的教育方针，加强校纪校风及班风建设，规范学生行为，创造一个良好的学习生活环境，把学生培养成为“品德高尚、身心健康、习惯良好、作风过硬、一专多能”的初、中级技术人才，根据《中华人民共和国治安管理处罚法》和《中共××市委、××市人民政府关于进一步做好安全工作的决定》，结合我校实际，特制定本办法。

第二条　学生违法、违规、违纪的，学校视其情节给予批评教育或者纪律处分。纪律处分的种类分为：(一)警告；(二)严重警告；(三)记过；(四)留校察看；(五)勒令退学；(六)开除学籍。

第三条　对违反校纪校规的学生，要热情帮助，严格要求，处理时坚持“教育从严、处理从宽”的原则，要做到定性准确、证据充分、依据合法、程序合理、处分恰当。

第四条　学生在校外实习、社会实践等期间有违纪行为的，参照本办法执行。

第五条　受处分者，处分期间不得评优，不得评奖学金和学校助学金，已评上的要撤销其荣誉称号。

第二章　对各类违纪行为的处分

第六条　违反国家法律、法令、法规，受到司法部门追究的，给予开除学籍处分，具体包括以下情况：

一、违反宪法，破坏安定团结、扰乱社会秩序的。

二、被判以管制、刑事拘留、劳动教养和有期徒刑(含缓期执行)的。

三、吸食或注射毒品的。

第七条　策划、组织和参与扰乱学校、社会正常秩序的，视其情节给予下列处分：

一、非法张贴大小字报和反动传单者，给予严重警告及以上处分。

二、非法集会、非法游行示威、罢课等扰乱正常教学生活秩序活动的组织者，给予留校察看及以上处分。

三、制作、贩卖、传播非法书刊和音像制品者，给予记过及以上处分；性质恶劣、情节严重的，给予勒令退学或开除学籍处分。

四、未经批准私自建立社团，经教育制止仍不改正的，给予组织者严重警告及以上处分；违反社团管理和校园集体活动管理有关规定并造成不良后果的，给予组织者警告及以上处分。

五、利用电脑、网络或其他通信工具进行非法活动，侵害他人权益，发表或散布反动言论和不良信息者，给予严重警告直至留校察看处分；影响恶劣、危害严重者，给予勒令退学或开除学籍处分。

六、造谣、侮辱、诽谤他人并造成不良后果者，给予记过及以上处分。

第八条　学生必须认真参加学校、班级组织的教育教学活动。对学生一学期内无故缺旷达下列课时者，给予以下处分。(略)

第九条　破坏公私财物者，除承担赔偿损失及其他经济责任外，视其情节，给予下列处分。(略)

第十条　对偷盗、诈骗国家、集体和个人财物者，除追回赃款、赃物和赔偿损失外，给予以下处分。(略)

第十一条　禁止学生在校外住宿，违反者给予批评教育，经教育不改者，给予警告以上处分。

第十二条　违章使用电器或明火，引起火灾者，除承担赔偿损失及其他经济责任外，给予警告直至开除学籍处分；破坏电源线、消防和安全设施等，除赔偿损失外，给予记过直至开除学籍处分。

第十三条　对寻衅闹事或殴打他人者，除按相关法律、法规处罚，赔偿受害人的医疗费和其他损失外，给予下列处分。(略)

第十四条　有下列情形之一者，加重一级处分。(略)

第十五条　违反考场纪律、考试作弊者，视其情节，给予下列处分。(略)

第十六条　在论文、报告撰写中，有弄虚作假(如伪造数据和运算程序等)，或以抄袭等手段剽窃他人成果者，给予警告处分，情节及后果严重者，给予记过直至开除学籍处分。

第十七条 违反课堂纪律，干扰教师正常上课者，给予警告或严重警告处分。

第十八条 违反学生住宿管理有关规定，扰乱学生住宿管理及生活秩序者，除赔偿损失外，视情节轻重给予如下处分。(略)

第十九条 损害校园文明建设，扰乱正常的校园秩序、社会公共秩序，并造成恶劣影响者，视情节轻重，给予以下处分。(略)

第二十条 以任何形式(包括网络)参与赌博或变相赌博者，视情节轻重，给予以下处分。(略)

第二十一条 观看、制作、复制、传播淫秽、封建迷信及其他非法、有害的音像或文字制品者，视情节轻重，给予严重警告及以上处分。

第三章 处分权限与程序

第二十二条 学生违纪处分程序及管理权限：

(一)记过以下处分，由学生所在部、保卫处、学生处调查核实，行文公布，学生处备案；

(二)留校察看及以上处分，由学生所在部、保卫处、学生处提出书面建议，连同原始材料，提交学校主要领导审批，学校发文；

(三)开除学籍处分由校长办公会审批，学校发文；

(四)在对学生做出处分决定之前，提出处分建议的部门须告知学生受处分的事实、理由和依据，并听取学生或其代理人的陈述和申辩；

(五)处分决定书由学生所在专业部送达学生本人，学生本人签字，无法送达的，校内公告视同送达。对涉及个人隐私等情况的处分决定由学生处决定是否公布。

第二十三条 学生如对处分决定有异议，可在5日内向学生处提出书面申诉。

第二十四条 学生处对学生提出的申诉进行复查，并在接到书面申诉之日起15个工作日内，做出复查结论并告知申诉人。需要改变原处分决定的，由学生处报经校长办公会通过。

第二十五条 受处分学生的处分决定在全校张贴。

第二十六条 凡被勒令退学或开除学籍的学生，自通知之日起即应离校，逾期不离者，由保卫处强制执行。学校发学习证明。

第四章 撤销处分

第二十七条 受警告处分的学生，处分期为2个月；受严重警告处分的学生，处分期为4个月；受记过处分的学生，处分期为6个月；受留校察看处分的学生，处分期为1年。

第二十八条 受处分的学生，由学生所在部负责考察，在考察期间有悔改和进步表现者，按期撤销处分；有突出进步表现者，经本人申请、申请人所在部审核、学生处同意，报校长办公会批准，可提前解除处分。

第二十九条 已完成学业毕业，但未解除留校察看处分的学生，不发给毕业证书，按结业处理。待留校察看期满后，由本人申请，就业单位提出意见，经校长办公会批准，可撤销处分，并发毕业证书。

第五章　附　则

第三十条　学校其他规定与本办法不一致的，以本办法为准。

第三十一条　本办法的解释权归校长办公会。

第三十二条　本办法自宣布之日起执行。

××学校

二〇〇九年七月三日

三、细则

细则是有关机关根据上级发布的法令、条例、规定或其中部分、个别条文，结合实施情况而制定出来的详细、具体办法或补充、辅助说明。

(一)细则的特点

依附性。细则的制定必须依附于某一具体法律、法令、条例、规定。没有法律、法令、条例、规定，就没有实施细则，有的人将这种关系称作母体公文和子体公文的关系是颇有道理的。如《中华人民共和国土地增值税暂行条例》是母体公文，《中华人民共和国土地增值税暂行条例实施细则》就是子体公文。没有前者的出台，后者就没有制定的必要。

诠释性。细则对法律、法令、条例、规定的某一重要原则、重要事项、重要条款或关键词语负有诠释的任务，以使其表意更加具体、更加明确，充分体现其“细”的要求，有利于遵守执行。

补充性。法律、法令、条款所规定的事项，一般是原则性的，因此，执行者对它的理解会有伸缩性，这就需要细则对其作出明确具体的补充规定或者辅助性说明。

(二)细则的写作

细则一般由标题、署名和日期、正文三部分构成。

1. 标题

细则的标题有以下两种形式。

(1)原文件名称＋文种，如《中华人民共和国安全法实施细则》。

(2)事由＋文种，如《校务公开实施细则》。

2. 署名和日期

在标题之下，用括号注明细则发布的机关名称和日期，或者批准、修订的机关名称与日期。

3. 正文

细则的正文有三种写法：

(1)由总则、分则、附则三部分构成。

总则：总则是开头部分，包括制定细则的根据、目的、指导思想、基本原则、实施机关等。总则一般为第一章，分若干条。

分则：分则是细则的主体部分，分若干章若干条，对原法律、法规进行解释、补充，作出细致周密、切实可行的规定。

附则：附则是细则的结尾部分，主要用来提出执行要求。附则为最后一章。

(2)由序言、主体、结尾三部分构成。

序言：写明制定细则的根据、目的。

主体：写明制定细则的具体规定。

结尾：写明制定细则的实施说明。

(3)条目式正文

直接列条写出细则的具体内容。

(三)细则的写作要求

第一，坚持"上有所依，下有所系"的原则。即一定要根据上级机关的有关条规，联系本地区、本系统、本单位实际，提出具体的实施细则。

第二，坚持逻辑性原则。细则条文的排列要严密，一条一项一事都要体现出相对的独立性。

第三，坚持详细性原则。细则的制定必须体现在"细"字上，要把有关条规具体化、细密化，力求明确、周全，以便于执行。

例文：

教书育人工作细则

一、学校的根本任务是贯彻党的教育方针，培养德、智、体全面发展的社会主义事业的建设者和接班人。搞好教书育人工作是学校加强学生思想政治工作、加强教师队伍建设、提高教学质量的重要措施。为了进一步搞好教书育人工作，使之科学化、规范化、制度化，在总结我校教书育人工作经验的基础上，依照《××省教育厅教书育人工作暂行规定》，特制定××学校教书育人工作细则。

二、教师是学校教育的主体，肩负着教书育人的重任。教师做好教书育人工作的基本要求、方法和途径是：(略)

三、学校党、政、工、团、专业部，都要把教书育人工作列入自己的重要工作日程，每年都要有部署、有检查、有总结，充分发挥各自的职能作用，通力合作，齐抓共管。具体做法有：

(一)在党委领导下，成立"××学校教书育人领导小组"，统一领导和协调全校的教书育人工作。

(二)学校教书育人工作在"××学校教书育人领导小组"的领导下，由教务处负责牵头，会同党委宣传部、人事处、校工会等部门共同进行组织实施。

(三)各专业部要和总支共同抓好教书育人工作，认真贯彻学校教书育人工作细则，结合本部学科建设、专业特点、课程体系，制定教书育人规划，提出具体要求，拟定具体措施和办法，使学校教书育人工作细则落在实处。

(四)各专业部(各党群行政管理部门、后勤部门)每学期进行一次教书育人工作检查，发现问题及时解决。每学年要进行一次教书育人工作的总结，好的、典型的人和事，要向学校教书育人领导小组汇报和推荐，学校教书育人领导小组要及时组织宣传、表扬和交流，并向上一级主管教书育人工作的领导部门推荐。

四、学校教书育人工作要加强组织领导，更要狠抓落实，要把教书育人工作列入各专业部、各管理部门领导的工作日程和教职工的履职职责内容中，定期进行考核评定。具体做法有：

(一)党群部门必须每年都对从事学生思想政治教育和管理的教职工进行教书育人考核，并记入档案，作为能否继续从事学生思想政治工作和管理工作、表彰、评优和晋升的依据之一。

(二)对在教书育人、管理育人、服务育人工作中，不履行职责，不严格要求自己而造成不良影响的教职工，各有关部门应给予批评教育，情节严重者应给予缓聘、高职低聘、辞聘或调离原单位的处分，以及党纪、政纪处分。

××学校

×年×月×日

四、制度

制度是党政机关、社会团体、企事业单位为加强对某项工作的管理而制定的、要求有关人员共同遵守的规范性文书。

(一)制度的特点

法规性。制度是依据法律、法规的有关规定，针对某一部门某项具体工作的管理而制定的，一经颁布，便具有法规、准绳的作用，违者必究，如《考勤制度》、《教职工休假制度》。

公开性。制度要在相关范围内公布或张贴，目的是提醒相关人员严格遵守，同时接受他人监督。

制约性。有了制度，相关人员会更加明确自身职责和遵守事项，确保工作正常进行。

(二)制度的写作

制度一般由标题、正文、落款三部分构成。

1. 标题

制度的标题有以下两种形式。

(1)单位名称＋事由＋文种，如《××学校财产管理制度》。

(2)事由＋文种，如《值班制度》。

2. 正文

制度的正文由引言、主体和结尾三部分构成。

引言：概括说明制定制度的原因、根据和目的。

主体：即条款内容，一般分条一一列出。

结尾：说明适用对象、解释权、生效时间等事项。

3. 落款

在正文右下方署明制文单位名称和日期，并加盖公章。

(三)制度的写作要求

第一，符合政策。制定制度要明确权限，任何单位制定的制度内容不能同党和国家的政策相抵触。

第二，集思广益。要在一定范围内认真讨论，反复修改，使制度的各项规定更符合实际，激发有关人员自觉遵守。

第三，井然有序。制度的章与章、条与条、款与款之间要有序编排，以增强制度的严肃性。

第四，明确具体。制度的内容要规范具体，以便遵守执行。语言要力求严谨周密、通俗易懂。

例文：

曲靖工商学校门卫值班制度

一、门卫值班人员须爱岗敬业、着装整洁、依法执勤、文明执勤、按时到岗，做到不迟到、不早退、不串岗、不脱岗。

二、进入学校的人员，须持有证明本人身份的有效证件，并经询问登记后，方可进入校园。

三、外来车辆未经允许不得驶入校园，营运车辆谢绝入内，非机动车辆出入校门必须推行，施工车辆凭学校核发的通行证进出。

四、严禁商贩进入校园叫卖、推销、收购；严禁在校内散发传单或张贴广告等。

五、严禁在大门前停放各种车辆和摆摊设点；禁止闲杂人员逗留校门口。

六、携带物品进入校门应主动接受门卫检查、登记、验证，否则不予以放行。

七、严禁无关人员在值班室及周围逗留、闲聊。

八、严格按照相应的法律法规处理值勤过程中的一切事务，不得互相推诿扯皮。

九、上下班人员必须办理交接手续，违反门卫管理制度者，视情节予以批评教育或按有关规定给予处罚。

曲靖工商学校

×年×月×日

五、规则

规则从词义上讲就是合乎一定的标准、方式和要求的意思，是机关、团体、企事业单位就某些工作事项、行为方式的标准、要求作出规定，要求有关方面、有关人员遵照执行的一种法规性文书。

(一)规则的特点

专门性。规则所适用的范围一般比较小，是专门就某一项工作或活动而制定的，超出这一范围就没有什么意义了。

具体性。规则的内容比较具体、细致、周密，往往会对具体工作事项做规范性要求，什么应该做，什么不应该做，怎样做才符合要求等指示会更加明确。

操作性。规则能使工作更符合要求，使事务办理更能把握要领，具有较强的操作性。

(二)规则的写作

规则一般由标题、署名和日期、正文三部分构成。

1. 标题

规则的标题有以下三种形式。

(1)单位名称＋事由＋文种，如《××××学校校长办公会议事规则》。

(2)事由＋文种，如《考场规则》。

(3)暂行或临时性的规则可在文种前加“试行”、“暂行”二字，也可在标题后加括号注明，如《××图书馆借书暂行规则》。

2. 署名和日期

在标题下方用括号注明制定、修订、发布此规则的单位名称和日期。

3. 正文

规则的正文有三种写法。

(1)章条式写法。这种写法适用于内容复杂的规则，分为总则、分则、附则三部分。

总则：总则为第一章，写明制定规则的依据、目的、适用范围和应用要求。

分则：分则有若干章，写明规则的具体内容。

附则：附则为最后一章，写对规则有关事项的说明和解释。

(2)通篇分条式写法。这种写法是直接分条列举。

(3)引言加条款式写法。与通篇分条式写法相似，只是这种写法前面有一段交代制定规则的根据、目的、意义的文字。

(三)规则的写作要求

第一，简洁明快。对制定规则的目的、原因交代清楚即可。

第二，具体明确。具体明确地写明做什么、怎么做。

例文：

考场规则

一、在考试前15分钟，凭学生证或其他有效证件进入考场，对号入座。

二、开考30分钟后，不得入场；考试开始30分钟内，不得离开考场。

三、严格按照规定携带文具，开考后不得传递任何物品。

四、凡闭卷考试科目，严禁将书籍、笔记本、计算器(特批的除外)及通信工具带入考场。凡发现将上述物品带至座位，一律按严重违纪取消考试资格。

五、试卷发放后，考生必须首先在答题纸、答题卡规定的位置上填写(填涂)本人姓名、准考证号、座位序号、考试科目等项目，不得做其他标记，否则，按违纪处理。

六、考生有疑问，如遇试卷分发错误、页码序号不对、字迹模糊和答题卡有折皱、污点等问题，应举手询问。

七、在考场内保持安静，不准喧哗，严禁交头接耳、左顾右盼、打手势、做暗号，不准夹带、偷看、抄袭或有意让他人抄袭，不准传递答案或交换试卷、答题卡。

八、考试结束铃响，考生应立即停笔，待监考教师将答卷按要求整理好，教师允许后，方可离开考场。不得将试卷、答题卡和草稿纸带出考场。

九、考生交卷后，不准在考场附近逗留。

十、服从考试工作人员管理，接受监考人员的监督和检查。对无理取闹、辱骂、威胁、报复工作人员者，按有关纪律和规定处理。

××学校

×年×月×日

六、守则

守则是党政机关、团体、企事业单位制定的要求所属人员遵守的行为准则。守则可以发挥群众自我教育、自我约束的作用，从而更好地维护共同利益、公共秩序。

(一)守则的特点

针对性。守则的内容要与党和国家的方针、政策、法律、法规的精神和本地区、本单位的具体情况相符，没有针对性便会失去基础。

可行性。守则的条文要具体切实，便于操作和贯彻执行。

行业性。守则只对所管辖人员有效，制定时必须根据行业性质和工作特点提出有针对性的要求，以便收到规范、激励、教育的效果。

(二)守则的写作

守则一般由标题、正文和落款三部分构成。

1. 标题

一般由适用对象＋文种构成，如《中等专业学校学生守则》。

2. 正文

正文写明守则的具体内容，一般采用条款式行文，开篇便逐条排列，多数不加前言，也不写结束语。

3. 落款

在正文右下方署明制文单位名称，并注明日期。若标题下已注明，此处可不写。

(三)守则的写作要求

第一，既要符合党和国家的方针政策，又要结合本单位实际，以便执行。

第二，内容要实在，既要高度概括，又要具体可行，使所属成员可以做到，必须做到。

第三，语言要明白、流畅、易懂，条款要明确、具体、扼要，篇幅要短小，真正体现守则的庄重性。

例文：

××学校学生守则

一、志存高远，贡献力量。热爱祖国、热爱人民、热爱学校，立志为中华民族的伟大复兴贡献力量。

二、坚定信念，自强不息。认真学习邓小平理论、“三个代表”重要思想、科学发展观，树立正确的世界观、人生观、价值观。

三、勤奋学习，崇尚科学。热爱专业、努力学习、勤思好问、乐于探究，学好基础知识、专业知识，提高职业技能水平。

四、强健体魄，热爱生活。坚持体育锻炼、讲究卫生、增强体质、注意安全、珍惜生命、热爱生活、学会生存，积极参加有利于身体健康的文体活动。

五、勤俭节约，艰苦奋斗。热爱劳动、爱护公物、生活俭朴、杜绝浪费，不追求超越自身和家庭实际的物质享受。

六、明礼修身，抵制邪气。尊敬师长、团结同学、助人为乐、诚实守信、有错就改，形成抵制歪风邪气的良好行为习惯。

七、遵规守纪，自尊自爱。遵守国家法令，遵守社会公德，维护公共秩序，保守国家机密；遵守学校的规章制度，不吸烟、不酗酒、不谈恋爱。

七、须知

须知是有关企事业单位为了维持秩序，搞好某种具体活动而制定的必须掌握和了解的规定。

(一)须知的特点

告知性。须知的目的是为了告知有关人员，以示宣传知晓。

约束性。须知有一定的强制性和约束力，对规范人们的行为，有制约作用。

简明性。具体体现在：文字简洁、文意清晰、通情达理、便于遵守。

(二)须知的写作

须知由标题、正文、落款三部分构成。

1. 标题

须知的标题有以下两种形式。

(1)内容＋文种，如《投稿须知》。

(2)文种，如《须知》。

2. 正文

正文由前言、主体两部分构成。

前言：简要说明须知的缘由。内容单一的须知可不写前言。

主体：逐一说明须知的内容，多用条款式行文。

3. 落款

在正文右下方署上单位名称和日期。

(三)须知的写作要求

第一，须知带有一定的强制性和约束力，所以，须知的内容必须既符合党和国家的方针、政策、法律、法规，又要从实际出发，体现群众意识。

第二，须知的行文要准确、简要。

例文：

电影院观众须知

一、凭票入场，对号入座。

二、严禁吸烟，不允许随地吐痰、乱扔果皮纸屑。

三、保持场内安静，不准大声喧哗、追逐嬉闹。

四、放映完毕，依次退场，不许拥挤。

××电影院

二〇〇八年十一月五日

八、章程

章程是党政机关、社会团体、企事业单位用于规定某个组织、团体或企事业单位的性质、宗旨、任务、组织结构、成员条件、权利、机构设置、职权范围、活动规则及纪律等内容的一种纲领性的应用文书。

(一)章程的特点

稳定性。拟写章程，一定要充分考虑在现实条件下执行的可能性和在一定时期内的稳定性，使其规范、合理和完善，避免临时观点和片面性。

共识性。章程反映了组织全体成员的意志，体现了全体成员的共同利益。因此，它必须经过组织成员的充分讨论协商才能达成共识，或者经过全体发起人员的表决通过，才能正式公布实施。

约束性。章程对其组织成员具有组织纪律或行政管理约束力。依法制定的公司企业章程还具有法规性。因此，每位组织成员必须用章程规范自己的思想和行为，力求照章办事。

准确性。章程条文措辞要准确、明确和具体，不能含混不清，使人产生误解和歧义，不利于遵照执行。

(二)章程的写作

章程一般由标题、日期和正文三部分组成。

1. 标题

标题通常由组织名称＋文种构成，如《中国共产党章程》。如果尚未得到通过和批准，可在标题后加括号注明“草案”，如《中国农机学会章程(草案)》。

2. 日期

在标题下方正中加括号标明日期和通过依据，有以下两种写法。

(1)由会议名称和通过日期组成，如“中国作家协会第二届理事会 1999 年 3 月 20 日通过”。

(2)只写明通过日期，如“2009 年 10 月 15 日通过”。

3. 正文

章程正文的写作主要有两种形式。

(1)章条式写法。此种正文一般由总则、分则、附则组成，即分章分条，章断条连。

总则：总则为第一章，即总纲，是章程的统帅和灵魂，主要说明制定章程的目的，郑重申明本组织的宗旨、性质、任务、管理、名称和建设要求等内容。

分则：分则有若干章，主要说明成员条件、权利义务、组织机构、活动细则、组织纪律等内容。

附则：附则为最后一章，主要说明章程的解释权和生效日期。有些章程不设附则。

(2)分条式写法。内容简单的章程可直接分条撰写，即分条设款，条款结合，一“条”到底。

(三)章程的写作要求

第一，章程的内容要合法。章程的内容既要符合党和国家的方针、政策、法律、法规，又要符合本组织的实际情况，任何违背政策、法律、法规的章程都是没有效力的。

第二，章程要履行严格的手续。章程的制定要经过一定的程序，反复酝酿，再三讨论，并经报批、通过才能发布生效。

第三，章程的表述要准确。章程要全面系统、准确周密、条款清晰、简洁明快，语言庄重朴实，避免理解分歧。

例文：

××××学校学生会章程

第一章　总　则

第一条　××××学校学生会是××××学校学生的群众组织，接受校党委的领导和学生处、团校委的指导，遵守国家的法律和法规，在法律和学校规章制度的允许范围内开展活动。本会的一切权力属于全校学生代表大会。

第二条　本会的宗旨是：以“三个代表”重要思想为指导，坚持科学发展观，贯彻执行党的教育方针，围绕学校党政的中心工作，充分发挥桥梁纽带作用，发挥“自我服务、自我教育、自我管理”功能，为全校学生的成长、成才、成人、成功服务。

第三条　本会的主要任务是：(略)

第四条　本会实行民主集中制原则。全校学生代表大会代表由民主选举产生，大会对会员负责，受会员监督。委员会由全校学生代表选举产生，对学代会负责，报告工作，并受其监督。

各级学生组织机构的职权划分遵循在校学生会的统一领导下，充分发挥基层学生组织的积极性、主动性和创造性的原则。

第二章　会　员

第五条　凡具有××××学校学籍的学生，凡承认本会章程，不论民族、性别、年龄、宗教信仰，均为本会会员。

第六条　会员根据本章程享有下列权利。(略)

第七条　会员在行使本章程赋予的权利时，必须履行下列义务。(略)

第三章　组织机构和职责

第八条　校学生会、专业部学生会、班委会的组织原则是民主集中制。

第九条　本会最高权力机构是××××学校学生代表大会(简称“学代会”)。

学代会每两年举行一次，每届任期两年，在特殊情况下，由校学生会主席团提议，并得到学代会委员会2/3以上多数的同意，可以提前或推迟举行，任期相应改变。

第十条　学代会的任务：(略)

第十一条　××学校学生委员会(简称“学生会”)是学代会的常设机构。

第十二条　学代会应有2/3以上的法定代表参加才能召开；除修改本会章程需由全体与会代表的2/3以上多数通过外，学代会决议应由与会代表1/2以上多数表决通过才能生效。

学代会闭会期间，学生会遵守学代会决议，行使学代会的职权，领导本届学生会开展工作。

第十三条　学生会的职责：(略)

第十四条　××××学校学生会主席团是学生会的常设机构，主席团设主席一名，副主席两名；主席、副主席由学生委员会选举产生。

第十五条　学生会根据工作需要设以下职能机构：办公室、学习科技部、生活部、宣传部、文艺部、体育部、纪律部、女生部、新闻部。

第十六条　学生会主席职责：(略)

第十七条　各部门主要职责：(略)

第十八条　部长的职责：(略)

第十九条　部员的权利与义务：(略)

第四章　学生干部

第二十条　学生干部是学生会的骨干，学生会按照德才兼备的原则选拔和任用学生干部。

第二十一条　学生干部的要求：(略)

第五章　专业部学生会

第二十二条　各专业部学生会为校学生会的分会：(略)

第六章　班委会

第二十三条　班委会是学生会的基层组织，其成员由本班同学选举产生，在班主任的领导和帮助下开展工作。班委会每届任期一年，工作中自觉接受学校各职能处室、专业部学生会的工作安排。

第七章　财　务

第二十四条　学生会经费来源：(略)

第二十五条　学生会必须依据本章程制定财务制度细则，经常委会通过有效；会费由学生会财务部专管，财务部必须配备专门的财务账本，接受全校学生监督。每学期初及学期末，学生会必须向校团委汇报本届经费使用情况。

第八章　附　则

第二十六条　本章程最终解释权属于校学生会，校学生会有权要求修改并提出修改方案，报学代会审批。

第二十七条　本章程自学生代表大会通过之日起生效。

九、公约

公约是机关团体、人民群众经过集体讨论，在自觉自愿的基础上制定的共同遵守的行为规范。

(一)公约的特点

概括性。公约的条文要简洁明了，通俗易懂。

针对性。要根据党和国家的方针、政策，根据社会发展的大趋势，结合本单位的实际情况拟定条文。

可行性。所提出的内容要实事求是、切实可行。

(二)公约的写作

公约一般由标题、正文、落款三部分构成。

1. 标题

公约的标题有以下三种形式。

(1)遵守者名称＋内容＋文种，如《曲靖市人民文明公约》。

(2)遵守者名称＋文种，如《教师公约》。

(3)内容＋文种，如《护林公约》。

2. 正文

正文由序言、主体、结尾三部分组成。

序言：写明制定公文的目的、意义等，常以“为了……特制定本公约”的句式简要说明制定公约的目的。

主体：写明共同约定的必须遵守和执行的事项。

结尾：写明执行公约的要求和生效日期。

3. 落款

在正文的右下方写明制定公约的单位和日期。如果在标题中已标明制定公约的单位名称，此处只需写清日期，加盖公章即可。

(三)公约的写作要求

第一，要广泛征求意见。公约的形成，要根据大家的意见写成初稿，再集体讨论通过，最后公布生效。

第二，要形成有机整体。条与条之间既要相对独立，又要相互依存，形成有机整体，便于记忆、执行、检查。

第三，要准确表述。公约语言要准确明晰、简明扼要，避免模棱两可、艰涩冗长的语句和不必要的专业术语。

例文：

××学校学生文明公约

服饰整洁、仪表端庄、举止文雅；
诚实守信、尊敬师长、团结友善；
待友热情、言行得体、以礼相让；
遵纪守法、关心集体、爱护学校；
热爱专业、勤学好问、一专多能；
网上学习、增强自护、有益身心；
拒绝淫秽、远离黄赌、不涉邪毒；
讲究卫生、爱护公物、勤俭节约；
修养品行、提升素质、奉献社会。

知识书签

条例是国家机关对某一方面的工作、活动权限作出原则性的规定的法规性文件。换句话说，国务院各部门和地方人民政府、社会团体、企事业单位不许制定条例。

思考与练习

一、名词解释

规章制度　　规定　　章程　　公约

二、填空题

1. 规章制度分为______、______、______、______四大类。
2. 行政法规类规章制度有______、______、____、______四类。
3. 制度的写作结构包括______、______、______三部分。
4. 规则的特点主要有______、______、______。
5. 公约的特点主要有______、______、______。

三、判断题

1. 如果规章制度的标题中有单位名称，那么正文后就不用署名。（　　）
2. 章程的制定者既可以是组织，也可以是个人。（　　）
3. 实施细则的写法一般为章条式或说明式。（　　）

四、单项选择题

1. 制度的制发者是(　　)。

A. 党政机关、社会团体、企事业单位
B. 人民群众、党政机关、社会团体
C. 党政机关、社会团体、个人
D. 个人、人民群众、社会团体

2. 人民群众或团体经集体讨论制定出的共同遵守的行为规范是(　　)。

A. 制度　　B. 守则　　C. 公约　　D. 规则

五、多项选择题

1. 规章类文书具有的特点是(　　)。

A. 严肃性　　B. 规范性　　C. 周密性　　D. 明晰性

E. 务实性

2. 须知的特点是(　　)。

A. 告知性　　B. 约束性　　C. 简明性　　D. 长期性

E. 超前性

六、简答题

1. 章程的写作有哪些要求?

2. 规章制度的署名和日期有哪两种安排?

3. 规章制度标题的构成大致有哪几种?

技能训练

1. 以宿舍为单位，由舍长带领宿舍成员讨论制定一份“宿舍文明公约”，经老师指导后，张贴在宿舍里，以供本舍人员互相监督、共同遵守。

2. 请你代学校阅览室拟写一份《阅览室规则》。

第十七章 会议记录

一、会议记录的概念

会议记录是由会议组织者指定专人，准确如实记录会议情况和会议内容的一种事务文书。

二、会议记录的作用

依据作用。会议记录可以作为传达、贯彻会议精神、执行会议决议的依据，也可以作为今后总结工作的重要参考资料。

素材作用。会议记录是形成会议纪要、会议简报的重要素材，也是形成文件和其他文字材料的重要素材。

备查作用。会议记录是日后查找的原始凭证，是重要的历史档案，具有保存、备查和利用的价值。

三、会议记录的特点

真实性。会议记录是原始性的记录，与会者讲什么就记什么，记录者不能修改、加工、增删。

目的性。记录的目的是为今后分析研究问题、执行传达和上报会议精神等提供依据。

准确性。与会者的讲话和有关数据不能记错，只有做到准确无误，才能保证记录的真实性。

四、会议记录的写作

会议记录一般由标题、会议组织情况、会议内容、结尾四个部分组成。

(一)标题

会议记录的标题有以下两种形式。

组织会议单位+会议名称+文种，如《××××学校第七次校长办公会会议记录》。

会议名称+文种，如《校务会议记录》。

(二)会议组织情况

会议组织情况包括以下几项。

会议时间。写明年、月、日以及上午、下午或晚上几时几分至几时几分。

会议地点。写明召开会议的场所，如“行政办公三楼第一会议室”。

主持人。写明主持人的姓名、职务。

出席人。将参会人员的姓名、职务一一列出。若与会人员多的会议可用签到簿，便于日后统计人数和查考。

列席人。将列席会议人员的姓名、身份一一列出。

缺席人。将应参加会议，但因故不能参加会议者的姓名一一列出。

记录人。写明记录人的姓名和职务。

(三)会议内容

会议内容包括：①会议的议题、发言、决议。②会议的讲话。③会议的讨论和发言。④会议的表决情况。⑤会议的决定和审议。若无异议，记“一致通过”、“一致同意”；若有异议，应详细记录不同意见。⑥会议的遗留问题。

(四)结尾

结尾包括散会说明和核稿签名两项。会议结束，另起一行写“散会”二字，并由主持人和记录人在记录的右下方签名，以示负责。

五、会议记录的写作要求

第一，客观、真实。会议记录必须如实记载发言人的讲话，客观反映会议内容，体现会议精神，不断章取义、不以偏赅全、不歪曲事实。

第二，快速、完整。会议记录人要快速、完整地记下会议内容，一般每分钟能记40～45个字即可。

第三，严密、规范。会议记录人员对重要会议要做好保密工作，不得外传或泄露会议内容；记录字迹要清晰，不得乱画乱涂。

例文：

××××学校第九次校长办公会会议记录

时　间：2009年×月×日上午九时

地　点：综合楼第一会议室

主持人：×××(校长)

出席人：×××(副校长)、×××(党政办公室主任)、×××(党政办公室副主任)、×××(总务处主任)、各专业部主要负责人

缺席人：×××、×××(到市人民政府开会)

记录人：×××(党政办公室副主任)

一、会议议题

1. 总务处主任××汇报学校基本建设情况。(略)

2. 主持人传达××市人民政府《关于压缩行政经费的通知》。(略)

二、讨论

发言：

1. ×××(略)

2. ×××(略)

3. ×××(略)

4. ×××(略)

三、决议

1. 在本星期内用一个下午的时间组织全校教职工传达学习《通知》精神，统一思想，提高认识。

2. 各部门负责人在认真学习的基础上，写出心得体会。

3. 利用学习和贯彻《通知》精神的机会，对全校师生、员工开展一次开源节流、勤俭治校的传统教育。

主持人(签名)：×××

记录人(签名)：×××

知识书签

会议记录的方法有详细记录法和摘要记录法两种。详细记录法是把会议中所有与会者的讲话原始完整地记录下来；摘要记录法是主要记录会议的中心内容及要点，若有争议，则注明分歧点，一般性会议多采用这种记录方法。

思考与练习

一、填空题

1. 会议记录是由会议组织者指定专人，准确如实记录______、______的一种事务文书。

2. 会议记录是执行会议决议的______，是形成______、____的重要素材。

3. 会议记录的结构一般由______、______、______、______四个部分组成。

4. 会议记录的结尾包括______和______两项。

二、简答题

1. 会议记录的特点有哪些？

2. 会议记录的写作要求有哪些？

技能训练

由应用文写作课老师组织一次主题班会，要求每位同学做记录，会议结束即完成会议记录。

第三篇　行政公文

第十八章　行政公文概述

一、行政公文的概念

行政公文又称公文或公务文书，是指党政机关、团体组织、企事业单位用以传达贯彻政策、法规，请示和答复问题，指导和商洽工作，报告情况，交流经验的一种具有特定格式的文书。

行政公文是行政机关在行政管理过程中所形成的具有法定效力和规范体式的文书，是依据行政进行公务活动的重要工具，主要是指国务院 2000 年 8 月 24 日颁布，2001 年 1 月 1 日起施行的《国家行政机关公文处理办法》列出的十三类公文，即：命令(令)、决定、公告、通告、通知、通报、议案、报告、请示、批复、意见、函、会议纪要。

此外，为实现党的机关公文处理工作的科学化、制度化、规范化，中共中央办公厅于 1996 年 5 月 3 日发布《中国共产党机关公文处理条例》，共列出十四类公文：决议、决定、指示、意见、通知、通报、公报、报告、请示、批复、条例、规定、函、会议纪要。这些是党的机关实施领导、处理公务的具有特定效力和规范格式的文书，是传达贯彻党的路线、方针、政策，指导、布置和洽谈工作，请示和答复问题，报告和交流经验的重要工具。

为提高人大机关公文处理的效率和质量，全国人大常委会办公厅于 1998 年 2 月 6 日发布《人大机关公文处理办法》(试行)，列出以下公文文种：公告，决议，决定，法、条例、规则、实施办法，议案，意见、批评和建议，请示、批复，报告，通知，通报，函，意见，会议纪要。这些是人大常委会在依法行使各项职权过程中形成的具有特定效力和规范格式的文书，是发布法律、地方性法规、决定、决议、公告，指导、布置和商洽工作，请示和答复问题，报告和交流情况的工具。

应当说，与党的机关公文和人大机关公文相比，行政机关公文所涉及的面要更广一些，人们使用的机会要更多一些，因此，本教材以行政机关公文即《国家行政机关公文处理办法》中常用的通知、通报、通告、报告、请示、批复、函、决定、会议纪要九类公文为讲述对象。

二、行政公文的作用

规范和准绳作用。国家的各种法律、法令、行政法规和规章都是以公文为载体传达和发布的，以此规范人们的行为，统一人们的认识，明确工作方向，不折不扣地执行党和国家的方针、政策，否则就要受到责任追究和处罚。

领导和指导作用。任何党政机关、企事业单位都要对下属单位进行管理和指导，这就必须借助于公文下达指示、作出决定、传达有关精神、布置任务、安排工作，以此领导和指示下属单位有效地开展各项工作。

联系和沟通作用。在有隶属关系的机关单位中，公文能起到上情下达、下情上报的联系和沟通作用；在无隶属关系的单位间，人们也可以通过公文互通情况、洽谈公务、协调关系、交流信息、联系工作、增进友谊、互相促进工作，主要文种有函等。

宣传和教育作用。公文的制发不仅可以用于实施行政管理和指导，还起到了统一广大干部群众思想认识和对其进行思想教育的作用，从而提高人们的政治觉悟和道德素质，将领导的意图转化为个人的自觉行动。

依据和凭证作用。公文一经发布，人们在开展工作、处理公务、解决问题时就有了明确的方向和依据。同时，各时期的公文也是各时期政治、经济等方面的真实记录，可以作为历史凭证，留传后世，帮助后人考查了解当时的情况。

三、行政公文的特点

鲜明的政治性。行政公文是政治的直接产物，它的服务方向不能偏离国家政权的政治目标。党政机关通过公文宣传和发布有关方针、政策和法规，各级政府和各部门通过执行公文，贯彻党和国家的方针、政策，维护和体现国家和人民的利益。应该说，任何一个国家的公文都具有鲜明的政治色彩，任何时期的公文都是当时国家政治的体现，代表着指挥意图、行动意图。今天，党和国家各机关之间来往的公文，是推动现代化进程、构建和谐社会、谋取广大人民群众的根本利益的有力武器。

高度的权威性。行政公文是党和国家方针、政策和法规的体现，具有高度的权威性，有关政策、法规一经制定发布，受文单位及相关人员都必须严格遵守，做到有令必行、有禁必止，不得更改、违反、抵制其内容。

制作者的法定性。行政公文的制作者和一般文章的作者身份有所不同。公文的制作者必须是依法成立的机构组织及其代表，非法定的组织或个人均不能制作、印发公文，撰稿人只是承担写作任务的工作人员。即使有些公文以领导人的名义发布，但他所代表的依然是他所在的机关单位或组织的集体意图，而非个人意志。

体式的规范性。行政公文的体式由眉首、主体、版记三部分组成，每部分又有特定的要求，拟稿人不得自行其是、随心所欲、标新立异地使用文种名称、设置行文关系或更改其固定的制发程序和构成体式，必须严格遵守体式规范。

显见的时效性。任何一份行政公文都有一定的时效，一般都以“成文日期”为生效时间，也有另注明生效日期的。公文的时效有长有短，短则数周、数月，如函、请示、通告等；长则一年、数年，如一些规则性文件。显见的时效，有利于相关单位或人员在有效期内执行、遵守或办理、解决有关事项，以达到行文的目的。

四、行政公文的分类

行政公文比较常见的分类方法有以下几种。

(一)按《国家行政机关处理办法》的规定分类

按《国家行政机关处理办法》的决定，可将行政公文分为十三种：命令(令)、决定、公告、通告、通知、通报、议案、报告、请示、批复、意见、函、会议纪要。

(二)按行文关系分类

按行文关系，可将行政公文分为上行文、下行文和平行文三种。

上行文：是指下级机关向所属上级机关呈送的公文，主要有报告、请示等。

平行文：是指向同级机关或不相隶属的机关送交的公文，主要有函等。

下行文：是指上级机关向下级机关发送的公文，主要有命令、决定、指示、通知、批复、意见等。

有些公文的行文方向并不十分固定，在不同的情况下有不同的归属，如意见，可以是上行文、平行文、下行文。

(三)按紧急程度分类

按紧急程度的不同，可将公文分为紧急公文和普通公文。紧急公文通常分为“特急”和“急件”两类。对有紧急标识的公文要作紧急处理，对普通公文则可按正常程序和方法处理。

(四)按有无保密要求及机密等级分类

按有无保密要求的不同，可将公文分为普通文件(无保密要求)和保密文件(有保密要求)两类。按秘密等级的不同，可将有保密要求的文件分为绝密文件、机密文件和秘密文件三种。

绝密文件：是秘密等级最高的文件，它通常反映的是党和国家的核心秘密，其内容一旦泄露，便会给党和国家的事业造成非常严重的损失。

机密文件：是秘密等级较高的文件，它包含党和国家的重要秘密，其内容一旦泄露，便会给党和国家的事业造成重大损失。

秘密文件：是秘密等级较低的文件，它所反映的是党和国家的一般秘密，其内容一旦泄露，便会给党和国家的事业或某项具体的工作带来一定程度的损失。

(五)按职能分类

按具体职能的不同，可将公文分为以下几类。

法规性公文：是用来颁布法律、法令或对有关问题作出规定的公文。

指挥性公文：是直接体现上级机关的决策意图，因而，对有关事项的处理、有关工作的进行起指令或指导作用的公文，如命令、决定、批复、请示性通知等。

报请性公文：是下级机关用来向上级机关汇报、请示工作的公文，如报告、请示等。

知照性公文：是向有关方面告知情况、关照事项的公文，如通知、通报等。

商洽性公文：是各机关和部门之间用来联系工作的公文，如函。

记录性公文：是真实地记录有关工作情况的公文，如会议纪要就是典型的记录性公文。

(六)按处理程序分类

按处理程序的不同，可把公文分为收文和发文两类。

收文是指机关、团体、企事业单位收到的外来的文件。发文是指向外单位或本单位内部各部门抄发的文件。

五、行政公文的体式

行政公文的体式主要是指构成要素、格式及其印装规格，是行政公文的作用得以实现的重要保证。

(一)行政公文的构成要素和格式

根据《国家行政机关公文处理办法》和《国家行政机关公文格式标准》的规定，公文一般由眉首、主体、版记三部分构成。

1. 眉首部分

眉首部分又称文头，置于公文首页红色反线及以上的各要素统称眉首，约占首页的1/3，上报公文约占1/2。通常是由发文机关标识、公文份数序号、秘密等级和保密期限、紧急程度、发文字号、签发人、红色反线等诸要素构成。

(1)发文机关标识

发文机关标识又称公文版头，用于表明公文的归属，由发文机关全称或规范化简称后加“文件”二字组成，居中排列，如“××市人民政府文件”、“××学校文件”、“××化工厂文件”等。

发文机关标识一般使用小标宋体字，用红色标识，以示庄重，人们常称之为“套红”或“红头文件”。

联合行文时，发文机关标识是主办机关排列在前，“文件”二字置于发文机关名称右侧，上下居中排列。如果联合行文机关过多，必须保证公文首页显示正文。

(2)公文份数序号

公文份数序号又称编号，主要是指密级文件印制若干份时，需要一一编上份数序号，份数序号要用阿拉伯数字顶格标识在版心左上角第一列，如“001”。

(3)秘密等级和保密期限

秘密等级有“绝密”、“机密”、“秘密”三种，不涉及保密内容的普通文件没有秘密等级。秘密等级要顶格标注在版心右上角第一行，用3号黑体字，两字之间空1个字。

保密期限也标注在版心右上角第一行，用3号黑体字，秘密等级和保密期限之间用“★”隔开，如“绝　密★1年”。

(4)紧急程度

紧急程度是对公文送达和处理的时限要求，根据紧急程度分别标注“特急”、“急件”字样。“特急”是指公文要马上送达或办理，“急件”是指公文要在短时间内送达或办理。紧急电报应分别标明“特急”、“加急”、“平急”字样。

紧急程度要顶格标注在版心右上角第一行，用3号黑体字，两字之间空1个字；如果同时标明秘密等级与紧急程度，则紧急程度顶格标识在版心右上角第二行。

(5)发文字号

发文字号简称文号，又称公文编号，是发文机关同一年度公文排列的顺序号，由发文机关代字、年份和序号组成，便于发文机关掌握该年度的发文数量和收发登记、办理、保管和查找。如“国发〔1999〕6 号”，“国”字是国务院文件的代字，“发”字即发出之意，“1999”是发文年份，“6 号”为文件序号，表明这份文件是国务院在 1999 年制发的第 6 号文件。如果一个机关的文件数量较多，还可以在发文字号中加上一个类别标志，以反映文件业务内容的类别或归宿。如“国办发〔2000〕2 号”，“国办”是国务院办公厅的代号。如果是几个机关联合行文，则只注明主办机关的发文字号即可。

发文字号应在发文机关标识下空两行，用 3 号仿宋体字，居中排列；年份、序号用阿拉伯数字，且年份应标全称，用六角括号“〔 〕”括入；序号不编虚位(即 1 不编为 001)，不加“第”字。

发文机关的内设机构(综合办事机构的办公室除外)不具有独立法人资格，没有单独对外行文的资格。

(6)签发人

在上行文(如请示、报告)中要标识签发人，以对上报文件负责，位置在发文字号右侧空 1 个字，标识“签发人”，加冒号，冒号后标识签发人姓名。“签发人”3 个字用 3 号仿宋体字，签发人姓名用 3 号楷体字。

若有多个单位签名，则主办单位签发人姓名置于第一行，其他单位签发人姓名从第二行起在主办单位签发人姓名之下按发文机关顺序依次排列，发文字号与最后一个单位签发人姓名同处一行。

(7)红色反线

在发文字号之下有一红色横线与正文分开，党内机关文件在红色横线正中印有一颗五角星，此为红色反线。多个单位签发文件时，可下移红色反线。

2. 主体部分

主体部分又称行文部分，通常由标题、主送机关、正文、附件、发文机关、成文日期、公文生效标识以及附注构成。

(1)标题

标题如人的眼睛，可以反映出文章的主旨及基本内容。公文的标题要能准确、简要地揭示公文的主要内容，并能透视文种。按照发文机关名称、发文事由和文种组合情况的不同，可将公文标题分为以下三种形式。

①发文机关名称＋发文事由＋文种。如《国务院关于禁止传销经营活动的通知》，其中的“国务院”是发文机关，“禁止传销经营活动”是发文事由，在事由前一般加有介词“关于”二字，“通知”是文种。

②事由＋文种。如在冠有“国家教委办公厅文件”红色版头下的《关于印发〈教育类公文主题词表〉的通知》，“印发《教育类公文主题词表》”是发文事由，“通知”则为文种。在事由前加介词“关于”二字。在冠有红色版头的文件中，这类标题是比较常见的。

③发文机关名称+文种。如《国务院通知》，“国务院”为发文机关，“通知”为文种。在公开发布的公文中，这类标题较常见。

此外，在没有红色版头的文件中，常用“文种”形成标题，如《通知》。

凡重要性公文，为体现其郑重性和权威性，标题不应省略发文机关名称。

标题的位置在红色反线下空2行，排成一行或分几行居中，在回行中，要做到词义完整、排列对称、间距恰当。字体为2号小标宋体字。

标题中除法规、规章名称可加书名号外，一般不用标点符号。有的法规性公文在标题之下还有题注，用以说明某项法令、规定等通过或批准的时间、程序或开始生效的时间，题注需居中写，并写在括号内。

(2)主送机关

主送机关是指负有公文处理责任的主要受文机关，应使用全称或规范化简称、统称。

上行文一般只写一个主送机关，如果还有其他上级机关需要掌握有关情况，应在版记部分以抄报的形式发送公文；下行文有专发性的和普发性的公文主送机关两种，专发性的公文主送机关只能有一个，普发性的公文主送机关往往是多个，要确定合理的主送机关顺序，有时可统称为受文机关；平行文的主送机关可以是一个，也可以是多个，视公文内容的涉及面而定。

主送机关的位置位于标题下空1行，顶格写，回行时仍顶格，最后一个主送机关名称后用冒号。字体与正文相同。

(3)正文

正文位于主送机关下一行，是公文的核心，公文质量的高低、能否产生应有的功能，主要取决于这一部分写得如何，拟稿人的工作能力和文字水平也主要体现在这一部分的撰写中。正文一般包括开头、主体、结尾三部分。正文用3号仿宋体字。

①开头。正文的开头方式有许多种，常见的有：

目的式：先写明发文目的，以引起受文者的注意，常用介词“为”、“为了”等引起下文。

根据式：先写明引文依据，以增强公文的权威性、严肃性和说服力，常用介词“根据”、“按照”、“依据”等领起下文。

缘由式：即通过情况的介绍、问题的提出或意义的明确，使受文者了解行文缘由，从而引起受文者对文件内容的重视。

②主体。正文的主体部分可以说是核心中的核心，即主要解决什么问题，或是提出请求，或是提出建议，或是交代布置任务，或是直接陈述意见、要求，或是商洽有关事情等。这一部分的写法多种多样，在后面的例文中会具体介绍。

③结尾。正文结尾的常见方式有以下几种。

归结式：与正文开头照应，多见于篇幅较长的公文的结尾。

说明式：对与正文内容有关的事项作一个交代，如“本决定自宣布之日生效”、“凡与本规定内容不一致的，以本规定为准”。

申明式：重申发文机关对有关事项的看法，以起到明确和强调的作用。

祈请式：在请示等上行文中，常用“当否，请批示”等含有祈请意思的语句，作正文的结束语。

期望式：用于在下行文的结尾处提出要求和希望，如“以上规定，望遵照执行”。

习惯式：用习惯用语结尾，如“特此证明”、“特此函达”、“专此函复”等。有的公文不另写结束语。

(4)附件

附件是对文件内容起说明和补充作用的文字材料，主要包括随文转发、报送的文件，随文颁发的规章、制度以及文件中的报表、统计数字等。

附件因公文需要而设，不是每件公文都有。公文如有附件，应在正文下一行左空两个字标识“附件”后加冒号和名称，字体与正文一样。附件如有序号，应使用阿拉伯数字标注，如“附件：1. ××××××”。附件名称后不加符号，包括不加书名号。

附件应与正文一起装订，并在附件左上角第一行顶格标识“附件”，附件如有序号还应标识序号，附件的序号与名称前后标识一致。

(5)发文机关

发文机关也称落款，是公文的法定作者，一般用与正文相同的字体以机关全称写在正文的右下方第三行下面，左边的第一个字不超中心线。如果是联合行文，发文机关应依次排列。有些下行文可不写发文机关名称，而以盖发文机关公章取代。

(6)成文日期

成文日期是文件的生效日期。一般公文的成文日期以领导签发日期为准；法规性文件则以文件批准日期为准；会议类公文以通过日期为准；张贴、公布类公文以张贴、公布之日为准。

成文日期位于发文机关之下，并用与正文字体相同的大写汉字标注，年份中的“零”写为“○”，如“二○○○年一月六日”。

(7)公文生效标识

公文除“会议纪要”和以电报形式发出的以外，都应加盖红色印章。加盖印章是公文最后生效的标志，对没有加盖印章的公文，一般不予以承认。漏盖印章或把印章盖得模糊不清，都不符合制文要求。

加盖印章要上不压正文，下压成文日期，印章要求盖得居中、端正，俗称“骑年盖月”，以显示庄重。

如果公文排版后所剩空白不够印章位置，应采取调整行距、字距的方式解决，务使印章与正文同处一面，不得用标识“此页无正文”的方式解决。

(8)附注

附注一般用来确定文件的发送范围和使用方法。此外，有的公文的发送范围要标明发至哪一级，如“此件发至县处级”；有的公文需标明使用方法，如“此件可张贴”。

附注在成文日期下一行居左空两个字加圆括号标识。字体与正文相同。

3. 版记部分

版记部分又称文尾部分，通常是由主题词、抄送机关、印发机关和印发时间等要素构成。

(1)主题词

主题词是公文的类别特征和归宿类别的关键性词语。公文的主题词是为方便文件检索归类而设立的。

根据国务院办公厅秘书局《关于印发〈国务院主题词表〉的通知》，一份公文的主题词一般是3～5个为宜，最多不超过7个。主题词的排列顺序为：先标类别词，再标类属词，最后标文种。范围由大到小，由内容到形式。如《国务院关于深化城镇住房制度改革的决定》，其主题词为“城乡建设　住宅　制度　改革　决定”，“城乡建设”为类别词，“住宅、制度、改革”为类属词，“决定”属文种。主题词位于公文末页抄送栏之上，用3号黑体字，居左顶格标识，“主题词”后用冒号，词目用3号小标宋体字，词目之间空1个字，不使用标点符号。当在《国务院主题词表》中找不出准确反映文件主题内容的类属词时，可以在类属词中选择适当的词标引，同时，将能够准确反映文件内容的词标在类属词的后面，并在该词的后面标注“△”以便区别。

(2)抄送机关

抄送机关是指除主送机关之外需要告知或了解公文内容的上级、平级、下级机关。上级机关、平级机关、下属机关、不相隶属机关均用“抄送”，不使用“抄报”、“抄发”。

抄送机关位于主题词下一行，左空1个字，用3号仿宋体字标识。抄送机关后用冒号，回行时与冒号后的抄送机关对齐，抄送机关间用顿号(“、”)隔开。

在确定抄送对象时，要注意两点：一是切忌滥报、滥送、滥发；二是防止漏报、漏送、漏发，以免与工作脱节。

(3)印发机关和印发时间

印发机关和印发时间即公文的印制单位和时间，位于抄送机关之下(无抄送机关时在主题词之下)，用3号仿宋体字，书写于同一行，单位居左，时间居右，用阿拉伯数字标识，如“1999年1月6日印发”。

此外，在结尾栏下右侧、印发日期的下面应注明“共印××份”，并注在圆括号内。

(4)反线

版记中各要素之下均应加上一条黑色横线，又称反线。

以上所列的发文机关标识、公文份数序号、秘密等级和保密期限、紧急程度、发文字号、签发人、标题、主送机关、正文、附件、发文机关、成文日期、公文生效标识、附注、主题词、抄送机关、印发机关和印发时间等项目，是行政公文的全部构成要素。其中，有些项目是公文的必备要素，有些则是可以略去的要素。

行政公文格式如下所示。

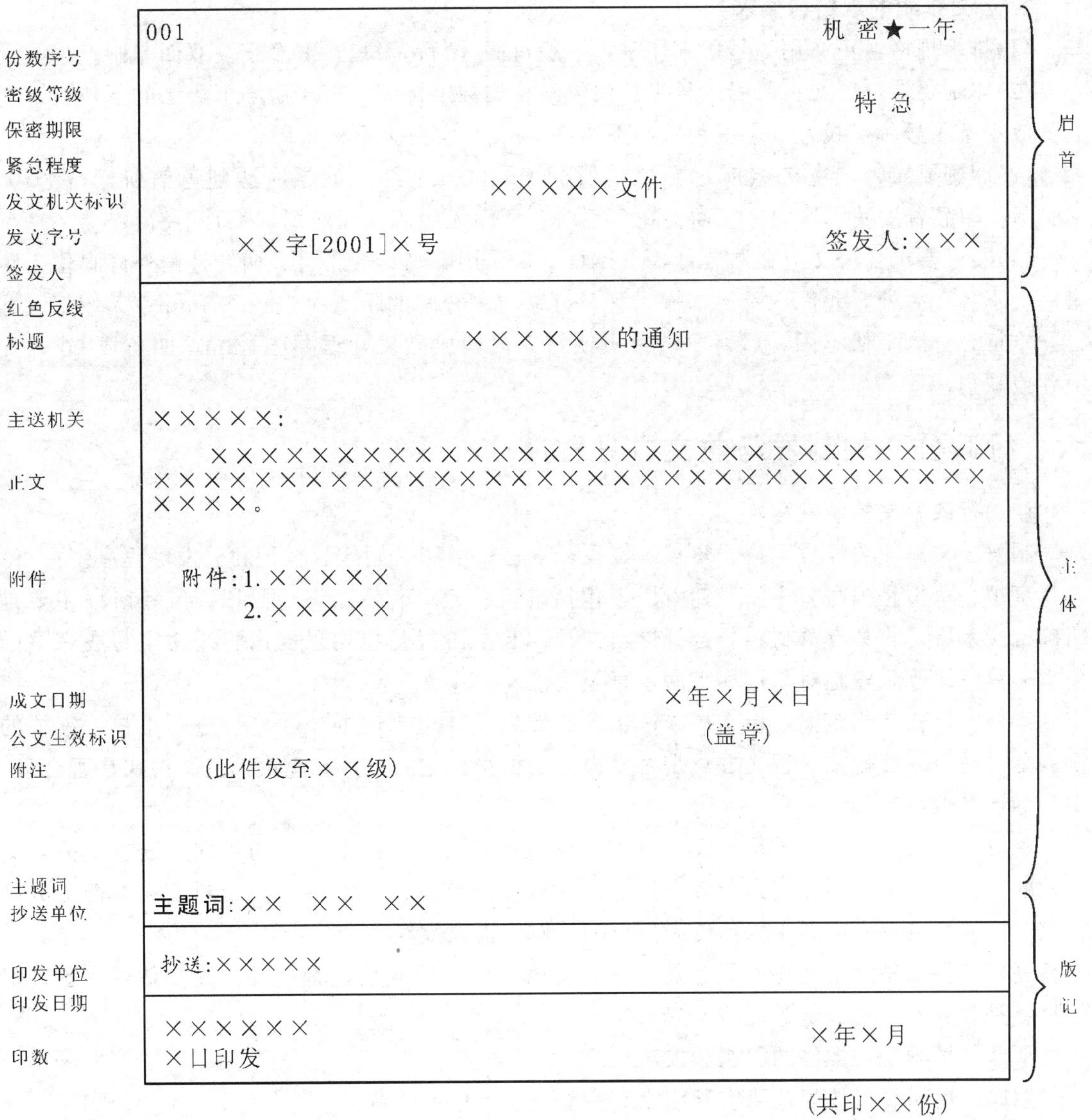

(二)行政公文印装规格

为提高办公自动化的程度和机关文书工作的质量，实现信息的快速、高效传递，国家标准《国家行政机关公文格式》(GB/T9704—1999)不仅对公文的构成要素及格式作出了明确规定，而且对公文的印装规格也有详细说明。下面就依照此国家标准的内容，对公文的印装规格加以介绍。

1. 公文用纸的规格

(1)用纸幅面：采用国际标准 A4 型纸，其幅面尺寸长×宽为 297mm×210mm。

(2)版心尺寸：156mm×225mm(不含页码)。

(3)版面页边(留空处)：①天头(上白边)为 37mm±1mm。②钉口(左白边)为28mm±1mm。

2. 公文排版的规格和要求

(1)排版规格：正文用3号仿宋体字，一般每面22行，每行28个字，双面印刷。

(2)印刷要求：公文页码用4号半角白体阿拉伯数字标识，置于版心下边缘的下一行，左右各放一条4号一字线，一字线距版心下边缘7mm。空白页不标页码。

(3)印刷要求：黑色油墨应达到色谱所标BL100%，红色油墨应达到色谱所标Y80%，M80%。印品着墨实、均匀，字面不花、不白、干净无底灰、无断划，版心不斜。

(4)装订要求：公文应在左装订，不掉页。多采用骑马订或平订，两针针锯外订眼位于距书芯上下各1/4处，允许误差±4mm。平订订锯与书脊间的距离为3mm～5mm；无坏订、漏订、重订，订脚平伏牢固；后背不可散页明订。裁切成品尺寸误差±1mm，四角成90°，无毛茬或缺损。

六、行政公文的制发与收文办理程序

(一)行政公文的制发程序

制发公文一般要经过草拟、审核、签发、复核、缮印、用印、登记和分发等程序。

草拟。草拟是拟写公文的最初阶段，包括准备、起草和修改三个阶段。准备阶段主要是明确行文宗旨，收集有关材料，选择恰当文种；起草阶段是将构思的内容用文字写成完整的公文初稿；修改阶段是对初稿加工润色直至定稿。

审核。审核又称核稿，指文稿在送领导签发之前，应当由办公厅(室)进行审核。审核的重点是：是否需要行文，行文方式是否妥当，是否符合党的方针、政策，公文格式是否合理、文字标点是否恰当等。

签发。签发是发文机关领导经过审核，在同意发出的文稿上签字的步骤。以本机关名义制发的上行文，由主要负责人或者主持工作的负责人签发；以本机关名义制发的下行文或平行文，由主要负责人或者主要负责人授权的其他负责人签发。

复核。复核是指由文秘人员对签发后的文稿进行最后复核，看审批、签发是否完备，附件材料是否齐全，格式是否统一、规范等。

缮印。缮印是指文件的印制和校对。

用印。用印是指按规范要求给印制好的文件盖上单位公章。

登记。登记是指将准备分发的公文的份数、分发单位等逐一记录清楚。

分发。分发是指按照主送单位、抄送单位的范围数量把文件送出去。

(二)收文办理程序

收文办理指对收到的公文的办理过程，包括签收、登记、审核、拟办、批办、承办、催办等程序。

签收。签收是指收发人员在有关文件送发的簿册上签字或盖章，以表示收到文件。

登记。登记是指按单位公文管理要求将收到的公文逐项登记记录。

审核。审核是指办公厅(室)对所收到的公文进行审阅核查，看是否应由本机关办理。

拟办。拟办是指办公厅(室)对文件的办理提出初步意见，并在“文件办理笺”上写明，以供领导参考定夺。

批办。批办是指领导将来文和附送的批办意见审阅后，对办理工作做出原则性的决定，并在“文件办理笺”上加以批示。

承办。承办是指有关部门或人员根据领导的批办意见，对文件中需办理的事项进行具体地处理。

催办。催办是指有关部门或人员按文件办理的时限对承办部门或承办人员进行及时检查和催促，加快公文运转，提高工作效率。

七、行政公文的写作要求

合法。行政公文要符合党和国家的方针、政策、法律、法令和上级机关的有关规定。

规范。要正确使用文种、格式规范；要观点鲜明、文字精练、语言朴实、结构严谨、条理清楚，篇幅力求简短；人名、地名、数字要准确无误。

属实。制发公文是为了反映并解决实际工作中出现的问题。为确保公文内容的客观和处理意见的正确性，就必须深入实际，调查研究，全面了解情况，实事求是地分析问题，这样才能写出内容属实可靠、意见切实可行的公文来。

八、行政公文与事务文书的异同

相同点：都有较为固定的体例格式，作者基本上都是单位或单位负责某一具体工作的同志。

不同点：事务文书的使用频率比行政公文高，使用范围更广；事务文书的政治性和政策性不及行政公文鲜明、显著；事务文书作者的法定性没有行政公文严格、明确，事务文书的作者可以是个人作者；事务文书在写法上比行政公文自由、灵活。

知识书签

人们常说，撰写公文要“吃透两头”。所谓的“两头”是指“上头”和“下头”，“上头”是要领会上级指示精神，“下头”是要了解实际情况，只有把“上下两头”结合起来，才能使公文的效用得以充分发挥。

思考与练习

一、名词解释

行政公文　上行文　发文字号　主送机关　签发　主题词

二、填空题

1. 行政公文是国家机关在______过程中所形成的具有______和______的公务文书。

2. 按行文关系的不同，可将行政公文分为______、______和______三类。

3. 按职能的不同，可将行政公文分为______、______、______、____、______和______性公文。

4. 人们一般习惯把一份公文划分为三部分，即眉首部分、主体部分和版记部分。眉首部分又称文头部分，通常是由______、______、____和______、______、______、______、______诸要素构成；主体部分又称行文部分，通常是由______、______、______、______、______、______、______、______诸要素构成；版记部分又称文尾部分，通常是由______、______、______和______诸要素构成。

5. 行政公文的正文一般包括______、______、______三部分。

6. 一份公文的制发程序是：（1）______；（2）______；（3）______；（4）______；（5）______；（6）______；（7）______；（8）______。

三、单项选择题

1. 公文写作是代本单位立言，体现本单位领导意图和愿望的写作活动。代本单位立言指的是(　　)。

A. 领导者　　B. 撰写者　　C. 签发者　　D. 发文者

2. 体现机关领导意图与愿望的写作活动称为(　　)。

A. 公文处理　　B. 公文写作　　C. 文章写作　　D. 公文办理

3. 发文机关要求对公文予以办理或批复的对方机关称为(　　)。

A. 收文机关　　B. 抄送机关　　C. 主送机关　　D. 领导机关

4. 公文主题词的标注位置在(　　)。

A. 文尾横线左上端，顶格书写　　B. 公文标题之下，右侧书写

C. 正文左下方，公文生效时间之上书写　　D. 抄送机关之下，左侧书写

5. 制发文件唯一可靠的标准稿本是(　　)。

A. 修改稿　　B. 定稿　　C. 送审稿　　D. 草稿

四、多项选择题

1. 行政公文的主要特点是(　　)。

A. 鲜明的政治性　　B. 高度的权威性　　C. 作者的法定性

D. 体式的规范性　　E. 显见的时效性

2. 在以下文种中，报请性公文可以使用的有(　　)。

A. 报告　　B. 意见　　C. 会议纪要　　D. 请示　　E. 办法

3. 在以下的行政公文结构要素中，处在公文文头部分的有(　　)。

A. 秘密等级　　B. 紧急程度　　C. 发文字号　　D. 主送机关

E. 标题

4. 发文字号是由(　　)组成的。

A. 机关代字　　B. 公文份号　　C. 年份　　D. 成文日期

E. 发文序号

五、判断题

1. 所有的行政公文都要标明签发人。(　　)

2. 行政公文生效的标志是加盖公章。(　　)

3. 凡是秘密文件都应当永久保密。(　　)

4. 行政公文的送审稿就是定稿。(　　)

六、判断说明题

1. 行政公文标题是对行政公文主要内容精确、简要的概括和揭示。

2. 行政公文质量的好坏，直接关系到公文效用的发挥。

3. 行政公文起草都应由领导人亲自动手。

七、简答题

1. 收文办理程序有哪些？

2. 公文写作有哪些基本要求？

八、论述题

1. 论述行政公文的重要作用。

2. 论述行政公文的体式包括哪些要素。

九、辨析题

下面是××县人民政府发出的一份通知，请根据行政公文体式规范指出其错误所在，并逐一分析说明和改正。

××县人民政府文件

×政办发〔2009〕79号

县人民政府切实做好春耕生产工作的通知

各乡镇党委、人民政府，县委、县政府各部门：

为了切实做好2009年春耕生产准备工作，加快实施“农业增效工程”，现将有关事项通知如下：

……

××县人民政府办公室(盖章)

二○○九年三月二十五日

主题词：生产　通知

抄送：市委领导

××县人民政府办公室　　二○○九年三月二十五日

共印26份

技能训练

由应用文写作课老师借一定数量的行政公文，分组组织学生阅读，让学生了解行政公文的格式和办理程序等技能。

第十九章 通知 通报 通告

第一节 通知

一、通知的概念

通知是行政机关、团体、企事业单位用于批转下级机关公文、转发上级机关和不相隶属机关公文、发布规章、传达要求下级机关办理和需要有关单位阅知或执行的事项，以及用来任免和聘用干部使用的一种文书。

二、通知的作用

通知的作用既带有指挥性又带有知照性，既可以下行文又可以平行文，主要是将某些事项，包括工作或活动计划的安排、情况、问题、政策、规定、意见等告知有关单位和人员，并作为遵照执行的依据和凭证。

三、通知的特点

广泛性。一是通知的使用范围广，不受发文机关级别的限制，任何机关部门都可以使用；二是内容涉及面广，可以是国家大事，也可以是具体的工作事项。三是作用广泛，既可以布置工作、发布指示、传达事项，又可以用来批转下级公文或转发上级机关或不相隶属单位的公文。四是使用频率高，约占各单位行文数量的一半以上。

专指性。通知的受文对象是确定的机关、单位和人员，是专指的、特定的。

灵活性。一是通知的发布形式多样，既可以以文种形式印发，又可刊于报纸杂志，也可用电视、广播发布。二是通知的写作灵活，可以是长篇，也可以是短篇，短则一两句话即可。三是通知的结构既可独段，又可分段完成。

时效性。通知要求制发及时，所通知的事项一般要求迅速办理、执行或知晓，必要时可用紧急通知。有的通知只在一定的时间内有效，时过境迁，就失去了效力，如会议通知。

四、通知的分类

按内容和功用的不同，可将通知分为批示性通知、指示性通知、知照性通知和任免性通知等几种。

(一)批示性通知

批示性通知有三种：颁发性通知、转发性通知、批转性通知。

颁发性通知：是指用来发布行政法规、规章或印发有关文件，并要求下级机关遵照执行的通知。

转发性通知：是指用来转发上级机关、同级机关或不相隶属机关的公文的通知。

批转性通知：是指下级机关的来文被上级机关批转后，成为上级机关公文的一部分，与“批语”组成批转性通知转发下级机关认真贯彻执行的一种下行公文。

(二)指示性通知

当上级机关对下属机关的某项工作有所指示和安排，但不宜用命令等文种时，可采用指示性通知。

(三)知照性通知

当需要告知某一具体事项时，可采用知照性通知。知照性通知可分为事项性通知和会议通知两类。

事项性通知。事项性通知用于向有关单位传达某一事项或某一信息，起告知的作用，如机构的设立或变更或撤销、单位更名、人事调整、迁移办公地点、启用或更换或废止印章、变更作息时间、公布假期安排、开展某项活动等。

会议通知。会议通知是指在召开某次会议前，提前发文通知有关与会人员做好参会准备的通知。

(四)任免性通知

当上级机关的有关任免事项需要下级机关知晓时，便会发出任免性通知。任免性通知是一种下行公文。

五、通知的写作

通知由标题、主送机关、正文、落款四部分构成。

(一)标题

通知的标题通常有五种形式。

第一，发文机关＋事由＋文种，如《中共中央办公厅　国务院办公厅关于严禁用公费变相出国(境)旅游的通知》。

第二，事由＋文种，如《关于对青少年进行爱国主义和革命传统教育的通知》。

第三，发文机关＋文种，如《中共中央紧急通知》。

第四，文种。用文种“通知”做标题，多用于非正式文件的一般日常性和事务性的通知，如《通知》。

第五，特殊情况的通知标题。

(1)当标题是通知事项时，可在文种前加“重要”或“紧急”两字，如《国务院办公厅关于切实加强安全工作有关问题的紧急通知》。

(2)如果通知的内容是对前一文件内容的补充，可在文种前加“补充”两字，如《×××的补充通知》。

(3)几个单位联合形成的通知，可在文种前加“联合”两字。

(4)批示性通知的标题。在事由前加“发布”或“批转”或“转发”两字，如《国务院关于发布

〈国家行政机关公文处理办法〉的通知》。

(5)任免性通知的标题。由发文机关＋人员姓名＋“任职”(“免职”或“任免职”)＋文种，如《××市人民政府关于×××同志任职的通知》、《××市人民政府关于××等四位同志职务任免的通知》；如果是两人任免的通知，则在姓名后加“二同志”三字，如《××市人民政府关于×××和×××二同志任免的通知》；如果是3人(含3人)以上同志任免职务的通知，则在1人姓名后加等字，不需一一列出，如《××市人民政府关于×××等六名同志任免的通知》。

(二)主送机关

主送机关即受文对象。如果是印发的公文，主送机关的名称按惯例排列；如果是在报纸等新闻传媒上公布的知照性通知，其主送机关可以省略不写。

(三)正文

通知的正文一般由缘由、事项、要求三部分构成。

缘由主要写明发该通知的原因、理由、根据和目的，如“根据××会议精神”、“目前，许多地方出现了……”、“据反映……”等。过渡领引下文的语言，常用“现将有关事项通知如下”、“特此通知如下”、“特作如下紧急通知”等。

事项是通知的主体部分，要求写明通知的具体内容，如需要知晓些什么事、遵守些什么事、执行贯彻些什么事等。

要求是通知正文部分的结尾，它是对贯彻执行该通知提出的希望和要求。如“请遵照执行”就是要求在贯彻执行中不打折扣，必须严格按照通知意见和要求去做；“请结合实际，参照执行”则有一定的灵活性，要求从实际出发。有的通知在正文的主体部分已说明了要求，则不再写通知的要求。

各类通知在写作中，其正文的写法有所不同，现介绍如下：

第一，批示性通知的正文一般由批示意见和需批转、转发、发布的文件构成一个整体。写这种通知时，主要写批示意见。批示意见有两种写法：

一是写明发文机关对批转、转发、发布文件的态度，然后提出贯彻执行意见、要求，往往是一句话。批转性通知的常用态度用语是“批准”、“同意”。如《国务院批转国家药品监督管理局〈药品监督管理体制改革方案〉的通知》，其正文只有一句话：“国务院同意国家药品监督管理局《药品监督体制改革方案》，现转发给你们，请认真贯彻执行”。缘由是国务院对国家药品监督管理局来文的批示，事项是批转国家药品监督管理局的来文，结尾是请认真贯彻执行。转发性通知在引用所转发文件的标题后，还需在括号内引上发文字号，如“现将《国务院关于×××的通知》(国发〔2000〕×号)转发给你们，望遵照执行”。发布性通知没有此要求。

二是除交代批准、转发、发布文件的原制发机关和名称外，还要说明目的、意义，做出指示，提出要求。

另外，对批转、转发、发布原制发文件的执行力度要有分寸，是“遵照执行”，还是“参照执行”；是“研究执行”，还是“结合实际情况贯彻执行”，都应写清楚。

第二，指示性通知的正文包括缘由、事项和要求。

第三，事项性通知的正文主要是把缘由和事项说清楚就行。

第四，会议通知的正文包括会议名称、召开会议的目的和依据、会议的内容和任务、会议的起止时间和地点及联络人、对参会人员身份的要求、对与会人员会前准备工作的要求、其他需要事先说明的事项。

第五，任免性通知的正文只需写明什么会议决定，任命什么人担任什么职务，免去什么人的什么职务即可，不必说明原因。

(四)落款

在正文的右下方署名并写上日期，加盖印章。若是标题上有署名或文件有版头，署名可省略。

六、通知的写作要求

第一，要规范使用不同种类的通知。通知的功能很多，必须掌握各类通知的区别和用法。

第二，宜详则详，宜简则简。指示性的通知、会议通知，内容应详细、周到；发布性、转发性、批转性通知内容则相对简要。

第三，通知事项必须清楚明确。即要明白无误地提出工作任务和要求，交代应知或应办的事项，切忌泛泛而言，令人不得要领。

例文 1：事项性通知

通知

为了组织好春游活动，兹定于×月×日上午 9 点整在校办公室召开各班班主任及班长、团支部书记会议，研究有关春游的具体事项，请以上人员准时到会。

特此通知

××学校办公室

×年×月×日

例文 2：会议通知

××市人民政府

关于召开全市职教工作会议的通知

各市(县、区)人民政府、市属中等职业学校：

经市政府同意，兹定于 3 月 10 日在××大酒店召开全市职业教育工作会议，总结 2005 年全市职业教育工作，研究部署 2006 年工作任务。具体事项通知如下：

一、与会人员

各市(县、区)分管教育工作的副市(县、区)长、教育局局长、职业中学校长、市属职业中专校长各 1 人。

二、会议时间、地点

会议时间：3 月 9 日报到，3 月 10 日～11 日开会。

会议地点：××大酒店。

三、注意事项

1. 与会人员请于 3 月 6 日前将与会人员单位、姓名、性别、民族、职务等事项报市教育局职教科。

2. 往返路费和住宿费自理，由原单位负责报销。

联系人：×××

电　话：×××××××

传　真：×××××××

××市人民政府

二〇〇六年×月×日

第二节　通报

一、通报的概念

通报是用于表彰先进，批评错误，传达重要精神或情况的一种下行公文。

二、通报的作用

表彰先进，弘扬正气。表彰在工作、生产、科研中涌现出来的先进人物和先进集体，宣传其先进事迹，广泛推广其成功经验，起鼓励先进、激励群众、示范指导工作的作用。

批评错误，抵制歪风。批评有关单位、有关人员所犯错误，从中吸取教训，引以为戒，严防类似错误再次发生，使当事人受到鞭策，让广大干部和群众受到教育。

交流情况，互通信息。传达重要会议精神或情况，达到统一思想、提高认识、明确方向、协调配合、互相促进工作的目的。

三、通报的特点

严肃性。无论哪一种通报都要涉及情况的说明，说明情况要慎重，要以确凿无误为前提。为此，在动笔前必须将事实核对清楚，在写作中要把握好分寸，决不能按主观想象随意编造情况。对情况的分析、判断要以事实为基础，以法规为依据，不能妄下结论。

教育性。表彰通报是通过表彰先进典型，让先进思想发扬光大，鼓舞群众学先进、找差距；批评通报则是一方面让当事人认识错误、改正错误，另一方面让人们吸取教训、引以为戒；情况通报则是通过传达交流重要精神或情况引起人们的注意。三者的目的都是为了让人们从中受到教育。

典型性。无论是表彰通报还是批评通报，也无论是传达重要精神还是情况通报，所举事例都应十分典型，以使通报内容具有广泛的指导性和普遍的实用性。

时效性。制发通报是为了有利于当前工作的顺利进行，因此，无论是先进典型，还是重要情况，或者是错误事实，一旦出现，通报就要及时制发，过时的通报则成了“马后炮”，再好也没有意义。

四、通报的分类

根据内容的不同，通报可以分为表彰性通报、批评性通报和情况通报三种。

表彰性通报。用于对先进人物、先进单位进行表扬，树立典型，推广经验，号召广大干部、群众向先进人物或先进单位学习，把工作做得更好。

批评性通报。用于批评、揭露个人或单位的违法乱纪行为，纠正不正之风，引起警戒，吸取教训，改进工作。

情况通报。用于传达事关全局或本系统、本单位某一方面的重要情况，或传达上级的重要指示。

五、通报的写作

通报由标题、主送机关、正文和落款四部分组成。

(一)标题

标题通常有以下四种形式。

发文机关＋事由＋文种，如《国务院办公厅关于表彰奖励中国女子排球队的通报》。

事由＋文种，如《关于2000年上半年公文处理情况的通报》。

发文机关＋文种，如《××市纪律检查委员会通报》。

文种，如《通报》。

(二)主送机关

主送机关即通报的受文机关。有明确发文范围的通报要写明主送机关，如果通报是通过登报、张贴等形式发布，可不写主送机关。

(三)正文

正文由情况缘由、分析评价、决定事项、希望要求四部分组成(如下表)。

种类 / 内容 / 项目	表彰通报	批评通报	情况通报
情况缘由	缘何发通报或叙述主要事迹(时间、地点、人物、事件等要素)	缘何发通报或公布错误事实(时间、地点、人物、事件等要素)	介绍情况或传达重要精神
分析评价	说明意义、重要性、经验等	分析根源、危害性、教训等	表明意见和态度
决定事项	表彰、奖励决定	处理、处分、决定	
希望要求	号召学习先进榜样，弘扬精神	要求吸取教训，引以为戒	努力的方向，改进的措施

(四)落款

落款包括发文机关署名和成文日期。若在标题中有发文机关名称，则只需写成文日期，加盖公章即可。

六、通报的写作要求

第一，客观真实。通报中所通报的情况，或表彰或批评的事例，必须是真实可靠、客观存在的。写作前要对有关事实材料进行反复调查核实，务求准确反映客观事实。写作过程中不得对事实材料任意作主观夸大或缩小，更不能虚构和捏造，必须实事求是，入情入理。

第二，事例典型。通报要选取典型的、有代表性的、有普遍指导意义的事例，使通报具有教育性，真正起到教育鼓励或引起警戒的作用。

第三，把握时机。通报有很强的时效性，应抓住时机，及时将先进典型经验予以宣传推广，对反面典型予以揭露批评，对重要情况予以公布，起到交流情况、指导工作的作用。

例文：

关于对县水泥厂实现安全生产的表彰通报

县水泥厂采取有力措施，切实贯彻执行《安全生产条例》，建立安全岗位责任制，××年全年生产无事故，成为我县三年安全生产的优秀企业。为此，县政府决定对县水泥厂给予通报表扬，并奖励锦旗一面，奖金20万元。

县政府号召全县各企业以县水泥厂为榜样，层层建立健全安全生产岗位责任制，扎扎实实地抓好安全生产，争创安全生产企业，把我县安全生产推上一个新台阶。

××县人民政府(公章)

××年×月×日

第三节 通告

一、通告的概念

通告是在一定范围内向有关单位和群众公布应当遵守或者周知的事项的公文。

二、通告的作用

通告具有直接生效的法律作用，除此之外，还有知晓作用、执行作用、教育作用。

三、通告的特点

广泛性。通告的发文机关级别和使用范围不受限制，知晓公文内容的对象(本单位人员、当地群众、流动人口)不受限制。可以说，通告是一种公开的通知。

公布性。通告是公开发表和张贴的，也可以采取广播、电视等形式公布。

四、通告的分类

通告通常分为法规性通告和事项性通告两种。

法规性通告：是在一定范围内公布政策和法规，并要求有关人员必须遵照执行或强制执行的通告，如《关于坚决清理乱收学费的通告》。

事项性通告：是执行机关或专业性部门在一定范围内向单位和人民群众公布具体事项的通告，如《停电通告》。

五、通告的写作

通告由标题、正文和落款三部分组成。

(一)标题

标题通常有以下四种形式。

第一，发文机关＋事由＋文种，如《××市交通局关于龙舟比赛封航的通告》。

第二，发文机关＋文种，如《××市交通局通告》。

第三，事由＋文种，如《关于龙舟比赛封航的通告》。

第四，文种，如《通告》。

(二)正文

通告的正文一般由缘由、事项、结尾三部分构成。

缘由主要阐明发布通告的目的、原因和意义。常用“特此通告如下”、“现通告如下”过渡语引起下文。

事项是要求人们遵照或应该知晓的具体内容。在具体安排上，可分条列项，也可不分段落条款。

结尾处可以指明执行时间、执行范围和有效期；可以提出希望和号召；可以以“特此通告”、“此通告”结尾。有的通告没有结尾。

(三)落款

若标题中有发文机关，落款处不再写发文机关，只写发文日期，盖上公章即可。

六、通报、通知、通告的区别

第一，告知的内容不同：通知可以发布行政法规和规章，批转和转发公文，传达需办理和周知的事项等；通报的内容具有较强的典型性和褒贬性；通告具有传达和告知的作用。

第二，表现方法不同：通知主要是叙述；通告主要是说明、议论；通报则叙述、说明、议论兼用。

第三，告知的时间不同：通报以事实为前提，只有在事后才能告知；通知和通告告知的是事项，一般是在事前告知。

第四，告知的对象不同：通告告知的对象包括本单位人员和社会人员；通知和通报告知的是本单位人员，但通知有专指性，通报的告知对象没有专指性。

第五，行文方式不同：通告多用张贴、登报或广播、电视等形式公布；通知、通报一般以“红头文件”下发，偶尔刊登于报纸、杂志，或以广播、电视的形式发布。

七、通告的写作要求

第一，政策性强。通告所规定的事项必须符合党的方针、政策，要写明法规依据，以便执行。

第二，行文具体。要让人们较为容易地了解、掌握通告的内容，必须做到行文具体，中心突出，绝不能东一榔头，西一棒槌。

第三，语言通俗。通告面向社会公众，具有告知性。因此，语言要通俗易懂，言简意赅，常采用“希望、请、拟”等词语。

例文：

×××学校关于加强安全保卫工作的通告

近日来，我校学生宿舍连续发生被盗事件，为保证学生的财产安全，维持正常的教学秩序，特作如下通告：

一、凡是学校师生员工出入校门，一律佩戴校徽，否则，门卫值班人员有权禁止其出入。

二、外来人员进入学校，必须持身份证或所属单位的介绍信进行登记。出学校时，必须接受行李物品检查。

三、学生家长住宿舍应得到校保卫科的批准。在住宿期间，校内如果发生偷盗，住宿者应接受保卫科的审查。

四、校内各科室和教职工住宅、学生宿舍务必关好门窗。

本公告自×年×月×日起生效。

×年×月×日

知识书签

通知、通报、通告都带有一个“通”字，即通通告知的意思，但是三者“通”的范围不一样：通告面对的是发文单位的内外群体；通知和通报则面对发文单位管辖范围，且二者的内容不一样，通知着重在“知”，且要知而行；通报着重在“报”，多用于传播信息。

思考与练习

一、名词解释

通知　　通报　　通告

二、填空题

1. 通知的正文，一般由______、______、______三部分组成。为了交代制发通知的根据和目的，常用“______”、“______”等惯用语句过渡引起下文。

2. 在一定范围内应当遵守和周知事项的公文是______，其作用有______、______、______、教育作用。

3. 通报一般由______、______、______、______四部分组成。

三、判断题

1. 通告带有知照性，既可以下行文又可以平行文。（　　）
2. 通告适用于在一定范围内公布应当遵守或执行的事项。（　　）
3. 通报是在一定范围内表彰先进、任免人员、传达事项的告知性公文。（　　）

四、单项选择题

1. 下列公文中，使用频率最高，应用最广泛的一种文种是(　　)。

A. 通知　　B. 通报　　C. 通告　　D. 决定

2. 表扬好人好事，需用(　　)。

A. 通知　　B. 通报　　C. 通告　　D. 决定

3. 转发上级机关和不相隶属机关的行政公文应当使用(　　)。

A. 转发性通知　　B. 批准性通知　　C. 事务性通知　　D. 政策性通知

4. 在以下文种中，可以用来任免人员的文种是(　　)。

A. 通知　　B. 通告　　C. 通报　　D. 报告

五、多项选择题

1. 在以下文种中，属于告知性行政公文的文种有(　　)。

A. 通告　　B. 通知　　C. 通报　　D. 报告　　E. 请示

2. 通知的主要特点是(　　)。

A. 广泛性　　B. 专指性　　C. 灵活性　　D. 时效性

E. 批转性

六、简答题

1. 通知标题的写作有哪几种形式?
2. 通报、通知、通告有哪些区别?

技能训练

1. 上课时教师宣读一则好人好事，组织学生进行讨论，并由学生依据讨论结果写一份表彰性通报。

2. ××公司拟召开工作会议，内容主要是传达市经委工作会议精神，总结今年的工作，布置明年的任务，要求公司所属的各部门主要负责人参会。与会人员需带今年的工作总结暨明年的工作计划，会议时间是2009年12月27日，要求提前一天报到，会议地点是×××酒店。请按要求拟写一份该会议的通知。

3. 根据学校管理要求，校园周边100米范围内不许经营网吧，请据此内容写一份通告。

第二十章　报告　请示　批复

第一节　报告

一、报告的概念

报告是行文单位向上级机关汇报、反映情况，提出意见和建议，答复上级机关的询问，以取得上级对工作的支持和指导的一种陈述性的上行公文。

二、报告的作用

第一，向上级机关汇报工作进展情况、经验教训、今后的工作打算。

第二，向上级机关反映工作中出现的重大、紧急情况或未曾遇到的新情况。

第三，答复上级机关对某些具体事项的查询。

第四，向上级机关报送材料。

第五，上级机关将下属单位呈报的报告用作指导全局工作的依据。

三、报告的特点

汇报性。报告是下情上达的重要工具，它要求把发生在本单位的客观情况、事实陈述出来，让上级机关知晓，以利于科学决策和指导工作。

陈述性。报告主要采用叙述手法，直陈其事，向上级机关讲明自己做了哪些工作，是如何做的，有哪些经验和体会，还存在哪些问题，今后有什么打算等。

信息性。对上级机关来说，报告是一种重要的信息来源，上级可根据报告情况，制定出切实可行的工作措施。

四、报告的分类

(一)根据报告的性质分类

根据报告的性质，可将报告分为以下六种。

1. 工作报告

工作报告是就本部门、本单位的日常工作情况向上级机关作出的报告，内容包括工作的进展情况、取得的成绩和经验、存在的问题和教训，以及今后的工作打算。工作报告根据内容的范围不同分为综合工作报告和专题工作报告。

综合工作报告：是反映本地区、本单位全面情况的报告。这种报告内容全面，篇幅较长，是全面总结并向上呈报的主要形式。

专题工作报告：是内容单一，单就某一方面情况、某项工作或某个活动向上级所作的报告。专题报告突出“专”字，是一事一报的专门性报告。

2. 情况报告

情况报告是本系统或本单位在工作中出现新情况、新问题或某种突发性事故，需要向上级及时汇报、反映情况时而写的报告。

3. 建议报告

建议报告是针对本系统或本单位的工作中出现的某些问题、具体情况，提出合理化的建议或改进意见，经上级领导审定，获得批准并同意实施后，要求上级转发至有关单位执行而写的报告。

4. 答复报告

答复报告是针对上级对某项工作、某些情况、某些问题查阅、了解时所写的报告。一般询问，下级可以口头答复。比较重要的事项下级应予以书面报告，有所问才有所答，不问则不答，不得答非所问，这就必须紧紧抓住“问”和“答”行文。

5. 报送报告

报送报告是向上级机关报送文件时加在该文件前面的一种上行公文，此种公文是不能直接行文的普通公文，如计划、总结、调查报告、论证报告、可行性研究报告等，只能以法定公文的形式呈报上级。

6. 会议报告

会议报告是在会议上陈述工作情况、提出问题和意见时使用的一种报告，或报送上级机关参考的一种公文。

(二)根据报告的行文目的分类

根据报告的行文目的可将报告分为以下两种。

1. 呈报性报告

呈报性报告是指单纯向上级机关汇报工作、反映情况，不提出意见，不要求上级转发的报告，如工作报告、情况报告、答复报告。

2. 呈转性报告

呈转报告是既反映情况，又提出意见，甚至会写明具体的措施和方法，请上级审阅批转有关单位的报告，如建议报告。

五、报告的写作

报告一般由标题、主送机关、正文和落款四部分构成。

(一)标题

报告的标题有两种形式。

第一，发文机关＋事由＋文种，如《××县人民政府关于整顿市场经济秩序的报告》。

第二，事由＋文种，如《安全生产工作报告》。

(二)主送机关

报告的主送机关一般是一个。若还要报给其他上级机关，则用抄送的形式。

(三)正文

报告的正文通常分为缘由、事项和结尾三部分。

1. 缘由

主要是写报告的依据、目的、原因或基本情况，但不同种类的报告缘由部分写法不同。工作报告的缘由主要是介绍所做工作；情况报告的缘由主要是交代所发生的情况，如何人、何地、何事、何因、何果等；建议报告的缘由着重阐述所提建议的依据；答复性报告的缘由主要是引据上级询问文件的标题、发文字号。缘由部分结束时常用惯用语“现将有关情况报告如下”过渡引领下文。

2. 事项

这部分是报告的核心，写法因报告种类的不同而不同。工作报告的事项部分主要写做了哪些工作、做得怎样、取得的成绩、存在的问题、今后工作设想及建议；情况报告的事项部分主要是介绍情况、分析情况和提出解决问题的意见和办法；建议报告的事项部分主要是逐一列出具体的建议和意见；答复报告的事项部分主要是针对询问作出明确答复即可；报送报告一般只用一句话把所报文件的名称、份数说清楚即可。

3. 结尾

通常用程式化用语作报告的结尾。工作报告和情况报告常采用“特此报告”、“以上报告，请审阅”；专题报告常采用“以上报告若无不当，请批示执行”；建议报告常采用“以上报告如无不妥，请批转各有关部门执行”。

(四)落款

落款包括发文机关署名和成文日期。若在标题中有发文机关名称，只需在正文右下方写成文日期，加盖印章即可。

六、报告和总结的区别

第一，报告对做过的工作一般只叙述(即做了什么)，不作议论评价；总结必须进行议论(即做得怎么样，为什么这样做)。

第二，报告可用大量篇幅来写建议或意见，而总结只有介绍经验的功能。

七、报告的写作要求

第一，立意要新。立意即确立主旨需新颖、深刻。

第二，内容要实。报告是上级了解情况、指导工作的依据。因此，材料必须真实可靠，有喜报喜、有忧报忧，一分为二，不能文过其实、弄虚作假、欺骗上级，造成工作上的失误。

第三，重点突出。大多数报告的容量大，涉及的材料多，写作时不能面面俱到，什么都写。要有针对性地选取主要的事实材料，然后进行合理组织，做到重点突出、主次分明、有详有略、条理清晰。

第四，不夹请示。上级对报告是不批复的，因此，报告中不能夹带请示事项。

第五，不能越级。为维持正常的公文办理程序，报告不得越级报送。

例文 1：答复报告

××××学校关于工会干部有关待遇的报告

市总工会：

×月×日函悉。现将我校工会干部有关待遇报告如下：

一、我校基层工会主席由教师兼任，每月减免工作量 10 学时。

二、我校工会委员由教师兼任，每月减免工作量 6 学时。

专此报告。

××××学校工会(公章)

×年×月×日

例文 2：报送报告

关于 2007 年工作总结暨 2008 年工作安排的报告

市政府办公室：

现将我校《2007 年工作总结暨 2008 年工作安排的报告》一式两份呈送。请予以审阅。

附件：××××学校 2007 年工作总结暨 2008 年工作安排的报告

××××学校(公章)

二〇〇七年×月×日

第二节　请示

一、请示的概念

请示是下级机关向上级机关或业务主管机关请示指示，审核批准某一事项时使用的一种上行公文。

二、请示的作用

请示用于请示上级机关或业务主管机关对某一问题或某项工作的处理给予指示或批准。

三、请示的特点

请求性。凡是请示都对上级机关有所求，请求上级领导解决工作中存在的问题和困难。

先行性。请示需要在事前行文，请示的事项有待上级领导明确表态后方可执行。

专项性。请示的行文方向是明确而固定的，即只能写给有隶属关系的上级机关。

单一性。请示的行文要求一文一事。

四、请示的分类

请示通常分为请求指示的请示、请求批准的请示、请求批转的请示、请求帮助的请示等。

请求指示的请示：是请示单位对有关方针政策的理解和执行不够明确或存在不同理解之处，需要上级机关给予原则上的指示时所使用的一种上行公文。

请求批准的请示：是请示单位对管辖区域的变更、机构设置、人员定编、人事安排、资产购置、财款动用等问题向上级机关请示办理的一种上行公文。

请求批转的请示：是请示单位将请示的事项报请上级机关批转执行的一种上行公文。

请求帮助的请示：是请示单位因工作中遇到无力解决的困难，请求上级提供具体帮助的一种上行公文。

五、请示的写作

请示通常由标题、主送单位、正文和落款四部分组成。

(一)标题

请示的标题有两种形式。

第一，发文机关名称＋事由＋文种，如《××学校关于建立植物园的请示》。

第二，事由＋文种，如《关于统一管理城乡土地的请示》。

(二)主送机关

主送机关只能写一个，且必须是有权批准请示事项的直接上级。如果是有双重领导的单位，也必须只主送一个上级机关，若还需要报给其他上级机关，则用抄送的形式。如果写上两个或两个以上主送的上级机关，很可能造成互相推诿而贻误工作。

(三)正文

正文由缘由、事项、结尾三部分组成。

缘由。写明请示的依据或理由。请示的目的之一是要得到上级领导的批准，所以缘由部分依据一定要充足，理由一定要充分，要有说服力，符合实际情况。

事项。主要写请示什么问题，要求批准什么事项，要解决什么问题，给予什么指示等。

结尾。请示的结尾分两种：一种是请求批准请示的结尾，常用的惯用语为“以上请示当否，请批示”。另一种是批转请示的结尾，常用的惯用语为“以上请示若无不妥，请批转有关部门执行”。

(四)落款

落款包括发文机关署名和成文日期。若在标题中有发文机关名称，在此处只要写成文日期，加盖印章即可。

六、请示与报告的区别

第一，行文目的不同。请示行文主要是为解决问题而写，请求上级给予批复或指示；报告行文主要是汇报工作、反映情况、答复询问等，一般不要求上级回文答复。

第二，行文内容不同。请示内容单一，一份请示只涉及一个问题，一文一事；报告的内容可数事并谈，同时汇报。

第三，行文时间不同。请示必须在事前行文，不允许先斩后奏；报告在事前、事中、事后均可行文。

七、请示的写作要求

第一，一文一事。一份请示只能写一件事，如果一文多事，会导致受文机关无法批复。

第二，单头请示。制发请示要坚持“谁主管，请示谁”的原则，只能主送一个上级机关或主管部门。如果需要，可抄送有关上级机关。

第三，不越级请示。如有特殊情况必须越级请示时，要同时抄报越过的上级机关。除个别领导人直接交办的事项外，请示一般不直接呈送领导个人。

第四，不抄发下级。请示是上行文，不得抄发下级造成工作混乱。

例文：

××学校关于倡导教职工集资建宿舍的请示

×××：

我校现有教职工283人，教职工宿舍仅有4栋72套住房。许多教职工因校内无住房，只能到校外四处租房，既给学校管理带来不便，又影响了教职工教书育人的积极性。而多数教职工均为财拨工资，有一定数额的存款，他们均提出希望在校园内建盖教职工宿舍，自己投资建盖。因此，学校认为集资建盖教职工宿舍，既减轻了学校的负担，又解决了教职工的住宿问题，是件一举两得的好事。

以上请示当否，请批示

××学校(公章)
××年×月×日

第三节　批复

一、批复的概念

批复是上级机关对下级的请示事项给予答复和批示的一种下行文。“批复”的“批”即批准，对下级的请示表明态度，或同意或不同意等。“复”即答复、回复，是对下级请示事项的具体意见。没有下级对上级的请示，批复就无由而发。批复和请示紧密结合，这在行政公文中是唯一的。

二、批复的作用

通过批复，上级机关对下级的请示作出具体明确的答复和指示，可使下级机关在执行政策和处理公务时有所依据，或者及时得到必不可少的帮助。

三、批复的特点

权威性。批复是答复下属请示事项的回复性公文，发自上级机关和业务主管机关，代表着领导机关的意愿和对重大事项的权威性答复。

针对性。批复是针对请示事项而行的公文，不涉及事项以外的任何内容。

回复性。上级机关和业务主管机关对下级的请示事项无论同意与否，都必须有针对性地给予答复。

简要性。批复对请示的事项只作原则性、结论性的表态，不需作具体的分析和阐述，词语简明扼要。

四、批复的种类

指示性批复：是指对请求指示的请示的答复。

批准性批复：是指对请求批准的请示的答复。

五、批复的写作

批复由标题、主送机关、正文和落款四部分组成。

(一)标题

批复的标题有四种形式。

事由＋文种，如《关于加强政策研究工作几个问题的批复》。

发文机关＋事由＋文种，如《××县人民政府关于同意新建实验高级中学的批复》。

发文机关＋事项＋行文对象＋文种，如《国务院关于同意××省设立××市给××省人民政府的批复》。

发文机关＋原件标题＋文种，如《××县人民政府〈关于修建××电站的请示〉的批复》。

(二)主送机关

批复的主送机关是与批复相对应的请示发文机关。

(三)正文

正文由缘由、事项、结尾三部分组成。

缘由。缘由指批复的原因和根据。一般只用一句话写明来文日期、标题和发文字号以及收文情况，然后通常用固定句式“已收悉，经研究，现批复如下”过渡到下文。

事项。事项是对请示中所提出的问题、意见或要求给予明确的答复，即是否同意，是完全同意，还是部分同意。若表示不同意或不批准，则需说明理由。有的批复，在事项中还会提出执行时间要求，或意见、要求、希望。

结尾。批复常用惯用语“此复”、“特此批复”等结尾，也有自然结尾的。

(四)落款

落款处写明发文机关和发文日期。标题中已有发文机关的，可只写发文日期，加盖印章。

六、批复与批转通知的区别

第一，从功能方面看：批复具有专向性，主送机关一般只有一个，因此，批复意见对非请示单位无任何意义。批转通知大多数是普发性文件，具有广泛的指导意义。

第二，从结构方面看：批复是直接对请示机关行文，不涉及其他单位，因此，不必附请示原件。批转通知针对的单位不止一个，因此，必须将所批文件作为附件置于批语之后。

七、批复的写作要求

第一，有“的”而发，专向行文。批复是对下级请示事项的答复，下级有请示，上级才能针对该请示答复。因此，批复的内容应紧紧扣住来文中请示的事项，给予指示或表明态度，不能答非所问。

第二，有“请”必复，态度鲜明。下级有请示，上级机关必须给予答复。上级机关的答复，无论是解释政策，还是审批事项；是同意，还是不同意；是部分同意，还是暂时不议；均要旗帜鲜明地表明态度。对请示中提出的问题，包括比较棘手的问题，不躲闪、不回避，切忌含糊其辞、模棱两可。

第三，原则指示，方向明确。请示事项的具体执行和办理，上级机关不可能处处点到，所以，批复中关于总的工作方针的指示意见，只能是原则性的、方向性的，而不能样样都规定得非常详细。

第四，理由充分，行文及时。在批复中无论是对有关政策作出解释，还是对有关事项表明态度，都要有可靠的根据和充足的理由。领导机关应急下级之所急，接到请示后，就要及时研究，及时批复，决不可拖拉，更不能推诿扯皮。

例文：

××省教育委员会关于验收普及初等教育请示的批复

×××：

你们《关于验收普及初等教育的请示》(××〔19××〕×号)已收悉，经省委及初等教育检查验收小组研究，同意于×年×月×日到你处检查验收。

此复

××省教育委员会(公章)

一九××年×月×日

知识书签

上级机关分上级行政主管机关和上级业务主管机关。上级行政主管机关是指拥有“三权”的机关，即人事权、财政权、业务权；上级业务主管机关是指拥有业务领导权的机关。

思考与练习

一、名词解释

报告　　请示　　批复

二、填空题

1. 使用批复的先决条件是下级机关上报______。

2. 请示的主要特点是______、______、______、______。

3. 请示通常分为______、______、______、______等几类。

4. 报告按性质的不同可分为______、______、______、______、______和______。

5. 批复通常分为______和______两类。

三、单项选择题

1. 下列行政公文中属于上行文的一组是(　　)。

A. 通知、通告　　B. 批复、请示　　C. 报告、请示　　D. 请示、通知

2. 把自己的工作进程、成绩、经验、存在的问题和教训，以及今后工作的打算向上级汇报，应采用的行政公文是(　　)。

A. 工作报告　　B. 情况报告　　C. 建议报告　　D. 答复报告

3. 请示单位因工作中遇到无力解决的困难，请求上级帮助解决，应写(　　)。

A. 请求指示的请示　　B. 请求批准的请示　　C. 请求帮助的请示　　D. 请求批转的请示

4. 报告是下级机关向上级机关呈送的(　　)。

A. 陈述性公文　　B. 告知性公文　　C. 建议性公文　　D. 回复性公文

5. 上级机关答复下级机关的请示事项应当使用(　　)。

A. 批复　　B. 批示　　C. 通知　　D. 报告

四、多项选择题

1. 报告的使用范围主要有(　　)。

A. 向上级机关请求批准　　B. 向上级机关请求指示

C. 向上级机关汇报工作　　D. 向上级机关反映情况

E. 答复上级机关的询问

2. 请示的使用范围是(　　)。

A. 向上级机关请求指示　　B. 向上级机关请求批准

C. 向上级机关反映情况　　D. 向上级机关汇报工作

E. 对重要问题提出建议

3. 报告的写作要求是(　　)。

A. 立意要新　　B. 内容要实　　C. 重点突出　　D. 不夹请示

E. 不能越级

4. 请示的行文规则是(　　)。

A. 一文一事

B. 只写一个主送机关

C. 不越级请示

D. 受双重领导的机关向上级请示，要分清楚主送机关和抄送机关

E. 受双重领导的机关向上级请示，要同时报送

5. 批复的主要特点有(　　)。

A. 权威性　　B. 针对性　　C. 回复性　　D. 简要性

E. 超前性

五、判断题

1. 批复是上级机关对下级机关就某一问题所作的表态，不必考虑措辞。（　　）

2. 为了提高工作效率，在一份请示中，可以把几件事写在一起。（　　）

3. 报告的主送机关一般只有一个，若还需要报给其他上级机关，可用抄送的形式。（　　）

六、简答题

1. 报告和请示有哪些区别？

2. 请示的正文如何写作？

七、对下面的公文从标题、格式和语言方面进行修改

××学校关于购买冰箱的申请报告

市财政局：

我校学生食堂是新建食堂，位于校东南角学生宿舍左侧，系利用学校旧仓库改建而成。食堂内桌椅齐全，光线充足，通风良好，现在每天有近千名学生用餐。但是，食堂到现在还没有冰箱，副食无法保管，经常腐烂变质，第一天中午做的菜，第二天上午就有味了，给食堂管理造成很大困难，严重影响食堂卫生和学生身体健康。为了搞好食堂卫生，保证学生身体健康，搞好学习，顺利完成教学计划，经我校领导研究决定，购买大号冰箱两台，约需人民币12000元，市经委已同意拨款。

请示妥否，请批示！

××学校(公章)

××年×月×日

技能训练

组织全班同学对学校办学条件进行一次摸底调查，将发现的问题进行整理归类，找出急需解决而学校自身又无力解决的问题，拟写一份请示，请求学校主管部门给予解决。再根据以上请示，模拟学校主管部门的身份，写一份批复。

第二十一章　函

一、函的概念

函是平行机关或不相隶属机关之间，互相洽谈和联系工作、询问和答复问题、请求批准和答复审批事项时所用的一种公文。

二、函的作用

各单位之间的函件来往，本身既有彼此办理或处理某些事项的客观凭证作用，又有沟通和联系作用，也有业务指导作用。

三、函的特点

广泛性。函广泛应用于不相隶属机关或平行机关之间，对于广泛开展各项业务工作有积极的联系和沟通作用。

灵活性。一是行文关系灵活，可上行文、平行文、下行文；二是格式灵活，篇幅可长可短。

单一性。一函一事。

四、函的分类

第一，按性质划分，可分为公函和便函。公函用于机关单位正式的公务活动往来；便函用于日常性工作的处理。便函不属于正式公文，本书介绍的是公函。

第二，按发文方向划分，可分为致函和复函两种。致函即主动提出公事事项所发出的函；复函则是回复对方所发出的函。

第三，按内容和用途划分，可分为商洽函、询问函、请批函、告知函、答复函、审批函等。

商洽函：是用于不相隶属单位之间商洽、联系、协调某一问题或某项工作时而使用的一种协商事宜和要求的公文。

询问函：是不相隶属单位之间了解情况、征求意见、核查问题、催办事宜等情况下使用的函。

请批函：是无隶属关系的业务主管部门请求批准某些事项时使用的函。

告知函：主要用于把某些具体事项告知有关单位，是无须对方回复的主动发函，在不相隶属的单位之间均可以使用。

答复函：是对来文机关所询问的问题和事项给予解答时使用的函。

审批函：是对不相隶属单位之间来文请批的事项审批后所作出答复的函。

五、函的写作

函由标题、主送机关、正文和落款四部分组成。

(一)标题

函的标题通常有三种形式。

发文机关＋事由＋文种，如《××市科学技术委员会关于询问贯彻全市科学技术工作会议情况的函》。

事由＋文种，如《请配合做好搬迁工作的函》。

发文机关＋事由＋主送机关＋文种，如《国务院办公厅关于悬挂国徽等问题给××省人民政府办公厅的复函》。

(二)主送机关

函的主送机关根据行文内容确定，一个至多个不等。

(三)正文

函的正文由缘由、事项和结语组成。

缘由。缘由即简明扼要地写明发函的原因、依据、目的。复函的缘由常见写法是“×日来函收悉”、“关于×的函收悉”。常用“现将有关问题说明如下”、“现将有关问题函复如下”等习惯用语过渡下文。

事项。作为函的主体部分，应根据需要写明商洽的内容、询问答复的事项，或请求批准的具体要求。

结语。商洽函、告知函的结语常用“此函”、“特此函达”、“特此函告”；请批函、询问函的结语常用“请复”、“盼复”、“函复为盼”、“敬请函批”等；答复函的结语常用“此复”、“特此函复”。

(四)落款

于正文右下方属上发文机关名称、成文时间，加盖印章。

六、函和请示、批复的异同

(一)请批函和请示的异同

1. 相同之处：都有请求批准的功用。

2. 不同之处：请批函用于无隶属关系的机关之间；请示用于有隶属关系的机关之间。

(二)复函与批复的异同

相同之处：回复性公文。

不同之处：审批函用于不相隶属的单位之间，针对请批函行文；批复用于有隶属关系的上下级之间，针对请示行文。即批复对请示，函对函。

七、函的写作要求

第一，一函一事。函的行文要求类似于请示，要求一文一事，不宜一函数事。

第二，行文简洁。即写函要开门见山，直陈其事，不兜圈子、不作寒暄、不讲客套话，如“久未联系，十分想念”、“书不尽意、余言后叙”、“三日不见，刮目相看”等在公函中一般不出现。

第三，用语谦和。无论写哪类函，都要注意语言的谦和得体，切忌口气生硬、盛气凌人，做到既有理又有礼。

例文1：

××学校关于商借×××同志的函

××学校：

我校因研究××××××项目的需要，拟向贵校商借特级教师×××同志到我校帮助研究，为期两年(自×年×月至×年×月)。商借费用及×××的酬金等问题照前所议。望尽速见复为盼。

专此函商

××学校(公章)

×年×月×日

例文2：

××学校关于同意商借×××同志的函复

××学校：

贵校《关于商借×××同志的函》(××〔20××〕×号)收悉。经研究，同意我校特级教师×××同志借调贵校工作，为期两年(自×年×月×日至×年×月×日)。借调费×××元请于本月月底前汇至我校财务室。银行账号为××××××。

特此函复

××学校(公章)

×年×月×日

知识书签

据考证，古代的信函是写在竹简(或木牍)上的，称为函，也就是信函的“函”字的来历。写完后上面再盖一枚同样宽度的竹(或木)片，称为“检”。在“检”上提书收发人的地址称谓，又叫做“署”，也就是今天听说的署名的“署”。古代用来装信函的信封，其实就是用绸、缎、帛等做的袋子，也称锦囊，秘密的奏章信函文书等放到锦囊内密封起来，所以古代有“锦囊妙计”之说。

思考与练习

一、名词解释

致函　　复函　　商洽函

二、填空题

1. 函的特点有______、______、______。

2. 函，按发文机关性质划分为______和______；按发文方向划分为______和______；按内容和用途划分为______、______、______、______、______、______。

3. 函的正文由______、______和______组成。

三、单项选择题

1. 不相隶属机关之间商洽工作，询问和答复问题，请求批准和答复审批事项应当使用的文种是(　　)。

A. 函　　B. 通知　　C. 批复　　D. 请示

2. 在机关之间可以上行、下行、平行使用的文种是(　　)。

A. 通知　　B. 函　　C. 公告　　D. 通告

3. 函一般内容简洁，要求是(　　)。

A. 一函数事　　B. 一函一事　　C. 一事为主，附带其他事

D. 一函二三事

4. 要求对方答复的函，其结尾应写(　　)。

A. 函复为盼　　B. 此函　　C. 此复　　D. 特此函达

四、多项选择题

1. 函一般由(　)组成。

A. 标题　　B. 时间　　C. 主送机关

D. 正文　　E. 落款

2. 函的适用范围主要有(　　)。

A. 不相隶属机关之间商洽工作　　B. 传达会议精神和议定事项

C. 询问和答复问题　　D. 请求批准和答复审批事项

E. 对重要问题提出见解和处理办法

五、判断题

1. 询问函是不相隶属单位之间了解情况、征求意见、核查问题、催办事宜等情况下使用的函。(　　)

2. 灵活性是函的主要特点之一。(　　)

六、简答题

1. 函有哪些写作要求？

2. 函的标题有哪些形式？

技能训练

请根据下面的材料，以公司名义，写一份去函。

××公司在2008年曾想举办一期入党积极分子培训班，最后未能办成。2009年××公司知道××党校将在近日举办入党积极分子培训班，××公司打算安排入党积极分子前去参加培训，培训所需费用由××公司如数拨付。

第二十二章　决　定

一、决定的概念

决定是党政机关、社会团体、企事业单位对重要事项或者重大行动作出安排、奖惩有关单位及人员、变更或者撤销下级机关不适当的决定事项的一种下行公文。

二、决定的作用

领会领导的意图。决定是领导集体对某项工作或活动作出安排的公务文书，人们不仅需要领会领导意图，而且需要知道要“干什么”，“怎么干”。

约束作用。决定一经发布，就有强大的约束力，有关单位和人员必须贯彻执行。

确定有关事项的依据。无论是机构设置、事故处理，还是人员的奖惩、有关事项的决定，均是人们付诸执行的依据。没有作为公文的文字决定，某个领导的口头意见，是不足为凭的。

三、决定的特点

权威性。决定所涉及的事项或行动必须是“重要”或“重大”的，如涉及事项或行动的重要程度稍次一些，则可用通知行文。决定一经发布，有关人员必须服从和严格贯彻执行。

政策性。决定是对重大事项、重大行动作出安排，要求相关人员服从和执行，因此，有较强的政策性。

指挥性。决定所涉及的问题意义重大，影响深远，具有明显的指挥目的。

稳定性。决定用于对重要事项进行决策，决定中所规定的原则、措施以及有关事项，能在较长的时间内发挥作用。

四、决定的分类

根据内容和用途的不同，可将决定分为法规性决定、指挥性决定、奖惩性决定、变更或撤销性决定四类。

法规性决定：用于发布权力机关制定、修改试行的法律性文件或由政府部门制定的行政法规。

指挥性决定：用于对某一重大问题、事项、行动作出决定性指挥。

奖惩性决定：用于树立榜样，表彰先进人物的事迹，或用于处分违法违纪人员和处理重大事故等。

变更或撤销性决定：指根据实际情况，对原有决定作出变更或撤销的决定。

五、决定的写作

决定一般由标题、通过日期、主送机关、正文、落款五部分组成。

(一)标题

决定的标题有两种形式。

发文机关＋事由＋文种，如《全国人民代表大会关于设立香港特别行政区的决定》。

事由＋文种，如《关于环境保护的决定》。

(二)通过日期

若是会议作出的决定，应在标题之下用圆括号注明何时在什么会议上通过或批准生效，也可在正文后注明时间。

(三)主送机关

属于向指定范围发出的决定，要写明主送机关名称；属于普发性的决定，可不标注主送机关名称。

(四)正文

正文一般由缘由、事项、结语三部分构成。

缘由。缘由主要说明为什么要做出这个决定，即写明做出决定的目的、意义、依据。一般以“特作如下决定”、“现决定如下”等用语引领下文。

事项。事项主要说明决定的内容、要求和措施，内容复杂时，采用小标题或条款显示层次。

结语。结语用于提出希望、要求或执行说明，但不是每份决定都必须写，多见于表彰性和处分性决定。

(五)落款

在正文的右下方写明决定制发机关和日期，并加盖公章。

常有附件的决定，应当在正文之后，落款之前注明附件的名称，并将附件附在决定之后。

六、决定的写作要求

第一，要有针对性。决定所制定的事项，提出的措施要求，一定要切合实际，能解决现实问题，对下级机关有指导意义。

第二，要有政策性。决定是指导性公文，应依据党和国家的方针政策、有关法律法规，同时结合实际情况而制定，要注重理论政策的阐述，做到观点正确，政策界限清楚，使阅文者能够提高其理论政策水平，这是写好决定的一个难点。

第三，要有确定性。决定事项的含义要明确，要能反映出领导机关的一致意见；语言要明确，不能模棱两可，空乏笼统。有关惩戒性决定，因涉及人对事的评价处理，用词尤其要严谨、掌握分寸，定性要准确。

例文：

关于表彰先进班集体和优秀班干部的决定

（二〇〇六年一月一日）

一年来，全校师生员工在市委、市政府的领导下，狠抓学校培养目标的落实，涌现出了一批优秀班集体和优秀班干部。

为了弘扬先进班集体、优秀班干部的团结协作精神，进一步调动全校学生努力学习的积极性，更好地完成学习任务，全面实现学校的培养目标，学校决定，授予×××等6个班“先进班集体”荣誉称号，授予×××等30名同学“优秀班干部”荣誉称号。

学校希望受表彰的先进班集体和优秀班干部谦虚谨慎、戒骄戒躁、再接再厉，继续保持和发扬团结协作、无私奉献、努力学习的精神，在今后的学习中取得更加优异的成绩！

学校号召全体同学向先进班集体和优秀班干部学习，争取创造条件，早日成为先进班集体和优秀班干部。

×××学校

二〇〇六年一月一日

附件：1. ×××学校先进班集体名单（略）

2. ×××学校优秀班干部名单（略）

知识书签

使用决定进行的表彰，是精神奖励与物质奖励并重，而使用通报进行的表彰，是以精神奖励为主，一般不给予物质奖励。

思考与练习

一、名词解释

指挥性决定　　奖惩性决定

二、填空题

1. 决定是党政机关、社会团体、企事业单位对______、______、______的一种下行公文。

2. 决定根据内容和用途的不同可分为______、______、______、______四类。

三、单项选择题

1. 根据实际情况，对原有决定作出变更或撤销决定的是（　　）。

A. 法规性决定　　B. 指挥性决定　　C. 奖惩性决定　　D. 变更或撤销性决定

2. 在决定正文的右下方署明制发机关和日期叫做（　　）。

A. 标题　　B. 日期　　C. 主送　　D. 落款

四、多项选择题

1. 决定的主要特点是（　　）。

A. 权威性　　B. 政策性　　C. 指挥性　　D. 稳定性
E. 时效性
2. 决定的正文一般包括(　　)。
A. 机构　　B. 事由　　C. 缘由　　D. 事项
E. 结语

五、判断题

1. 决定是对重大问题作出安排的上行文，具有很强的权威性。(　　)
2. 决定的稳定性体现在一旦决定了的事项，不能频繁改动。(　　)

六、简答题

1. 什么叫决定？决定有哪些作用？
2. 决定的写作要求有哪些？

技能训练

1. 组织全班学生学习有关顶岗实习的文件，并组织讨论，结合本校实际拟成《××学校关于学生顶岗实习的决定》。

2. ××学校为了更好地做好甲型H1N1流感防控工作，经学校党委2009年9月4日会议研究，决定成立学校甲型H1N1流感防控工作领导小组，组成人员如下：组长：××(党总支书记)，副组长：××，成员：赵××、杨××、张××。根据所给内容写一份决定。

第二十三章 会议纪要

一、会议纪要的概念

会议纪要是根据会议过程、会议讨论问题和会议决议扼要整理后用于记载和传达会议情况和议定事项的公文。

二、会议纪要的作用

用于“记载”。它可以把一个会议的情况和议定的事项记载下来，作为上传下达的依据，也可作为内部资料存档备案。

用于“传达”。它可以将会议的情况和议定事项上传下达给有关单位。对于影响面大的会议，其纪要可以在报刊上公开刊载，直接传达给社会公众。

三、会议纪要的特点

纪实性。会议纪要是会议宗旨、基本精神和议定事项的概要纪实，所记内容必须真实。

提要性。会议纪要应以精练的文字高度概括会议的主要内容和精神，充分反映会议内容主要的、集中的、突出的、有倾向性的意见，这样，对下一步工作才有真正的指导作用。

决定性。会议纪要反映会议的主要精神，一经下发，便对有关单位和人员有指导意义和约束力，有关范围内的人员必须贯彻执行会议精神。

四、会议纪要的分类

按照内容和性质，会议纪要大致可分为行政例会纪要、工作会议纪要和座谈会纪要三类。

行政例会纪要。这是机关单位召开办公会议或行政例会时，根据会议研究决定的问题所形成的书面材料。

工作会议纪要。这是在召开专门性的工作会议，研究一些重大理论和实际问题得到共识时，就共同研究的意见、办法所形成的书面材料。

座谈会纪要。这是为解决某个主要问题，召集某些有代表性的人员参加，经过座谈会讨论后，形成一致的意见，经整理而形成的书面材料。

五、会议纪要的写作

会议纪要由标题、正文、落款三部分组成。

(一)标题

会议纪要的标题通常有单标题和双标题之分。

1. 单标题

单标题的构成有以下三种形式。

(1)机关名称＋会议名称＋文种，如《××学校教研工作会议纪要》。

(2)会议名称＋文种，如《校长办公会议纪要》、《教学工作会议纪要》。

(3)文种，如《会议纪要》。

2. 双标题

双标题的构成形式是：正标题＋副标题，如《抓住机遇　服务育人——××学校后勤工作会议纪要》。

(二)正文

正文由导言、主体和结尾三部分组成。

导言。导言即会议纪要的开头部分，主要是对会议作简要的介绍，如会议名称、主办单位、会议地点、会期、与会单位和人员、主持人、会议形式、会议进程等。有的还要写明召开会议的目的、原因；有的还要简要介绍会议成果、意义等内容。然后用“现将会议讨论的主要问题综述如下”、“现将会议基本精神纪要如下”等习惯用语引领下文。

主体。主体即将会议所研究的问题、讨论的情况、形成的决定、达成的共识、明确的任务、提出的要求等内容进行概要准确地反映。在写法上可以采用条款式列项，也可以采用纵式结构，按会议的进程、发言的顺序来写，其中常用一些习惯用语，如“会议提出”、“会议认为”、“会议要求”、“会议指出”、“会议强调”、“会议决定”、“与会同志一致认为”、“与会同志谈到”、“与会同志提出”等做每段的开头，起领各段内容。

结尾。结尾一般是写提出的希望、要求，发出号召，也可以对大会作概括性的总结，也可以不作结尾。

(三)落款

一般性会议纪要可不署名，只写成文时间，加盖公章即可。但办公会议纪要需要署名，并在下面注明时间，加盖公章。

六、会议纪要与会议记录的异同点

(一)相同点

会议纪要和会议记录都有“记”的作用，都是会议的产物。

(二)不同点

第一，在内容上，会议记录是与会议人员发言的原始记录，基本上做到有言必录；会议纪要是经过整理加工的会议上达成的一致认识，是会议内容的要点。

第二，在形式上，会议记录是业务文书，会议纪要是公文。

第三，在功能上，会议记录一般不公开，无须传达或传阅，只作资料存档；会议纪要通常要在一定范围内传达或传阅，并要求贯彻执行。

七、会议纪要的写作要求

第一，突出主旨，抓住“要”字。“要”字既是指会议的“要旨”，也是指写法上的“简要”。

中心议题是会议研究和解决的主要问题，把与中心议题紧密联系的讨论意见、议决事项写充分、写完整，也就突出了会议的主旨和基本精神。切忌事无大小、不分主次、轻重一一反映，更不能断章取义，对会议作不切实际的反映。

第二，层次清晰，脉络分明。对会议内容要适当地分条或分层反映，以方便人们把握会议的精神要点。

第三，全面了解，及时行文。写会议纪要不仅要对会议的记录做概括整理，还需对整个会议活动作深入了解，如领导的指示、意图等。会议纪要的时间性较强，往往在会议结束时就要成文，及时送至有关单位和人员手中。

例文：

××学校校长办公会会议纪要

×年×月×日下午在××会议室召开了校长办公会议。出席会议的有×××、×××、×××、×××等领导。列席会议的有×××、×××。会上就当前需要开展的几项工作作出了决定。

一、×××同志传达了《××××××》会议精神，对我校安全工作作出了安排。会议同意……。各科室要积极支持，确保安全工作取得新成效。

二、×××同志汇报了《××学校安全工作实施方案》。会议同意……。

三、会议研究了关于……的有关事宜，讨论了《××××××的报告》的内容，待办公室认真整理与会人员意见后，交校领导最后修改定稿，于×月×日制成文件上报市经委并呈市政府。

四、鉴于××校区的特殊情况，会议同意该校区实行半军事化封闭式管理。

××学校(公章)

×年×月×日

知识书签

会议纪要被列为正式的公文文种，始于 1987 年国务院办公厅颁发的《国家行政机关公文处理办法》。“纪要”中的“纪”同“记”，就是把会议情况真实地、准确地整理记载下来，“要”即择要而记，“纪要”就是记录会议的要点和基本精神。

思考与练习

一、名词解释

行政例会纪要　工作会议纪要

二、填空题

1. 会议纪要是根据会议过程、会议讨论问题和会议决议整理后用于______和______、________的公文。

2. 会议纪要按内容和性质分为______、______、______三类。
3. 会议纪要由______、______、______三部分构成。
4. 会议纪要的特点主要有______、______、______。

三、简答题

1. 会议纪要有哪些作用?
2. 会议纪要有哪些写作要求?
3. 会议纪要的正文应该怎样写?

技能训练

由教师组织召开一次班会，请同学们根据班会情况，拟写一份会议纪要。

第四篇　专用文书

第二十四章　专用文书概述

一、专用文书的概念

专用文书是指专对某个行业、某种需要而使用的文书。不同的行业、不同的用途都有与之相适应的专业文书，如礼仪文书中的欢迎词、欢送词，经济文书中的合同、协议，法律文书中的起诉状、答辩状，传播文书中的新闻、通讯等。

二、专用文书的作用

专用文书是面向社会的，已成为行业与社会各界打交道的工具，有利于行业与社会各界和谐相处、共创未来。

三、专用文书的特点

行业性。专用文书有行业范围，外行业并不使用。

业务性。专用文书有其专业的业务内容，其业务内容受行业、部门职能的制约。

专用性。专用文书有其专用的使用权限，如买卖双方要想明确相互的权利和义务关系就要签订买卖合同，不是买和卖的关系就不能签订买卖合同。

四、专用文书的种类

专用文书因涉及各行业，其分类并没有统一的标准，但多数是以行业的不同而划分为：礼仪文书、传播文书、经济文书、法律文书、统计文书、纪检文书、军事文书、教育文书、外交文书、科技文书等。本书仅依照通用性和适用性原则，具体介绍以下四种专用文书。

(一)礼仪文书

礼仪文书是指机关、团体、企事业单位及个人在各种社交活动中使用的文书。常用的礼仪文书包括：欢迎词、欢送词、答谢词、贺词、请柬、邀请书、聘书、讣告、悼词等。

(二)传播文书

传播文书是指人们在信息传播过程中使用的具有一定范围格式的应用文体，如消息、通讯、广播稿、广告等。

(三)经济文书

经济文书是经济应用文的统称，是法人单位或个人在经济活动和经济交往过程中反映经济情况，处理经济业务，研究、解决经济实际问题的一种具有特定格式的专业应用文体。常用的经济文书包括：意向书、协议书、合同、招标书、投标书、中标通知书等。

(四)法律文书

法律文书是指公、检、法等机关在处理案件过程中所使用的文书，如诉状、上诉状、申诉状和答辩状等。

五、专用文书的写作要求

第一，熟悉行业特点。熟悉行业特点是写好专用文书的前提条件和基本要求。每一行业都有自己的工作范围、工作性质、工作任务、工作程序，有本行业的政策、法规、纪律、职业规范，有本行业通用的术语和专用名词。如果对这些不了解、不熟悉或知之不详，是很难写好行业专用文书的。

第二，了解业务内容。了解业务内容是专用文书写作的关键。对业务内容越熟悉，专用文书就越能写好。

第三，掌握专用格式。掌握专用格式是写作专用文书的起码要求。专用文书的格式有它的确定性、稳定性、规定性、习惯性，不可随意变更。

知识书签

专用文书是相对于通用文书而言的，通用文书多指行政公文和事务文书。专用文书门类多，内容各异，格式多样，是应用文大家庭中的重要成员。

思考与练习

一、名词解释

礼仪文书　　经济文书

二、填空题

1. 专用文书是指______、______而使用的文书。

2. 专用文书的特点主要有______、______、______。

三、单项选择题

1. 机关、团体、企事业单位及个人在各种社交活动中使用的文书是(　)。

A. 礼仪文书　　B. 经济文书　　C. 法律文书　　D. 新闻

2. 熟悉行业特点是写好专用文书的(　)。

A. 关键　　B. 前提和条件　　C. 起码要求　　D. 基础

四、简答题

专用文书有哪些写作要求？

技能训练

设计一堂口语课，让每个学生根据自己的所学专业说说自己学好专用文书的打算，从而引导学生努力学好本专业的专用文书。

第二十五章　礼仪文书

第一节　礼仪文书概述

一、礼仪文书的概念

中国是文明古国，从古至今就是讲究礼仪的国家，是世界上有名的礼仪之邦。礼仪是礼节和仪式的总称。礼仪是人们在社会交往活动中形成的行为规范与准则，是礼貌和礼节的要求。所谓礼仪文书是机关、团体、企事业单位及个人在社交活动中使用的文书。

二、礼仪文书的作用

礼仪文书在社会生活中使用广泛，影响深远，有利于各方面人际交往与合作，有利于增进感情、发展友谊、密切合作、共创未来。

三、礼仪文书的特点

礼节性。礼仪文书是为礼仪目的或在礼仪场合使用的文书，因此，要讲究礼貌、礼节。

情感性。礼仪文书以文明为基础，以真诚为原则，以尊重他人为核心，所以感情要真挚诚恳。

承传性。礼仪文书既要继承已有的传统，又要随时代的发展而发展，随时代的进步而革新。

简洁性。礼仪文书的篇幅简短，文字简洁明快，表达的意思直截了当，不有意渲染，不故弄玄虚。

四、礼仪文书的种类

礼仪文书的种类很多，常用的有欢迎词、欢送词、答谢词、祝词、贺词、请柬、邀请书、聘书、讣告、悼词等。

五、礼仪文书的写作要求

第一，格式规范、主体鲜明、措辞恰当、用语简洁。

第二，热诚恳切、言由心发、充满感情、大方有礼。

第二节　欢迎词　欢送词　答谢词

一、欢迎词

(一)欢迎词的概念

欢迎词是为了对宾客的到来表示热烈欢迎而使用的讲话稿，一般是指由党政机关、企事业单位、社会团体或个人在公共场合用来欢迎宾客的致辞讲话。

(二)欢迎词的作用

增进双方的互相了解。致欢迎词时，一般是由东道主介绍自己的情况，表明自己的立场、态度，使对方能比较全面地了解自己，争取对方的理解与合作。

增进双方的感情与友谊。欢迎词所表达的感情是真诚的，是发自内心的，利于工作的开展。

互相尊重。俗话说："礼多人不怪。"欢迎词虽然是出于礼节的需要，但是是必要的，是为了对对方表示尊重和友好。

(三)欢迎词的特点

欢愉性。中国有句古语："有朋自远方来，不亦乐乎。"欢迎词给人一种"宾至如归"的感觉，可以为下一步各项活动的圆满举行打下良好的基础。

口语性。口语性是欢迎词文字上的必然要求，在措辞用语上要用生活化的语言，既简洁又富有生活的情趣，从而拉近彼此的关系。

(四)欢迎词的分类

欢迎词按性质分为公事往来欢迎词和私人交往欢迎词。

公事往来欢迎词一般是在较庄重的公共事务中使用的欢迎讲话稿。

私人交往欢迎词一般是个人在举行较大的宴会、聚会、舞会等场合下使用的欢迎讲话稿。

(五)欢迎词的写作

欢迎词一般由标题、称呼、正文和落款四部分组成。

1. 标题

欢迎词的标题有以下两种形式。

(1)活动内容＋文种，如《在校庆30周年纪念会上的欢迎词》。

(2)文种，如《欢迎词》。

2. 称呼

称呼写在标题下行顶格处，须写明来宾的姓名称呼，如"亲爱的××学校各位同人"、"亲爱的××代表团各位朋友"、"尊敬的各位女士们、先生们"。

3. 正文

欢迎词的正文一般由开头、主体和结尾三部分构成。

(1)开头。开头通常写明现场举行的是何种仪式，发言者代表什么人，向哪些来宾表示欢迎。

(2)主体。主体简要介绍来访的意义、作用，回顾彼此之间的友谊、交往，介绍相互之间在友好合作中取得的成就。

(3)结尾。通常在结尾处再次向来宾表示欢迎，并表达对今后合作的良好祝愿。如在接风酒宴上致欢迎词时，通常以“我提议为友谊干杯”作结尾。

4. 落款

欢迎词的落款要写明上级致辞单位的名称、致辞者的身份和姓名，并署上成文日期。

(六)欢迎词的写作要求

第一，看对象说话。欢迎的对象可能是多方面的，如上级领导、检查团、考察团等。因此，欢迎词要有针对性，要看对象说话，表达不同的友情。

第二，看场合说话。欢迎的场合、仪式多种多样，有隆重的欢迎大会、宴会，有一般的座谈会、展销会、订货会等，欢迎词要看场合说话，该严肃则严肃，该活泼则活泼。

第三，热情而不失分寸。欢迎词应真心实意、热情、谦虚、有礼、注意分寸、不卑不亢。

例文：

致2009级新生的欢迎词

各位领导、各位老师、亲爱的同学们：

在这秋风送爽，硕果累累的金秋时节，我们迎来了3000多名2009级的新同学，在这里，请允许我代表××××学校全体师生员工对新同学的到来，表示最热烈的欢迎。

从今天开始，你们就成为××××学校这个大家庭的一员，将和我们共同分享你们职业中专三年的美好时光。无论你来自何处，无论你是家长陪同还是独自一人到学校报到，从你迈进校园的那一刻起，请你尽管放心，我们的老师和同学会在你的身边，为你提供热情的服务。无论你碰到什么困难，不要紧张，请及时告诉我们，我们将和你一起解决，我们是一家人。

选择××××学校就读，是你的远见，也是我们的荣幸；走进××××学校给了你很好的机遇，也是对你的挑战。××××学校是同学们读书治学的理想园地，是同学们成长、成才、成人、成功的沃土。同学们从跨进学校的大门开始，将拥有更加精彩的人生，学校因为有你将更加自豪。

同学们，从今天开始的军训，就是对大家磨炼和考验的一个起点。我相信，经过军训生活的洗礼，展现在我们面前的，必将是一张张更加坚毅的脸庞，一排排更加挺拔的身影。

时代在召唤，充满希望的灿烂前程必将属于每一位勤奋学习的同学，让我们鼓起勇气，用充满自信的目光注视未来，用我们的青春谱写出壮丽多彩的人生画卷吧！

谢谢大家！

××××学校

二〇〇九年八月二十三日

欢迎词

女士们，先生们：

值此×××厂10周年厂庆之际，请允许我代表×××厂，并以我个人的名义，向远道而来的贵宾们表示热烈的欢迎。

朋友们不顾路途遥远，专程前来贺喜，并洽谈贸易合作事宜，为我厂10周年厂庆增添了一份热烈与祥和，我由衷地感到高兴，并对朋友们为增进双方友好合作关系作出努力的行动，表示诚挚的谢意！

今天在座的各位来宾中，有许多是我们的老朋友，我厂能取得今天的成绩，离不开老朋友们的真诚合作和大力支持。同时，我们也为能有幸结识来自苏州的新朋友感到十分高兴。在此，我再次向新朋友们表示热情欢迎，并希望能与新朋友们密切合作，发展相互间的友好合作关系。

“有朋自远方来，不亦乐乎”。在此新朋老友相会之际，我提议：

为今后我们之间进一步合作，为我们之间日益增进的友谊，为朋友们的健康幸福，干杯！

×××厂

二〇〇八年三月二十日

二、欢送词

(一)欢送词的概念

欢送词是党政机关、社会团体、企事业单位对宾客的归去表示热烈欢送而使用的讲话稿。

(二)欢送词的作用

欢送词的作用与欢迎词的作用相同，即增进双方的互相了解，增进双方的感情与友谊，促进双方的互相尊重。

(三)欢送词的特点

惜别性。有句古话说得好“相见时难别亦难”，欢送词要表达亲朋远行时的感受，所以依依惜别之情要溢于言表。当然格调也不可过分低沉。

口语性。同欢迎词一样，欢送词应注意使用生活化的语言，使送别既富有情趣又自然得体。

(四)欢送词的分类

按欢送词的性质可分为公事往来欢送词和私人交往欢送词。

(五)欢送词的写作

欢送词由标题、称呼、正文和落款四部分组成。

1. 标题

欢送词的标题有以下两种形式。

(1)活动内容+文种，如《在××研讨会结束时的讲话》。

(2)文种，如《欢送词》。

2. 称呼

称呼要求写在标题下一行开头的顶格处，要写出宾客的姓名称呼，如“亲爱的××××学校各位同仁”。

3. 正文

欢送词的正文一般由开头、主体和结尾三部分构成。

(1)开头。开头通常应说明此时举行何种欢送仪式，发言人是以什么身份、代表哪些人向宾客表示欢送。

(2)主体。主体一般是回顾欢聚的美好时光，阐述双方在合作或访问期间在哪些问题和项目上达成了一致立场，取得了突破性进展，积极肯定双方合作交流的益处和意义。

(3)结尾。通常在结尾处再次向来宾表示真挚的欢送，并表达期待再次合作或希望早日团聚之情，如“祝愿我们的友好往来、经济合作日益扩大”等。如果是在酒宴上的欢送词，常以“我提议为身体健康、友谊长存干杯”作结语。

4. 落款

欢送词在落款处要署上致辞人的单位名称和致辞者的身份、姓名，并署上成文日期。

(六)欢送词的写作要求

第一，感情要真挚。写欢送词时应注意宾客身份，用尊称，感情真挚、热情、友好、诚恳。

第二，内容要简明扼要。欢送词内容必须概括具体，篇幅不宜过长，切忌繁杂冗长，拖泥带水。

第三，措辞要慎重。欢送词的措辞需斟酌，用语要贴切，既能显得简洁明快，又能体现热情友好。要尊重对方的风俗习惯，避免发生误会。

例文 1:

致 2008 届毕业生的欢送词

花开花谢，潮起潮落。3 年的职业中专时光马上就要结束，2008 届毕业生伴随着切切同学情、拳拳朋友情、融融师生情，满怀累累硕果，将要告别勤奋耕耘的老师，告别朝夕相处的同学，告别丰富多彩的中专学生生活，告别共同建设与发展的母校，踏上新的征程，开辟新的航道，抱着新的希望，创造新的辉煌。值此依依惜别之际，我衷心祝愿全体毕业生在未来的日子里，走好人生路，为国家的繁荣富强作出贡献！

2008 届毕业生入校时，适逢学校各项事业蓬勃发展的大好时期，同学们抓住机遇、刻苦学习、加强锻炼，学到了专业知识、专业技能，综合素质明显提高，有的在某些方面还取得了很好的成绩，为走向社会，谋求更好的发展奠定了良好的基础。同时，同学们在校学习期间通过不同的渠道参与学校的建设，为学校的发展作出了积极的贡献。为此，学校为你们的良好表现感到自豪和感谢！

“毕业生”这个沉甸甸的字眼，今天落在了你们身上。这并不是什么耀眼的光环，反而是一种压力，甚至可以说是一种无奈，一种你非往前走不可的无奈。但同时，这也是一种催人奋进的动力，一种青年人不可推卸的责任。不久，你们将握手告别，无论你在何处，无论你从事什么工作，有一点是相同的，那就是你们都会去开辟新的天地，为祖国的繁荣昌盛作贡献，学校将时刻牵挂着你们，关注着你们。学校的领导、老师将时刻等候着你们成功的消息、胜利的捷报，也完全相信广大毕业生一定会在今后的日子里满怀豪情，谱写更加优美动听的乐章，抒写更加光辉灿烂的诗篇，共同走向更加辉煌的明天，共同拥抱更加充满希望的未来！

××××学校

二〇〇八年七月六日

例文 2：

欢送词

尊敬的女士们、先生们：

首先，我代表×××厂，对你们此次访问的圆满成功表示热烈的祝贺。

几天来，我们双方本着平等互利的原则，经过认真协商，签订了《××协议》，这为我们今后的合作与发展打下了良好的基础。明天，你们就要离开曲靖了，在这即将分别的时刻，我们的心情依依不舍。虽然我们相处的时间十分短暂，但我们结下的友情却很深厚。有句俗话“来日方长，后会有期”，我们之间的合作刚刚开始，希望我们以后加强往来，不断合作，也欢迎各位女士、先生在方便的时候再次来我们厂做客，相信我们的友好合作会结出丰硕果实！

祝大家一路顺风，万事如意！

×××厂

×年×月×日

三、答谢词

(一)答谢词的概念

答谢词是宾客对主人的热情款待表示感谢的讲话稿。往往是在交往活动结束，主人在欢送仪式上致辞后，再由宾客致辞，以示答谢。

(二)答谢词的作用

答谢词的作用与欢迎词、欢送词一样，都是为了增进双方的相互了解，增进双方的感情与友谊。

(三)答谢词的特点

礼节的尊敬性。答谢词要体现对对方的尊敬，包括称谓和全文的内容应体现礼仪、礼节、礼貌。

感情的真挚性。答谢词虽是出于礼貌，但体现的感情都是发自内心的真情实意。

篇幅的简短性。答谢词既要有具体的内容，又要篇幅简短，不宜长篇大论。

(四)答谢词的分类

按答谢词的性质可分为公事往来答谢词和私人交往答谢词。

(五)答谢词的写作

答谢词一般由标题、称呼、正文、落款四部分组成。

1. 标题

答谢词一般用文种作标题，如《答谢词》。

2. 称呼

答谢词的称呼与欢迎词、欢送词一样，要写出东道主的姓名称呼，如“尊敬的女士们、先生们”。

3. 正文

答谢词的正文一般由开头、主体和结尾三部分构成。

(1)开头。开头对东道主的热情接待表示感谢。

(2)主体。主体叙畅情谊，表明自己来访的意图、诚意，申述有关的愿望。

(3)结尾。结尾再次表示谢意和祝愿。

4. 落款

答谢词在落款处署上致辞人的单位名称、致辞者的身份和姓名，并署上成文日期。

(六)答谢词的写作要求

答谢词的写作要求与欢送词的写作要求一样，要感情真挚，内容简明扼要，措辞恰当。

例文：

答谢词

尊敬的×××先生，×××厂的朋友们：

首先，请允许我代表全体成员对×××先生及×××厂的朋友们的盛情接待表示衷心的感谢。

其次，我们一行5人代表××电子公司再次来贵地访问，虽然时间短暂，但收获颇大。仅3天时间，我们对贵地的电子业有了比较全面的了解，与贵公司建立了友好的技术合作关系，并成功地洽谈了××电子技术合作事宜。对此，我们表示衷心的感谢。

最后，我代表××电子公司再次向贵公司表示感谢，并祝贵公司迅猛发展，再创奇迹。更希望我们彼此加大合作力度，共创美好明天。

现在，我提议：

为今后我们之间的密切合作，干杯！

××电子公司

×年×月×日

第三节 祝词 贺词

一、祝词和贺词的概念

祝词是党政机关、社会团体、企事业单位或个人在喜庆场合对某人或某项即将开始的工作表示祝福的致辞。

贺词是党政机关、社会团体、企事业单位或个人在喜庆场合对某人或某项已经取得成功的工作表示祝贺的致辞。

在现实生活中，“祝”与“贺”往往联系在一起，同时使用。但确切地说，两者也有区别：祝词在事前祝，贺词在事后贺；祝词是在事情未果时，表示祝愿、希望的意思；而贺词是在事情已有结果时，表示庆祝、送喜的意思。

二、祝词和贺词的作用

祝词和贺词可以通过对祝贺对象的肯定，增进彼此友谊，加强团结，共同进步。

三、祝词和贺词的特点

喜庆性。祝贺词是对人或事表示良好祝愿和庆祝，在措辞上体现了热情、喜悦、鼓励、褒扬之意，以表示热情洋溢的祝贺。

恰当性。祝贺词的用语要掌握分寸，做到既尊重对方，又不卑不亢。

口语性。祝贺词在措辞用语上要做到简洁、易懂，适合朗读，富有生活情趣。

四、祝词和贺词的分类

(一)按祝贺对象分

可以分为祝贺事业词、祝贺寿诞词、祝贺婚嫁词、祝贺酒宴词等。

祝贺事业词：会议开始时祝其圆满成功，会议结束时贺其圆满结束；展览会剪彩时祝其取得较好的经济效益，展览会结束时贺其达到了预期的目的；某人考入重点大学时贺其金榜题名，祝其鹏程万里；其他如公司开业、报刊创刊、工程竣工、节日、纪念日等均可贺其已取得的成就，祝其今后发达。

祝贺寿诞词：祝贺寿诞的主要对象是老年人。在祝贺中，既贺他的品性、功德，又祝他健康、长寿。

祝贺婚嫁词：既贺新郎新娘喜结良缘，又祝婚姻美满幸福。

祝贺酒宴词：主人向赴宴的宾客表示热烈的欢迎、亲切的问候、诚挚的感谢，并表达祝福。

(二)按表达形式分

可以分为现场即席祝词和信函电传祝词。

现场即席祝词：指祝贺人亲自到场祝贺的致辞。

信函电传祝词：指祝贺人无法到现场祝贺，采用书信、传真、电子邮件的形式表示祝贺的致辞。

五、祝词和贺词的写作

祝词和贺词一般由标题、称呼、正文、落款四部分组成。

(一)标题

祝贺词的标题有以下四种形式。

致词者＋致词场合＋文种，如《××在××迎春晚会上的贺词》。

致词对象＋致词内容＋文种，如《在××先生和××小组婚礼上的祝词》。

致词场合＋文种，如《在××迎春晚会上的祝词》。

文种，如《祝词》。

(二)称呼

标题下一行顶格写明祝贺词对象的姓名，并加上称呼，以示尊重，如“尊敬的××先生”。

(三)正文

因祝贺词的种类不同，其正文内容也有所不同。

祝贺事业词的正文：首先向受词方表示致意，说明祝贺何项事业。其次回顾受词方取得的成绩，也可写此项事业的意义、影响；最后展望美好前景，再次表示祝贺。

祝贺寿诞词的正文：首先祝贺对方幸福、健康、长寿。再次赞颂他所取得的成绩。最后再次表示祝福。

祝贺婚嫁词的正文：首先祝贺喜结良缘。其次提出携手并肩搞好工作的希望。最后祝愿夫妻恩爱、生活幸福、白头到老。

祝贺酒宴词的正文：首先对来宾表示欢迎和感谢。其次回顾双方友好关系，热情赞扬双方的真挚友情。最后提出希望和祝愿，常用“我提议为友谊长存干杯”作结语。

(四)落款

在正文下面署上致辞单位名称、致辞人姓名及成文日期。

六、祝贺词的写作要求

第一，切合实际，有的放矢，言之有物。

第二，语言热情洋溢，朗朗上口。

第三，态度诚恳，感情亲密，祝愿诚挚。

例文 1：

开业贺词

各位领导、各位来宾、朋友们：

今天是××公司一个值得纪念的喜庆日子，我们在这里庆祝××公司隆重开业。值此开业庆典之际，请允许我对××公司的开业表示热烈的祝贺，对远道而来专程参加庆典活动的各位领导、各位来宾、各界朋友表示热烈欢迎！

××公司是一个朝气蓬勃、充满活力、富有想象力和创造力的企业，历经数年的商海遨游，培养了他们诚信稳健的为人之道、坚韧求实的工作作风。2009 年，××公司将以建材市场为主攻方向。我们相信，在上级主管部门的领导下，在社会各界朋友的帮助下，××公司一定会逐渐成长壮大。一艘刚刚起锚的航船，正向着美好的明天前进。最后祝××公司开业大吉，祝开业庆典圆满成功。

×××

×年×月×日

例文 2：

在××先生和××小姐婚礼上的祝词

尊敬的各位领导、各位嘉宾、亲朋好友们：

吉日美景，新人成双。今天是××先生和××小姐新婚的大喜日子，特恭请各位领导、各位嘉宾、亲朋好友欢聚一堂、开怀畅饮。我受新郎新娘父母双亲的委托，谨向你们的光临致以诚挚的谢意！

新郎××先生是曲靖工商学校的一名优秀教师，学识渊博、工作认真、气度高雅。新娘××小姐是麒麟区的一名优秀班主任，风姿绰约、端庄贤淑。××先生和××小姐这对新人从相知、相爱，到今天走进婚姻殿堂，成为一对恩爱夫妻，真是可喜可贺，我们在这里为他俩喜结良缘深表祝福！

××先生和××小姐，已通过婚姻登记机关正式办理了婚姻登记手续，领取了结婚证书。因此，我现在为他俩证婚：他俩是一对合法、恩爱的夫妻！在这激动、欢喜、幸福的时刻，我有一副对联送给新郎、新娘：

上联是：才子佳人喜结良缘，

下联是：家庭事业两全其美，

横批是：同心同德。

各位领导、各位嘉宾、亲朋好友，在这龙凤呈祥、喜气洋洋的时刻，请允许我代表你们向新郎、新娘表示最真挚、最良好的祝愿：

祝：新郎、新娘新婚愉快、恩恩爱爱、甜甜蜜蜜！

祝：新郎、新娘并肩前进、白头偕老、万事如意！

同时，也祝各位领导、各位嘉宾、朋友们身体健康、家庭幸福、心想事成！

现在，我提议：请各位斟满酒、举起杯、起立，为新郎、新娘的新婚幸福美满干杯！

谢谢大家！

二〇一〇年三月二十二日

第四节　请柬　邀请书　聘书

一、请柬

(一)请柬的概念

请柬又称请帖，是邀请别人参加会议、宴席、聚会活动的书面邀请书。

(二)请柬的作用

一是表示活动举行的隆重；二是表示对他人的尊敬；三是表示邀请者的诚心诚意；四是联络感情。

(三)请柬的特点

礼貌性。即使被请者近在咫尺，也须送请柬，以表示对被请者的礼貌。

特指性。请柬的发送对象是特指的单位和个人。

简洁性。请柬文字容量有限，语言须简洁、明确。

精美性。请柬在款式、装饰、书写上要美观精致、庄重大方。

(四)请柬的分类

第一，按内容性质可分为会议庆典请柬、喜事宴会请柬、聚会请柬等。

第二，按制作方法可分为手写式和统一印制式。

第三，按文字排版形式可分为横式写法和竖式写法两种。竖式写法应从右边向左边写。

(五)请柬的写作

请柬一般是按格式印制好，中心内容由邀请者填写即可。

请柬一般由标题、称呼、正文、结尾、落款五部分组成。

1. 标题

在第一行居中或封面上写请柬或请帖二字。已印刷好的请柬或请帖标题常用烫金或套红来作一些美术装饰。

2. 称呼

在标题下一行顶格写被邀请的单位名称或个人姓名、称呼，后面加冒号，如“××女士”、“××先生”、“××局长”等。

3. 正文

正文写活动内容、时间、地点、方式。若有其他要求需在此写明，如“请准备发言”等。

4. 结尾

结尾写礼节性的问候语或恭候语，如“此致　敬礼”、“恭请光临”、“届时敬请光临”等。

5. 落款

署上邀请单位名称或邀请人的姓名、日期。如果是单位邀请则需加盖公章，以示慎重。

(六)请柬的写作要求

第一，内容准确无误、清晰明了，不能有一点差错。

第二，语言简洁明确、通顺雅致，用词得体、符合礼仪。

例文：

请　柬

王××老师：

兹定于×年12月29日晚上7点在学校教学楼101教室举行“迎新春，庆元旦”联欢晚会。届时敬请光临。

此致

敬礼

××班全体同学

××××年×月×日

二、邀请书

(一)邀请书的概念

邀请书又称邀请信或邀请函，是指党政机关、社会团体、企事业单位或个人邀请有关人士前往某地参加某项活动或事宜的专用文书。邀请书除了有请帖的内容之外，还需交代有关事宜。

(二)邀请书的作用

表示活动举行的隆重；表示对客人的尊敬；表示邀请者的诚心诚意；联络感情；向被邀请者交代有关需要做的事情。

(三)邀请书的特点

邀请书的特点与请柬一样，有礼貌性、特指性、简洁性、精美性。

(四)邀请书的分类

邀请书按内容性质可分为会议邀请书和活动类邀请书。

(五)邀请书的写作

邀请书一般由标题、称呼、正文、结尾、落款五部分组成。

1. 标题

邀请书的标题有以下两种形式。

(1)邀请原因＋文种，如《关于出席学术研讨会的邀请书》。

(2)文种，如《邀请书》。

2. 称呼

在标题下一行顶格写被邀请的单位名称或个人姓名、称呼，后面加冒号，如“××学校”、“××同志”、“××主任”等。

3. 正文

正文写明活动内容、活动目的、活动时间、活动地点、活动方式、活动事宜。若需乘车、乘船，应写明交通路线及接送方式等。

4. 结尾

结尾处写礼节性的问候语，如“恳请光临指导”等。

5. 落款

邀请书的落款要署上邀请单位名称或邀请人的姓名和日期。如果是单位邀请还需加盖公章，以示慎重。

(六)邀请书的写作要求

第一，直截了当。对邀请谁，邀请做什么要直截了当地写出来。

第二，交代有关事项。要将邀请对方参加会议或活动的有关事项一一交代清楚。

第三，用语简洁。邀请书用语要简洁、明确、热情、大方。

例文：

邀请书

×××同志：

学会定于2009年1月6日至8日在××学校举行应用文学会年会，敬请光临，现将有关事项通知如下：

一、会议以科学发展观为指导，内容为：

1. 宣读学术论文；

2. 交流教学经验；

3. 商讨2009年学术研究计划。

二、出席会议的会员原则上应向大会提交学术论文一篇，字数不限，打印50份。

三、食宿费用由学会负责，往返交通费由会员所在单位承担。

四、接到通知后，请即向大会筹备组传真参会登记表。如在会前3天未返回登记表，视为不出席会议，不再安排食宿。

五、报到时间：2009年1月5日下午。

六、报到地点：××学校招待所。

联系电话：×××××××

××市应用文学会(盖章)

二〇〇八年十二月十六日

三、聘书

(一)聘书的概念

聘书又称聘请书，是党政机关、社会团体、企事业单位用于聘请某些领导职务或某些有专业特长或有名望权威的人从事某项工作时所使用的文书。

(二)聘书的作用

第一，可以起到一种凭据的作用。

第二，对被聘者表示尊重。

(三)聘书的特点

确指性。聘书的受聘对象是特定的个人。

时限性。所聘的职务和职称在限定的时间内有效，超过规定时间则失效。

简洁性。只需交代清楚受聘内容即可，语言应简洁明确。

(四)聘书的分类

从内容性质上一般分为聘请领导职务的聘书、聘请专业人才的聘书、聘请名人的聘书三种。

(五)聘书的写作

聘书一般事先按格式印制好，中心内容由发文者填写即可。聘书一般由标题、称呼、正文、结尾、落款五部分组成。

1. 标题

在第一行居中写上“聘书”或“聘请书”。已印制好的聘书标题常由烫金或套红的“聘书”或“聘请书”字样组成。

2. 称呼

标题下一行顶格写被聘请人的姓名、称呼，后面加冒号，如“××女士”、“××先生”、“××同志”。

3. 正文

正文写聘请的原因、所聘的职务与工作内容、聘任期限等。有时还需写明具体要求、工作量、待遇和希望。

4. 结尾

在正文后另起一行空两格写“此聘”，或写“此致　敬礼”作为结语，结语后面不使用标点符号。

5. 落款

在落款处署上聘请单位或单位领导的姓名、职务和日期，并加盖公章。

(六)聘书的写作要求

第一，聘书要庄重严肃，对有关内容要交代清楚，同时，聘书的书写要整洁、美观、大方。

第二，聘书要短小精悍，语言简洁明了、准确流畅。

第三，聘书一般是以单位名誉发出的，要加盖公章，方视为有效。

例文：

聘书

××同志：

现诚聘你担任销售部经理一职，聘期 3 年，从 2006 年 7 月 1 日起至 2009 年 6 月 30 日止。聘期内享受本公司一切福利待遇。

此聘

××公司(盖章)

二〇〇六年六月二十六日

第五节　讣告　悼词

一、讣告

(一)讣告的概念

讣告又叫讣文或讣闻，是一种报丧的通知，即把某人不幸去世的消息通知其亲属好友和有关方面人士的一种文体。

(二)讣告的作用

向死者生前好友及有关单位、人员告知死者去世的消息，通知告别仪式或追悼会的具体事项。

(三)讣告的特点

告知性。讣告是把某人去世的消息通知其亲属好友和有关方面的人士，故有告知性。

缅怀性。讣告中会缅怀死者生前的主要事迹和具有代表性的经历。

简朴性。讣告的语言较为简朴，是发自内心地表达对死者的悼念。

(四)讣告的分类

讣告按形式分为公告式讣告、简便式讣告和一般式讣告三类。

公告式讣告隆重、庄重，往往用于国家领导人逝世，由高级机关作出发出决定。

简便式讣告常作为一则消息在传播媒体上公布，旨在晓谕社会。

一般式讣告用于普通公民去世。

(五)讣告的写作

讣告一般由标题、正文和落款三部分组成。

1. 标题

讣告的标题有以下两种形式。

(1)去世者名字+文种，如《×××讣告》。

(2)文种，如《讣告》。

2. 正文

(1)写明死者姓名、职务，去世原因、日期、时间、地点，终年岁数。

(2)简要介绍死者生平，主要写生前的重要事迹和具有代表性的经历。

(3)写清吊唁、开追悼会或举行遗体告别仪式的时间、地点等。

3. 落款

在正文的右下方署上发讣告团体名称或个人的姓名及时间。如要注明联系电话等则另起一行写在左下方。

(六)讣告的写作要求

第一，言语严肃庄重，简洁明确。

第二，行文有据，褒扬得当。

例文：

讣告

××××学校×××教师于××××年×月×日×时×分在×××医院病故，享年90岁。特定于×月×日上午九时在×××殡仪馆火化，并举行追悼会，凡×××老师的生前好友欲致吊唁者，请按时前往。

谨此讣告

××××学校×××老师治丧委员会

××年×月×日

二、悼词

（一）悼词的概念

悼词是由古代的诔词、哀词、吊文、祭文演变而来的，是单位或团体代表在死者追悼会上对死者表示沉痛哀悼、缅怀与敬意的悼念性文体。

（二）悼词的作用

评价死者的生平事迹、寄托哀思、化悲痛为力量。

（三）悼词的特点

真实性。介绍死者的生平事迹，歌颂死者的功绩时要实事求是、全面合理。

缅怀性。要求人们记住死者的功绩，节哀奋进。

质朴性。悼词以简朴严肃的语言，发自内心地表达对死者的悼念和敬意。

（四）悼词的分类

1. 按悼词的使用范围分

可分为广义悼词和狭义悼词两类。

(1)广义悼词。指向死者表示哀悼、缅怀与敬意的悼念性文章，一般发表在报纸杂志上。

(2)狭义悼词。专指在追悼会上对死者表示敬意与哀思的文体。

2. 按表现手法分

可分为记叙悼词、议论悼词、抒情悼词三类。

(1)记叙悼词。主要记叙死者的生平事迹，适当进行抒情议论。

(2)议论悼词。主要评价死者对社会的贡献，议论为主，叙事抒情为辅。

(3)抒情悼词。主要抒发对死者的悼念之情，也适当进行叙事议论。

（五）悼词的写作

悼词由标题、正文、落款三部分组成。

1. 标题

悼词的标题有以下两种形式。

(1)死者姓名＋文种，如《在×××同志追悼会上的悼词》。

(2)文种，如《悼词》。

2. 正文

悼词的正文由开头、主体、结尾三部分构成。

(1)开头。首先写明与会者以沉痛的心情，悼念什么人。接着写去世者的籍贯、学历、身份及生前担任的职务、职称，简要概述去世者何年何月何日何时因何原因去世，终年多少岁等。

(2)主体。按时间先后顺序介绍死者的生平事迹，称颂其功绩和对社会的贡献，概括其为人品质。

(3)结尾。抒发对死者的怀念之情，号召大家向去世者学习，用实际行动化悲痛为力量。最后另起一行空两格写“永垂不朽”、“精神长存”或“安息吧”之类的话。

3. 落款

一般署上成文日期即可。

(六)悼词的写作要求

第一，悼词是对死者一生的“盖棺定论”，对死者的评价要客观，尊重事实，不夸大、不缩小、不歪曲。

第二，要把握好感情基调，用语要注意分寸，语言要严肃、简洁、质朴，感情要真挚，做到既缅怀死者，又激励生者。

例文：

刘忠美同志遗体告别仪式悼词

曲靖××学校党总支书记、常务副校长戴正贵同志致悼词

(二〇〇七年三月十一日)

“秋风起人憔悴，叶儿落心流泪”。曲靖工商职业技术学校(原曲靖市经济干部学校)原党总支书记、正处级调研员刘忠美同志因病抢救无效，于2007年3月7日下午6点55分，在曲靖市第一人民医院逝世，享年72岁。今天，市人大领导张爱民同志、刘忠美同志的亲属、曲靖工商学校领导、全体教职工以及他的生前好友，共100多人，怀着无比沉重和悲痛的心情向他的遗体告别。

刘忠美同志，生于1936年7月28日，1959年9月参加工作，1967年10月加入中国共产党，先后在嵩明县手工业管理局、嵩明县工交局、嵩明县经委、嵩明县委、县人民政府、曲靖越州钢铁厂、曲靖××学校(原曲靖市××学校)工作，先后任工交局副局长、嵩明县政府副县长兼经委主任、越州钢铁厂党委书记，1986年7月至1996年8月在曲靖工商职业技术学校(原曲靖市经济干部学校)任党总支书记、正处级调研员。

刘忠美同志在工作中，努力学习马列主义、毛泽东思想、邓小平理论，即使从领导岗位退休后，刘忠美同志也仍坚持学习“三个代表”重要思想、科学发展观，时刻以一名党员的标准严格要求自己，政治立场坚定，党性原则强，对党忠心耿耿，模范遵守党的路线、方针、政策及国家的法律、法规，热爱党、热爱祖国、热爱教育事业、热爱学校，在政治上、思想上与党中央保持一致。

刘忠美同志为人正直、作风正派、关心集体、团结同志、平易近人、待人诚恳、为人师表、清正廉洁，不搞个人特殊化，不以权谋私，与师生员工打成一片，深受广大教职工和学生的爱戴。

刘忠美同志的一生，是辛劳的一生、奉献的一生、为党工作的一生、为人民服务的一生。刘忠美同志谦虚谨慎、正派诚实，对待工作勤勤恳恳、兢兢业业、忠于职守、严于律己，时时、事事、处处起模范带头作用。刘忠美同志长期带病坚持工作，从不计较个人得失，并主动承担成人培训的班主任工作，很好地结合形势和学校实际做好学员的思想政治工作。从领导岗位退休后，仍然以高度的事业心和责任感，经常关心学校的生存和发展，为学校的发展作出了应有的贡献。

刘忠美同志一贯保持生活俭朴、勤劳善良、极富爱心、乐于助人的高尚品质，深受所在单位广大干部职工及基层群众的一致好评。

"天山载不走事迹，岁月带不走思念"。刘忠美同志是我们学习的榜样，他虽然离开了我们，但是他勤勤恳恳为党和人民工作的事迹和精神，将永远留在我们的心里。

刘忠美同志，安息吧！

知识书签

祝词泛指对人、事表示祝愿、祝贺的文章。祝词源于古代的"飨神之词"，即刘勰所谓"祝史陈言，资乎文辞"(见明徐师曾《文体明辨叙说》)。据文献记载，最早的一篇祝词是祁为祭八神所作的一首祝词："土反其宅，水归其壑；昆虫毋作，草木归其泽"(《礼记·效特牲》)，以后祝词逐渐转为用于人事。

思考与练习

一、名词解释

欢迎词　　欢送词　　祝词　　贺词

二、填空题

1. 请柬的写作格式包括______、______、______、______、______五部分。
2. 聘书的特点有______、______、______。
3. 欢迎词正文由______、______、______三部分组成。
4. 祝贺词按祝贺对象分为______、______、______、______四类。
5. 讣告的特点有______、______、______。
6. 悼词的作用是______、______、______。
7. 悼词按表现手法分为______、______、______。

三、单项选择题

1. 不管是表达"有朋自远方来，不亦乐乎"的愉悦心情的欢迎词，还是表达亲朋好友的依依惜别之情的欢送词，都具有的写作要求是(　　)。

A. 说服力强　　B. 长篇大论　　C. 号召力强　　D. 感情真挚

2. 在迎接宾客的仪式上，主人对来宾的到来表示热烈欢迎的讲话稿叫(　　)。

A. 欢迎词　　B. 欢送词　　C. 开幕词　　D. 慰问词

四、简述题

1. 简述欢迎词的写作要求。
2. 简述欢送词的写作要求。
3. 简述祝贺词的特点。
4. 简述悼词的特点。

五、修改题

1. 下面这份请柬在格式和内容上均有毛病，请做修改。

请柬

定于星期六晚7点举行新年晚会，恭请光临。

××学校

2. 下面这则讣告格式不完整，措辞也不恰当，请加以修改。

××先生因病医治无效，于××××年×月×日上午8时30分在县人民医院不幸逝世，终年64岁，特定于××××年×月×日上午9时在××殡仪馆举行隆重追悼会，届时请先生的各位好友、同事等光临。

技能训练

1. 班上要举行感恩教育演讲比赛，准备邀请相关教师参加，请你写一篇欢迎词。

2. 请从下列节日中任选一节日向你心中的人写一篇祝贺词，表达你的心意。(节日：母亲节、教师节、中秋节)

第二十六章 传播文书

第一节 传播文书概述

一、传播文书的概念

传播文书是指人们在信息传播过程中使用的具有一定范围格式的应用文体，包括以报纸、杂志、广播、电视、计算机互联网等大众传媒及社会团体和个人由一定的方式传播信息时所采用的应用文体式。

二、传播文书的作用

传播文书所传达的对象是社会大众或特定的受众群体，其传播过程是以大众化的信息、大众化的体式和大众化的传播渠道，影响大众的生活。

传播文书可以将其承载的信息传播到广大的群众中去，满足人们对相关信息的知晓欲望，指导人们的生产和生活。

三、传播文书的特点

传播性。传播文书担负着传播信息的重要任务。传播文书只有依赖于大众传媒和公众渠道进行有效的信息传播，才能体现其价值。

目的性。传播文书有自己明确的传播目的。传播文书传播的目的性既可以体现在伦理道德层面，也可以体现在经济法律层面；既可以是为社会高声呐喊，也可以体现在解决问题方面。

真实性。传播文书可以使用一些艺术手段，如用渲染、夸张、衬托、对比等方法来增强作品的感染力和表现力，但它所要表现的观点、情感，直至主要内容都必须是实事求是、真实明确的。

四、传播文书的分类

传播文书的类型很多，凡是大众传媒所使用的，并且通过一定渠道和媒体发布、传播的应用文都可称作传播文书，如新闻、广播稿、解说词、广告等。

五、传播文书的写作要求

传播文书有时为了增强表现力和感染力可以使用一些艺术手段，但不要追求文字的华丽和夸张，平实是传播文书的基本要求。

第二节 新闻

一、新闻的概念

新闻是最近发生、发现和变动着的有价值的事实报道。新闻一词从广义上讲，是消息、通迅、特写、图片、报道等的总称，从狭义上讲，仅指消息。

在现实生活中，人们常常把新闻与消息混为一谈，其实新闻的含义比消息的含义广泛得多。我们平时所说的新闻是指广义的新闻，所说的消息是指新闻中的一种形式，否则，人们就会误认为新闻写作就是消息写作了。

二、新闻的作用

把已经发生的事实记录下来，以满足受众对信息的需要。

新闻可以对人们的意识形态和社会舆论产生影响。

三、新闻的要素

新闻一般由六个要素构成，即时间、地点、人物、事件、起因、结果。在新闻的实际写作中，应根据实际情况，对六要素进行适当取舍。

四、新闻的特点

存在性。新闻是客观存在着的真实的信息。

新鲜性。新闻是最近发生的事实。

传播性。新闻可以通过传播媒体，传播到四面八方。

价值性。新闻反映的是有意义的、重要的、人民群众所关心的事实，因此具有价值性。

五、新闻的写作要求

第一，用事实说话。新闻采写者不能在对事实的报道过程中直接发表议论或作出主观判断，要报道具体的事实，千万不要言而无物。

第二，语言要简练。新闻要准确、鲜明、生动、简练地报道事实，不宜拖沓冗长。

第三，内容相对完整。新闻六要素是构成新闻事实的基本条件，是不以人们的意志为转移的，但可根据表达的需要，适当地取舍，以完整地报道事件为宜。

第三节 消息

一、消息的概念

消息是一种以简要文字迅速及时地报道具有一定社会价值或具有一定影响的事实的文体。

比如，某厂制作了一双鞋，这不是消息，但这双鞋用特殊材料做成，具有特殊的功能，举世无双，这就成了消息。又如“狗咬人”不是消息，但“人咬狗”则是消息。

二、消息的作用

传播信息的作用。消息最主要的用途在于传播大量的信息。在当今社会，信息就是资源，就是财富，谁掌握的信息多，谁就能在日益激烈的市场竞争中立于不败之地，谁掌握的信息少，谁就会随时被市场淘汰。

传播知识的作用。消息不仅可以传播大量的信息，同时还可以传播广泛的知识，使人们在接收信息的同时，扩大知识面，提高文化素质。

舆论监督的作用。利用消息可以及时反映人民群众的意见、要求、呼声，督促有关单位、人员端正工作作风，遵纪守法，提高服务质量。

三、消息的特点

消息的特点主要是真、新、短、快、活。

真。“真”是消息的生命。消息的写作不同于文学创作，消息必须反映客观的真实情况。消息中的任务、事情、地点、时间及引述的数据都要反复核对，做到准确可靠。否则，就成了虚假消息，蒙骗读者，有损党和政府的形象，甚至会造成恶劣影响和严重后果。

新。“新”包含两方面的内容，一是指时间上的“新”，即报道的事是新近发生的，具有时效性。二是指内容的“新”，有些事虽然不是近期发生的，但其内容有新的认识、新的发现、新的意义，那也是值得报道的。相反，有些事情虽是最近发生的，但内容不新，老调重弹，就不是消息，而是无人问津的“旧闻”。

短。消息是对客观事实的迅速报道，其主要目的在于告知。因此，行文要简洁、精练，篇幅要短小，一般不超过500个字。有的消息只有几十个字，甚至还有一句话的简明消息。

快。消息的传播要争分夺秒，谁快，谁就掌握了新闻报道的主动权，进而赢得了读者。电台、电视台常以直播的形式，同步播出消息实况，就是为了以更快的速度将消息传播给受众，满足受众的需要。

活。消息要吸引读者、观众，必须写得生动活泼、引人入胜。在内容上，要抓住最新鲜、最精彩的事实；在形式上，要把内容恰如其分地表达出来。胡乔木在《人人要学会写新闻》一文中指出：消息要写出“色、香、声、味，呼之欲出”，这就是对新闻写作“活”的形象化表述。

四、消息的分类

消息通常分为动态消息和综合消息两类。

动态消息：这是一种最为常见、用途最为广泛的新闻文体，以迅速简洁地报道新近发生的事件，反映事物发展过程中的新动态为基本特征。

综合消息：即对同类事物或某一事物的多个侧面进行综合报道，主要用于反映新动向、新成就、新问题等。

另外，也有一种观点将消息分为经济消息、社会消息、军事消息、体育消息、科技消息等。

五、消息的写作

消息一般包括标题、消息头、导语、主体、背景材料、结尾六部分。

(一)标题

消息的标题常见的有单行标题、双行标题、三行标题。

1. 单行标题

单行标题也称主标题或正标题，如“中国女排挥汗迎新春”。

2. 双行标题

双行标题是由主标题和副标题组成的标题。主标题高度概括消息的主旨；副标题又称子题或辅题，位于主标题之下，用于对主标题进行补充说明或解释。如：

迎奥运　讲文明　树新风　　　　　　（主标题）

——××××学校狠抓精神文明建设工程　（副标题）

3. 三行标题

三行标题是由引题、主标题和副标题三者组合形成的标题。其中的引题又称肩题、眉题，它是主标题的先导，用于交代主标题的由来或背景，烘托气氛，位于主标题的上一行。三行标题内容丰富，一般用于比较重要的新闻。如：

××市经济体制改革的又一重大突破　　　　（引题）

企业告别行政主管部门　　　　　　　　（主标题）

各有关部门积极配合　各项准备工作已就绪　　（副标题）

具体使用哪一种形式的标题，需根据新闻事实的实际情况来确定，并力求写得新颖生动，富有吸引力。

(二)消息头

一般在报纸上刊登的消息都具有消息头，消息头主要有“讯”和“电”两类。“讯”主要是指通过邮寄或书面递交的形式向报社传递的新闻报道，如“本报讯”；“电”主要是指通过电报、传真等形式向报社传递的新闻报道，如“本报×月×日电”。

一般在电视和广播上发布的消息，消息头用“本台消息”。消息头位于正文之前。

(三)导语

导语是消息的开头，是消息的窗口。“导”字有三方面的含义：即开始、启发、吸引。写导语要求用语简洁，用一两句话突出消息中最重要的、最鲜活的内容，目的是引导读者对最基本的事实进行整体把握，然后引导读者了解完整的消息内容。导语在一般情况下，能涵盖新闻的要素，体现消息的主要内容。导语常用的形式主要有以下几种。

叙述式。即把消息中最主要的事实用叙述方法简明扼要地写在消息的开头。

描写式。即对消息的主要事实或某一有意义的场面加以简洁朴素而又生动的描写，以收到引人入胜的效果。

评论式。即在消息的开头就对新闻事实进行评论，表明作者对问题的态度和立场。

引语式。即通过引用材料来介入话题。

提问式。即把主要事实用提问的方式写出，以引起读者关注。

（四）主体

主体是消息的主要部分，是在导语之后具体、详尽地表述消息内容的部分。这一部分对导语中所概括的事实作出进一步的展开和说明，或印证导语中的提示，或回答导语中提出的问题，使读者对事情有比较完整的了解。

（五）背景材料

背景材料是消息所报道事实的相关历史背景和存在的环境条件及与其他事物的联系。恰当地介绍背景材料，可以烘托、深化消息主体，加深人们对报道事实的了解。

背景材料在消息中并非必不可少，背景材料的使用要紧紧围绕主题，而究竟是否使用背景材料，则要视主题表达的需要而定。

背景材料在消息中的位置比较灵活，既可以在导语中写，也可以在主体或结尾中写；既可以是一句话，也可以是一段话；既可以自成一段，也可以穿插在段落中。

（六）结尾

消息的结尾与导语一样，最好能富有启发性和鼓励性，使读者感到余味无穷。结尾一般要照应开头，达到首尾圆合，善始善终，既可作概括的结语，加深读者印象，起画龙点睛的作用，又可指明报道对象的发展趋向，给人以启迪。但切忌画蛇添足、啰嗦重复。

此外，在消息的写法上，可以有多种安排形式，其中最主要的是“正金字塔结构”和“倒金字塔结构”两类。

“正金字塔结构”是根据事实情况发生的先后，按时间顺序来写，如记叙文中的“正叙”。这种结构方式适合以情节取胜的消息。

“倒金字塔结构”是把消息中最重要的内容放在开头的导语部分，然后写次要的，再写更其次的，依次向后排。这种结构是消息常见的写法，适用于写实性强、事件单一的突发消息。

六、消息的写作要求

第一，内容要真实。消息要求报道真人真事，不能虚构，也不能道听途说、随意发挥，而要运用事实说话，实事求是地报道、反映消息的真实面貌。

第二，层次要清晰。在消息写作中，要组织安排好材料，做到合理布局、前后连贯，有主有次、有详有略，衔接紧凑而不零乱。

第三，语言要简朴。消息的报道应当具有大众性，应当适应各阶层、各行业、各种文化程度读者的需要，因而选词用语要力求平实易懂。另外，消息的篇幅通常短小，以尽可能简洁的语言传达尽可能丰富的消息，是消息写作所追求的表达效果，所以，消息的用语应该是朴素而不单调，概括而不枯燥。

例文：

曲靖工商学校向四川地震灾区捐款 136284.4 元

本报讯 5 月 14 日，曲靖工商学校党总支发出号召，积极响应中共曲靖市委、曲靖市人民政府《关于积极向四川地震灾区捐款的紧急通知》精神，并于 5 月 15 日下午召开捐款仪式，动员全校师生员工伸出援助之手，积极捐款、奉献爱心，尽微薄之力去帮助灾区人民重建家园，早日走出困境。在捐款仪式上，全体师生员工(含离退休教职工)在学校领导的带领下，共捐款136284.4元，其中学校捐款50000元，团校委捐款2000元，学生会捐款6800元，爱心商店捐款1160元，学校领导、中层干部捐款10100元，教职工捐款27186元，离退休教职工捐款1300元，学生捐款37738.4元。(孔××)

第四节 通讯

一、通讯的概念

通讯是一种运用叙述、描写、抒情、议论等多种手法对新闻事件、人物和各种见闻进行具体、形象、详尽的报道的新闻报道形式。通讯的叙事可以使用文学手法，可以反映典型人物和重大事件，也可以写出一种思想、一种经验、一个问题。

二、通讯的作用

通讯是中国新闻界的“土特产”，具有传播、宣传、教育的作用。

三、通讯的特点

新闻性。通讯是一种报道性的新闻文体，以真实性为本源。同时，通讯也要求注重时效性，尽量做到迅速及时。

文学性。通讯不仅要用事实说话，还要用形象生动的语言表达出来。优秀的通讯之所以感人，就是因为运用了众多的文学手法来描写心理、渲染环境等，以感染读者和听众。当然，在通讯中可以运用文学手法，但不能像文学作品那样进行虚构。

评论性。通讯不仅可以表述事实，还可以通过议论等手段表明作者的倾向，表现作者明确的感情色彩，这是通讯的精髓所在。

完整性。有人说：“通讯是对新闻的补充”，这话不无道理。通讯通过多角度的描写使人物形象丰满完整，通过对事件来龙去脉的交代使事件条理清晰，通过巧妙的布局安排，使文章脉络分明、结构完整，这就弥补了新闻报道的不足。

四、通讯的分类

通讯按内容可分为人物通讯、事件通讯、工作通讯、概貌通讯、专访等。

(一)人物通讯

人物通讯以报道人物为主，着重报道某些典型性、有可写性的人物，让读者了解人物的性格和事迹。人物通讯可以写一个人的一件或几件有典型意义的事情，也可以写一个人一生的几个主要阶段的重大事件，类似人物传记，还可以写一个集体的精神风貌。

(二)事件通讯

事件通讯是一种把具有新闻价值的事件进行完整而具体的报道的通讯文体。有新闻价值的事件，既可以是新出现在社会上的某种风尚，也可以是某种新鲜的事物；既可以是人们在社会生活中的重大问题，也可以是某个领域中的重大事故。

(三)工作通讯

工作通讯是一种报道某项工作的进展程度、总结某项工作中的经验和教训的通讯文体。写工作通讯既要报喜，也要报忧；揭示错误，要有理有据，让人信服；介绍经验，要具体真实，具有指导性。

(四)概貌通讯

概貌通讯又称风貌通讯，是以反映某一地区风土人情、体现某一领域面貌变化、记录某处自然风光为主的报道。一般情况下，在此类通讯文章的题目中，常常出现“见闻”、“巡礼”、“侧记”、“之行”、“纪行”之类的字眼。概貌通讯一般以一个“变”字为主题，集中描写某地的新变化、新风尚。

(五)专访

专访又称访问记，是就某一重要新闻事件或公众关注的问题访问有关人士，然后以谈话纪实的方式加以报道。访问是做好专访的基本前提，在访问前，访问者和被访者双方都要做好准备，才能保证访问成功。

通讯涵盖的范围比较广泛，如大家熟悉的报告文学也可以归结为纪实通讯，在这里，就不一一列举了。

五、通讯的写作

通讯的写作可以不拘一格，一般由标题、作者、开头、主体、结尾五部分组成。

(一)标题

通讯的标题分为以下两类。

主标题，如《杨大娘一家的胸怀》。

主标题＋副标题，如：

辛勤耕耘　　风光无限　　　　　　　（主标题）

——××××学校办学纪实　　　　　（副标题）

(二)作者

作者位于标题正下方，另起一行居中书写。

(三)开头

开头是正文的开始部分，一般情况下，要点出报道的主要对象。通讯的开头较为灵活，可以使用各种表达方式和修辞手法。

(四)主体

通讯的主体结构一般有以下三种。

按时间顺序进行报道。这种结构形式常被称为纵式结构，在通讯写作中最为常见。通常以时间为线索，叙述人物的经历或事件发生、发展的全过程，方便读者了解事件的来龙去脉。当然，按时间顺序进行报道，同样要有开头、发展、高潮、结局。

按空间的变换进行报道。这种结构形式又称为横式结构，常采用并列的方式组织材料、安排层次、抓住中心，使文章形成一个有机的整体。

按时空结合进行报道。这种结构形式又称为纵横式结构，常以时间为“经”，以空间为“纬”，采用时间与空间的纵横交叉来布局谋篇，变而不乱。

当然，“文无定法，文成法定”。通讯的主体结构形式可根据报告题材的特点，创造出生动活泼的结构形式。

(五)结尾

通讯的结尾，可以抒发情感，使人得到感染，也可以摆出事实，令人思考。

六、通讯与消息的联系与区别

从时间上看，通讯与消息都要求使用鲜活的材料，迅速反映事件，但是消息则需要在第一时间对事件进行报道，错过第一时间，消息的价值就会受到影响。通讯因报道事件复杂，写作时间相对较长，其时效性要求弱于消息。有时一些旧的事件，如果有新意，也可写成通讯。

从内容上看，通讯与消息都要围绕事件和任务展开，但是消息篇幅短小，简洁明快，只要求写出事件的主要内容，不需要对事件作具体详细的描述，也不需要对人物言行进行细腻生动的描写。通讯则需要对人物形象作出生动的刻画，对事件发生的过程作较为详细的描述。

从表达方式上看，通讯与消息都可以使用叙述的表达方式，但消息以叙述为主，只对事实的前因后果、来龙去脉作如实叙述，以期给读者一个客观真实的印象。而通讯则可以使用包括说明在内的多种表达方式，还可以使用一些文学手法，以使事件描述更加具体，内容生动形象，感情色彩浓厚，从而使读者能够感知新闻事件的某些重要细节。

从形式上看，通讯与消息都是由标题、导语、主体、结束语等部分构成，但是消息在正文之前往往有“本报讯”、“本台消息”等语句，通讯则没有。

七、通讯的写作要求

第一，处理好主观与客观的关系。通讯中，事实是客观的，采写者的情感是主观的，主观情感要依附于客观事实，即通讯应在以事实说话的基础上，运用夹叙夹议的方法对人或事做出适量、适度的评论，不能喧宾夺主。

第二，要选好通讯的主体。通讯具有广泛的社会影响，采写者肩负着一定的社会责任，所以，在动笔前一定要想好自己准备表现什么主题，主题重点体现在哪些材料上，怎样体现得更为明确。只有主题明确，才能使通讯具有时代感，从而产生广泛而深刻的社会影响。

第三，要精心构思。叙述一个事件，并不一定非要丝毫不漏地加以陈述；描写一个任务，也不一定非要琐事不落。要根据主题需要，对材料有计划、有目的地进行选择，不必面面俱到。

第四，大胆使用文学手法。写作通讯，在表达上，可用叙述、描写、抒情、议论等形式进行综合报道；在修辞上，可用比喻、衬托、对比、排比、拟人等手法进行描写；在语言上，力求准确、生动，形成流畅、优美的通讯风格。

例文：

小荷已露尖尖角

——记××县第一职业高级中学赵远荣

孔××

××县第一职业高级中学中医班学生赵远荣，虽然年仅20岁，但在医学方面已初露才华。1994年以来，他医好县内外的病患300多人，被××县人民广为传颂。

赵远荣出生于××县雨碌乡的一个小山村，上初中时，由于受胃窦炎病魔的困扰而四处寻医治疗，但效果不佳。这番经历使他幼小的心灵开始懂得了医生的价值，从而立志习医。他1993年初中毕业时，第一志愿就报了××县第一职业高级中学中医班。从上学起，他就专心听讲，刻苦学习，中午休息时间几乎全部用来拜访教师及有丰富临床经验的老中医，晚上不厌其烦地复习所学课程，自学《中医正骨》、《中西医药理知识》等医学书籍，广泛阅读《中国农村医学》、《中医药研究》等杂志及《本草纲目》等古代医著。他把一个个处方写在小纸片上，放在口袋里，挂在蚊帐上，直到记住才入睡。就这样，经过近两年的时间，他从众多的医学书籍中发现了中医治疗胃窦炎、胃溃疡、慢性胃炎、风湿性关节炎等疾病的精华，并从许多老中医那里得到感悟。于是写下了近两万字的心得笔记，并反复试验，最后选用了20多味中药精制出治疗各种胃病的胃病粉及治疗风湿性关节炎的风湿丸。从3000多名患者的临床疗效来看，有90%以上的病人得到彻底治愈。此外，他还掌握了人们熟悉的疗法，如针灸、按摩等，并对治疗角膜炎、腮腺炎、乳腺炎、痔疮等疾病有了相当的经验和把握。

宣威市通用机械厂48岁的工人赵凤珍，1994年被医院确诊为胃溃疡，历经几家医院治疗无效。患者经人介绍，抱着最后一线希望求治于年轻的赵远荣。赵远荣根据病情让她服用自制的胃病粉，3天后患者病情明显减轻，两个星期后痊愈，至今仍未复发。雨碌乡12岁的小学生范琼，由于患角膜炎，严重影响学习。赵远荣得知后，利用寒假时间登门为其治愈，受到当地群众的好评。

赵远荣在医学方面作出了贡献，为此曲靖地区教委发给他奖金200元，以资鼓励。此时的赵远荣，紧锁眉头，那双闪着光的眼睛，盯着未来，企盼着新的突破！

第五节　广播稿

一、广播稿的概念

广播稿是指为电视台、电台、广播站撰写的用于口头播讲的稿件。在偏远的地区，一些重要的新闻都是首先通过广播传送到广大群众中去的。

二、广播稿的作用

广播稿的作用是传播信息、传播知识、提供文化娱乐等。

三、广播稿的特点

通俗性。报纸是给人看的，广播是给人听的。看起来顺眼的文章，听起来不一定顺耳；看起来清楚的句子，说起来不一定顺口。因此，写广播稿的语言要通俗易懂、朴实无华、朗朗上口。

及时性。广播稿不需排版、印刷、发行，直接用声音的形式传达信息。及时性是广播稿区别于其他媒介新闻的最大特性。

广泛性。广播稿在电视台、电台、广播站广播，目不识丁的人也能接受信息，具有广泛性的特点，这是报纸所不能比拟的。

四、广播稿的分类

广播稿按其内容可以分为：录音新闻、录音讲话、录音通讯、录音访问、录音特写、口头报道、广播对话、广播新闻述评等。

五、广播稿的写作

广播稿一般由标题、导语、主体、背景材料、结束语五部分组成。

（一）标题

标题应尽量选用简单而又能够表达一个完整意义的句子，而不要用含义不清或不完整的字、词、短语，如《爱的乐园》。

（二）导语

写导语时，要先打招呼，请听众收听，增强吸引力，如“听众朋友们：”。

（三）主体

广播稿的主体一般有两种形式：一种是按照事实情况发生的先后来写；另一种是按逻辑顺序，详略得当地展开。

（四）背景材料

恰当地介绍背景材料，可以烘托主题，加深人们对广播稿事实的了解。

（五）结束语

广播稿的结束语与消息的结束语相似，可以使听众朋友们感到余味无穷。

六、广播稿的写作要求

第一，尽量不使用读音相同而含义不同的词语，如“可望”和“渴望”等。

第二，注意音节的抑扬顿挫，尽量不使用括号。

例文：

校运会入场式广播稿

秋风送爽，硕果飘香；欢歌笑语，彩旗飞扬。

金秋十月，××学校全体师生员工收获着醉人的芬芳，再创崭新的辉煌！

看！一支支雄赳赳，气昂昂的队伍，踏着整齐而强劲的步伐，带着满腔热情与力量走进了会场，这是我们的队伍，这是师生员工的激情在飞扬！他们一丝不苟，严阵以待，体现了学生们严谨求实、团结奋进的优良传统。他们气宇轩昂，精神抖擞，象征了学生们孜孜不倦、努力学习、勇往直前的精神风貌。他们矫健的身姿、飒爽的风采，伴随着嘹亮的口号声，正预示着××学校走在职业教育改革创新、快速发展的最前方！

二〇〇九年十月一日

第六节　广告

一、广告的概念

“广告”一词，源于拉丁语，意思是大喊大叫，吸引人注意，广而告之。广告有广义和狭义之分。广义的广告是指向公众传播信息的一种大众传播活动，包括公益广告和商业广告。狭义的广告专指商业广告。

公益广告也称为公共服务广告、公德广告，是为公众服务的非营利性广告，如宣传男女平等、保护环境、遵守交通规则等。

商业广告也叫经济广告，是一种营利性的、面向市场的、通过各种媒体迅速传播商品或劳务信息的宣传活动。本书介绍的是狭义广告。

二、广告的作用

第一，传播信息，扩大流通。广告是信息传递最迅速、最有效的手段之一，它通过报刊、广播、电视、网络等多种媒体传播商品信息，让广大消费者深入了解及掌握商品的特点与性能或所提供的服务等内容，从而节省供求时间，加速商品流通。

第二，促进销售，繁荣经济。促进销售是广告的最终目的。广告不仅可以使消费者认识商品，唤起注意，而且可以促使其产生购买行为，从而促进经济的繁荣。

第三，引导消费，改善生活。随着科学技术的进步，新产品不断涌现，借助广告可以使人们了解新产品，购买新产品，引导大众改善生活质量。

第四，教育大众，美化生活。广告不仅是一门科学，也是一门艺术。作为一门科学，它是严谨的，必须真实地反映商品与服务的真实情况；作为一门艺术，它是高雅的，必须充分利用文学、美术、音乐、舞蹈、书法、戏剧、电影等表现手法，不仅向人们传递商品信息，而且也可给人以赏心悦目的美的享受。同时，广告也在不断地将新知识、新观念传递给大众，使大众不断接受其潜移默化的影响。

三、广告的特点

真实性。真实是广告的生命。广告是为市场活动及人民生活服务的，必须货真价实地传播信息，做到信誉第一，用户至上，热情、忠实地为用户服务，成为消费者的可靠顾问，不得含有虚假内容，不得浮夸失实地欺骗和误导消费者。

思想性。广告的思想性是指广告内容健康、格调高尚。广告不仅是一种经济现象，也是一种意识形态，它在传播商务信息的同时，也对受众产生潜移默化的影响。因此，广告的内容应以健康、积极向上、富有情趣的语言文字来宣传商品，而不能用消极、颓废、低级趣味的内容和形式引诱消费者。

审美性。广告的审美性表现为：绘声绘色、具体形象；生动活泼、丰富多彩；以情动人、以理服人；意境优美、雅俗共赏。

独创性。没有独创性的广告很难引起大众的注意或取得良好的宣传效果，因此，广告的独创性显得更加重要。广告的独创性表现在两个方面：一是传递信息的独创性。在制作广告时，必须把商品或服务的独到之处充分展示出来；二是表现手法的独创性。要运用较为新颖的手法将商品或服务的独创性表现出来。广告要避免使用形式呆板、枯燥无味、千篇一律的套话或缺乏特色的语言。当然，广告还要注意避免怪异、危言耸听或词不达意的语言出现。

四、广告的分类

广告按传播媒体可以分为：报纸广告、杂志广告、广播广告、电视广告、路牌广告、网络广告等几类。

报纸广告。即在报纸上刊登广告。其优点是传播范围广，传播速度快，能保存，可查阅，费用低廉。缺点是形象性差，缺乏动感、音效。

杂志广告。即在杂志的封面、封底或插页上做广告。其优点是编制详细、印刷精美、阅读周期长、传阅率高。缺点是传播面不广、出版周期长、传播速度慢。

广播广告。广播广告主要是诉诸人的听赏，有的还配以音乐，朗朗上口，以声夺人。优点是传播及时，受众面广，不受交通、地形影响。缺点是稍纵即逝，印象不深。

电视广告。电视广告是通过编排电视节目，利用音响、形象、色彩等生动地介绍商品或服务项目。优点是形声兼备、动静结合、形象生动、传播迅速、感染力大、受众面广。缺点是播放时间短，制作费用昂贵。

路牌广告。路牌广告是设置在交通要道、车站码头、车船内外和繁华商业市区的广告。优点是过往行人印象深刻，有较好的宣传效果。缺点是宣传范围有限，影响面不广。

网络广告。网络广告是利用计算机互联网作为载体所做的广告。优点是容量大、成本低、传播快、受众广，这种形式的广告越来越被人们所重视。

五、广告的写作

文字广告通常由标题、正文、随文、广告语四部分构成。

(一)标题

1. 根据标题的内容分类

广告标题可以分为直接标题和间接标题。

(1)直接标题。直接标题用于直接显示商品名称、品牌、企业名称或其他所要告知大众的消息。直接标题有多种形式，常见的有名称式，如“蓝天六必治牙膏”(商品名称)、“内蒙古鹿王集团”(企业名称)；诉求式，如“请喝可口可乐”；陈述式，如“庆祝××学校建校5周年暨新校区落成”；劝慰式，如“要买房，到建行”、“少生优生，造福后代子孙”。

(2)间接标题。即不直接点明广告主题，而是采取较为委婉的、耐人寻味的方法，用一些富有情感色彩，使人想象、引人深思的语句吸引公众。常见的有疑问式，如“今年送礼送什么”(脑白金广告)；抒情式，如“献给母亲的爱”(威力洗衣粉)；描写式，如“春光明媚，处处有芳草”(芳草牙膏)、“巧手留春住，绢酿满园花”(绢花)；悬念式，如“世界上85%的牛是被蘸着番茄酱吃掉的”(番茄酱)；寓意式，如“一毛不拔”(牙刷)、“不打不相识”(打火机)、“一寸光阴一寸金”(手表)。

2. 按编排形式分类

广告的标题分为单标题和复合标题两种。

(1)单标题。既可是直接标题也可是间接标题，如“海尔冰箱为您着想”。

(2)复合标题。又称多重标题，由引题、正标题、副标题组成。引题用来说明产品的意义或交代背景；正标题用来点明广告的主要内容；副标题是对正题内容的补充。例如：

以果为媒　促进发展　　　　(引题)

××市第一届猕猴桃果会　　　　(正标题)

二〇〇九年九月六日至七日在××县城举行　　　　(副标题)

(二)正文

正文内容可根据广告的目的、诉求重点进行合理的安排，要突出重点，以促使公众深入了解并接受广告。广告正文的表现形式有很多种，常见的有：

陈述式。即主要通过叙述产品的研制、开发、市场销售情况或企业发展的历史和前景、企业的服务项目等，达到宣传企业和产品的目的。这种写法注重用事实说话，线条清晰，具有很强的说服力。

描写式。即以描写为主要表达方式，勾画宣传对象的具体形象，可用浓墨重彩，给人以身临其境、直观形象之感。

抒情式。即通过感情的抒发，渲染气氛，营造出一种浓烈的情感氛围，以情感人，使公众产生美好的联想，形成强烈的消费欲望。

论证式。强调理性分析，着眼证据确凿、论点明确，以让人信服。

说明式。即以简洁、朴实的文字，对宣传对象的特点作出较客观、准确的说明。

(三)随文

随文又叫附文，是广告不可缺少的附属性文字，一般在广告的结尾部分，向公众传达企业名称、地址、联系电话、联系人、邮政编码、E-mail等，以便消费者和用户联系。

(四)广告语

广告语又称广告口号、广告标语。广告语的位置比较自由，它可以独立出现于任何一个位置，既能放在广告的最前面，也可替代标题，还可以置于正文中或附文后。

1. 按照广告语功能分

可将常用的广告语分为以下两大类。

(1)功能型广告语

企业形象类广告语：常以宣传企业形象为主，把企业的精神和文化贯穿其中，如“真诚到永远”(海尔电器)、“上上下下的享受”(三菱电器)。

商品宣传类广告语：着重介绍商品的功效、性能及商品带给人的利益，如“金利来，男人的世界”(金利来领带)、“天上彩虹、人间长虹”(长虹电器)。

产品促销类广告语：即为推销商品而采用心理劝慰式语言，如“记住，每天喝瓶太子奶”(湖南太子奶)。

(2)诉求型广告语

彰显优势类广告语：即宣传企业优势，扩大影响范围，明确诉求理由，如“康师傅方便面，好吃看得见”(康师傅方便面)、“农夫山泉有点甜”(农夫山泉矿泉水)。

承诺利益类广告语：即向受众承诺使用商品和选择服务所得到的利益，如“输入千言万语、奏出一片深情”(四通打字机)。

激发情感类广告语：即以亲情、友情、爱情、豪情等种种情感唤起大众的肯定与支持，如“养育之恩，何以回报?”(养生堂鳖丸)、“男人就该有男人的样子”(雄牌服装)。

2. 按照广告语风格分

可将其分为诗歌化风格广告语、口语化风格广告语、成语化风格广告语、谐音化风格广告语四类。

(1)诗歌化风格广告语。即运用文学语言，创造诗的意境，如“金碧红粉映佳人”(日本资生堂化妆品)、“滴滴香浓、意犹未尽”(麦氏咖啡)。

(2)口语化风格广告语。即从日常生活的口语、俗语中选择恰当语句，使其具有通俗易懂、朗朗上口的特点，如“请喝可口可乐”(可口可乐)、“一嗑就开心”(阿里山瓜子)。

(3)成语化风格广告语。即以成语为创作素材，适当改动并发挥，宜记上口，如“踏上轻骑，马到成功”(轻骑摩托车)。

(4)谐音化风格广告语。即根据人们的语言习惯，将人们所熟知的格言名句略加改动，产生谐音效果，如“早点下‘斑’，不要‘痘’留”(营养化妆品)、“中国电信，千里‘音’缘一线牵”(国际长途电话)。

广告语的创作，可运用比喻、比拟、对偶、排比、双关、反问、谐音、重叠等多种修辞手法。

六、广告的写作要求

第一，内容合法，情况准确。合法、准确是广告的生命线。撰写广告，必须遵循《中华人民共和国广告法》的有关规定，不能违规操作。广告应建立在真实反映情况的基础上，任何含有虚假成分，带有蒙骗消费者嫌疑的广告，都是应当取缔的广告。

第二，主题鲜明，定位合理。不同的广告有着不同的主旨、素材、结构和语言，对待不同的诉求对象，广告应有不同的侧重点，如体现女性美的美容化妆品、迎合青少年的新潮食品、展现高科技魅力的电脑软件等的广告就要风格各异，各有所长。

第三，创意独特，形式新颖。广告创意是对广告主题的创造性表现，新颖独特的广告能使人驻足流连，回味无穷，也能令人耳目一新，心驰神往。

第四，情趣高雅，意境优美。广告的品味、格调反映了广告的思想性、审美性，广告不仅应为社会经济服务，还应与社会文化时尚、意识形态息息相关。好的广告要能陶冶人的情操，起到引人奋进的作用。

第五，结构简洁，语言精妙。广告只有用简洁的结构、精妙的语言，才能使人过目不忘、入耳连心，达到宣传商品、引导大众消费的目的。

例文：

诚　聘

××学校(原市经济干部学校)由于办学规模不断扩大，特面向社会诚聘专职教师。

一、招聘对象

语文教师2人；数学教师5人；英语教师3人；政治思想教师3人；心理学教师1人；会计教师4人；计算技术教师1人；统计学教师1人；电脑艺术设计教师4人；化工工艺教师3人；物理电工类教师3人；音乐教师2人；形体训练教师1人；体育教师2人；园林教师2人。

二、应聘条件

师德高尚、爱岗敬业，本科以上学历。有教学经验，教学业绩突出者优先聘用。语文、数学、英语、政治思想、心理学、化工工艺、音乐教师原则上应具有中级及以上职称。

三、待遇

应、往届毕业生年薪在12000～25000元；有教学经验的教师年薪在20000～30000元。

四、招聘办法

应聘者应持本人亲笔书写的简历、学历证、身份证、教师资格证、职称证、荣誉证、普通话等级证书等原件和复印件到学校党政办公室报名。报名时间为7月2日至20日。

联 系 人：孔老师　　颜老师　　惠老师

联系电话：×××××××

××学校

二○○七年六月三日

知识书签

广告一词，在我国19世纪的报刊上开始出现，直至20世纪20年代方被普遍采用。公益广告是慈善机构向社会筹资或社会各种公益机构开展旨在提倡社会公德、教育大众的活动时所做的宣传广告，如“口痰入盂，垃圾入桶。讲究卫生，人人有责”。

思考与练习

一、名词解释

消息　　通讯　　广播稿　　广告

二、填空题

1. 传播文书的主要特点是______、______、______。
2. 新闻的六要素是______、______、______、______、______、______。
3. 消息的特点主要是五个字，即______、______、______、______、______。
4. 消息的标题通常分为______、______、______三类。
5. 消息的结构一般包括______、______、______、______、______和______六部分。
6. 通讯具有______、______、______的作用。
7. 通讯按内容可分为______、______、______、______、______五类。
8. 通讯一般由______、______、______、______、______五部分组成。
9. 广播稿的主要特点有______、______、______。
10. 广告按传播媒体不同可分为______、______、______、______、____、______六类。
11. 广告由______、______、______、______四部分构成。

三、单项选择题

1. 消息的生命是(　　)。

A. 真实性　　B. 时效性　　C. 可读性　　D. 新颖性

2. 常以宣传企业形象为主，把企业的精神和文化贯穿其中的广告类型是(　　)。

A. 商品宣传类　　B. 产品促销类　　C. 企业形象类　　D. 承诺利益类

3. 广播稿区别于其他媒介新闻的最大特性是(　　)。

A. 通俗性　　B. 及时性　　C. 广泛性　　D. 真实性

四、多项选择题

1. 消息导语常见的主要形式有(　　)。

A. 叙述式　　B. 描写式　　C. 评论式　　D. 引语式

E. 提问式

2. 通讯的特点是(　　)。

A. 新闻性　　B. 文学性　　C. 评论性　　D. 完整性

E. 专访性

五、简述题

1. 简述消息的结构及写法。
2. 简述消息的背景材料。
3. 简述通讯的写作要求。
4. 简述广告的作用。

技能训练

1. 观看一场篮球赛，按"倒金字塔结构"写一篇消息。

2. 同学陈某在校园内拾到 100 元人民币并交给班主任，最终将钱还给失主。请你将此事写成一篇广播稿。

第二十七章 经济文书

第一节 经济文书概述

一、经济文书的概念

经济文书是指人们在经济活动过程中，处理经济事务时所使用的一种文体。经济文书记载和反映了国家、企业、个人的经济信息，既是经济活动的重要凭证，也是沟通经济信息、分析经济活动状况、促进经济效益提高的管理工具。

二、经济文书的作用

指导作用。开展经济活动，实现经济意图，需要进行一系列周密规范的经济行为和举措。经济活动步骤及行为方案，都必须用内容周详的书面语言固定下来，以此作为经济活动的指南。

联系作用。经济文书不仅能协调企业内部各方面的工作，而且还可以与企业外部联系起来推动经济的运行，如与其他企业签订合同、意向书等。

凭证作用。经济文书对内是组织生产的依据，也是监督产品质量的依据；对外则是履行各自承诺的权利和义务的依据，如合同和协议书就有明显的凭证作用。

三、经济文书的特点

准确性。经济文书为经济管理服务，必须真实、准确、可靠地反映客观经济情况，所涉及的材料切忌主观猜测、虚构和夸张。

针对性。经济文书涉及国家经济政策和企业的经营管理、生产计划、销售服务等，因此，撰写经济文书，要针对经济活动或管理的特定对象来写。

时效性。经济文书的写作目的之一就是为决策层提供经济信息和决策依据。市场经济瞬息万变，经济文书必须及时发布，以便决策层做出快速反应，把握时机，抓住机遇。

政策性。经济文书直接受经济业务活动制约，要体现党的政策，否则就会给党和国家造成经济损失。

四、经济文书的分类

(一)按内容分

可以分为报告类、方案类、契约类。

报告类：用于总结或分析经济工作的现状或发展趋势，如经济活动分析报告、财务预算决算报告等。

方案类：用于为决策者提供决策依据，如市场预测报告、财务计划、项目建议书、可行性研究报告等。

契约类：用于确定经济活动以及双方的关系、彼此的权利与义务，如意向书、协议书、合同书等。

(二)按范围分

可以分为宏观经济文书、微观经济文书两类。

宏观经济文书：从宏观的角度分析研究经济运转的规律及其发展的趋势，如市场预算报告等。

微观经济文书：对具体事物、具体对象、具体产品进行有序运作，体现双方或多方当事人的经济利益，如意向书、协议书、合同书、招标书、投标书、中标通知书等。

本教材主要介绍意向书、协议书、合同书、招标书、投标书、中标通知书。

五、经济文书的写作要求

第一，熟悉业务工作。作者只有熟悉自己工作的业务范围、工作内容及相关工作之间的关系，才能写出符合实际、操作性强的经济文书。

第二，理解政策法规。从事经济活动，拟制经济文书，要认真学习党和国家的有关政策、法规，贯彻落实政策、法规精神，才能事半功倍。

第三，把握写作程式。经济文书在用纸、格式、写作等方面都有特定的规范化要求，不能随心所欲。

第二节 意向书 协议书 合同

一、意向书

(一)意向书的概念

意向书是指双方或多方，就某一合作事项表明基本态度，提出初步设想，表达某种意愿或实现某种目的而签订的应用文书。意向书实际上是协议或合同的先导，起着备忘录的作用，不具有法律约束力。

(二)意向书的作用

意向书的主要作用是：传达“意向”，提请对方注意或供对方参考，约束双方的行动，保证双方的利益；反映业务工作上的关系，保证业务朝着健康有利的方向发展；为正式签订协议或合同打下基础。

(三)意向书的特点

协商性。意向书是双方共同协商而签订的，也可为今后进一步协商提供依据。双方签署之后，允许进一步洽谈细节，可提供几种方案供双方选择。

一致性。意向书是双方就某一洽谈事项达成初步的一致意向时确立的，反映双方的共同愿望，并得到双方认可，可以为下一步谈判提供依据。

临时性。意向书是双方洽谈过程中各方基本观点的记录，一旦达成正式协议，便完成了意向书的使命。意向书不具备法律效力。

(四)意向书的写作

意向书一般包括标题、当事人名称、正文、结尾、落款五部分。

1. 标题

意向书的标题有以下两种形式。

(1)事由＋文种，如《联合办学意向书》。

(2)文种，如《意向书》。

2. 当事人名称

在标题下写明签订意向书的双方或多方的单位全称或代表人姓名。为了表述方便，一般在各单位后用括号注明“甲方”、“乙方”，如有第三方，则注明“丙方”。

3. 正文

正文包括引言和主体两部分。

(1)引言。引言要写明签订意向书的原因、依据和目的。有些意向书引言要写得比较具体，说明双方洽谈的大致情况，如洽谈的前提、时间、地点、议题、考察经过等。

(2)主体。主体通常采用条款式方式表达双方达成的具体意向。一般要写明合作项目、合作期限、货币结算方式、投资金额及规模、双方的权利与义务、利润分配及亏损分担等问题，表明双方已达成的意向。

4. 结尾

结尾要写明未尽事宜的解决方式，以供具体商谈。最后写明意向书的文本数量及保存者。如系外资项目，还应交代意向书所使用的文种及外汇兑换升降比例等问题。

5. 落款

落款包括三项内容：签订意向书各当事人的法定名称、洽谈代表的签名、签订意向书的日期，并加盖公章。

(五)意向书的写作要求

第一，平等互惠，态度诚恳。洽谈双方必须一视同仁、平等对待、互利互惠，行文时应忠实于洽谈内容，本着对洽谈双方负责的原则，在协商一致的原则上签订。

第二，重点突出，简洁明确。意向书在表述方面要重点突出、表意明确、简洁概括，但不必过于具体，只需把意向双方洽谈一致的地方表达出来即可。

第三，语言准确，把握分寸。意向书的写作在语言的运用上应该做到准确、不含歧义，为今后进一步洽谈奠定基础。同时，应注意把握语言分寸，为今后的进一步商谈留有一定的空间。

例文：

合作培训意向书

甲方：××职业技术学校

乙方：××县劳动和社会保障局

经双方商讨，拟合作举办一期农民工实用技术短期培训班。初步意向如下：

一、培训期3个月。2007年9月1日开始，11月30日结业。

二、培训学员100名。由乙方选送30岁以下、具有初中文化及以上学历的人员。

三、培训费4万元。由乙方在开班前支付给甲方。

四、甲方提供培训场地、师资、教材，负责教学管理，发放结业证书，并负责推荐就业。

甲方：××职业技术学校(盖章)　　乙方：××县劳动和社会保障局(盖章)

代表：×××(签字)　　代表：×××(签字)

×年×月×日

二、协议书

(一)协议书的概念

所谓协议书，是指在社会经济活动中就某一问题或某一事项提出意见，经过双方或多方协商、谈判，达成共识后，由相关各方共同签署的具有法律效力的记录性应用文。

(二)协议书的作用

约束和凭证作用。协议书作为具有法律效力的文书，把当事人各方商谈的有关事项记录下来，一经签订，对签订各方均具有约束作用。协议书明确了各方的权利和义务，各方各执一份，作为凭证，互相监督，以保证合作事项的顺利进行。

补充完善作用。协议书是已签订合同的补充部分。有些合同在执行过程中，会遇到某些特殊情况或因某些条款内容的不完善使合同无法继续履行的情况。在这种情况下，经合同当事人协商同意后，可对已签订的合同作部分的修改、补充和完善，这时签订的协议书经当事人各方签字盖章后生效，实际上，协议书便成为已签订合同的组成部分。

(三)协议书的特点

原则性。协议书的原则性表现为当事人各方对合作的内容、条件、要求等作了约定。

广泛性。协议书不只限于经济活动，也可以涉及共同商定的各方面事务。

灵活性。协议书内容的安排、条款的详略等完全由双方当事人协商议定。

长期性。协议书的有效时间较长，有的甚至是永久性的，如“子女过继协议”、“收养协议”等。

(四)协议书的写作

协议书一般由标题、当事人名称、正文、结尾和落款五部分组成。

1. 标题

协议书的标题有以下两种形式。

(1)事由＋文种，如《技术合作协议书》、《房屋租赁协议书》。

(2)文种，如《协议书》。

2. 当事人名称

在标题的左下方，空两格写上双方当事人的单位名称。为了行文方便，规定某一方为“甲方”，另一方为“乙方”。

3. 正文

正文是协议书的主要部分，一般由两部分构成：一是协议的目的和依据，要写得简明扼要；二是协议的具体事项，要逐一表述清楚。正文部分的表达主要有三种形式：

(1)表格式。适用于生产或财产一类的协议，因涉及产品或财产的规格、指标、数量、名称等，采用表格式会显得较清晰。

(2)条款式。适用于工程技术、收养、赡养等内容较多的协议。

(3)叙述式。适用于较简单的协议。

4. 结尾

说明该协议书一式几份，各方存查几份。

5. 落款

落款应写明各方当事人、见证人的单位名称、法人代表或法人代表委托人、签订协议日期，并加盖公章，同时写清各方当事人的地址、联系电话等。

(五)协议书的写作要求

第一，内容合法。协议书是一种具有法律效力的文书，一旦签订，就具有法律效力，因此，必须遵守国家法律、法规，符合国家的政策要求，任何单位和个人不得签订与国家法律和政策相抵触的协议。

第二，格式规范。在起草协议书时要按照各种协议的规定格式和规范化要求来写，不能随意拟撰。

第三，遵守平等互利原则。协议必须出于当事人的意愿，各方在法律上是平等的，既要体现协商一致，又要体现协作精神，还要遵循等价有偿的原则。

第四，表述严谨准确。协议书中所使用的语言要严谨、恰当、准确，不能产生歧义，以免造成法律纠纷。

第五，字迹清晰。协议书的字迹要清晰，不得涂改。若有涂改，必须经双方协商，并在涂改处加盖双方印章。

例文：

建立生源基地协议书

甲方：××××学校

乙方：×××学校

为深化职业教育综合改革，让更多的学生接受中等职业教育，提高理论知识和操作技能，服务当地经济建设，同时也为了减轻家长及学生的经济负担，经双方协商，决定共同建立生源基地，并达成本协议，共同信守。

一、甲方负责到乙方所在地做好招生宣传工作。

二、凡到甲方就读的学生，每生每年享受生活补助1500元。同时，根据学生学习和家庭情况，可享受助学金、奖学金、贫困生补助费。

三、凡到甲方就读的学生，每生享受一套无偿赠送的校服。

四、凡到甲方就读的学生，学校100%推荐就业。学校与学生及家长签订就业协议，从法律上确保学生就业。

五、乙方若分流学生，甲方按时录取就读。

六、每学期乙方学校校领导和毕业班班主任到甲方学校考察一次，到校后由甲方负责接待。

七、乙方负责招生宣传，张贴甲方招生简章。

八、乙方负责组织生源，每年组织生源在30人及以上。

九、乙方在假期期间同意甲方在校门口设招生报名点。

十、未尽事宜，由甲、乙双方共同商定。

十一、本协议自双方签字之日起生效。

十二、本协议一式二份，甲、乙双方各执一份。

甲方：××××学校(盖章)　　　　乙方：×××学校(盖章)

甲方代表签字：×××　　　　乙方代表签字：×××

联系电话：×××××××　　　　联系电话：×××××××

××年×月×日

三、合同

(一)合同的概念

合同是平等主体的法人代表、自然人或其他组织之间设立、变更、终止民事权利义务关系的文书。

平等主体，是指订立合同的当事人(主体)各方的法律地位是平等的，一方不得将自己的意志强加给另一方。

订立合同，是指法人代表、自然人或其他组织之间依法享有自愿订立合同的权利，任何单位和个人不得非法干预。“依法”不仅仅是指双方“自愿订立”，而且还指合同的内容必须符合现行的法律、法规，不得订立违法合同。

(二)合同的作用

有利于保护合同当事人的合法权益。合同依法成立，双方当事人都要严格履行自己的权利和义务。如有一方违约，要视情节轻重承担相应责任。如果当事人之间发生纠纷，为维护各自的合法权益，当事人可依照合同进行交涉甚至诉诸法律，请求仲裁机构或司法机关依法裁决或判决。这样，能强制双方当事人重合同、守信用，其合法权益能得到相应的法律保护。

有利于维护社会经济秩序。合同是商品经济的产物，是社会关系、经济关系在法律上的表现。所谓社会经济秩序，是指社会活动、经济活动所应有的规范性、稳定性、安全性。只有社会经济活动规范、有序，合同当事人才能最大限度地实现各自的目的，获取最大权益。因此，合同是维护社会秩序的重要方式。

有利于加强国家对企业的管理和监督。执行合同时，国家可以通过各级业务主管部门和工商行政管理部门，有效地监督和管理企业的经济活动。比如对恪守信用、经济状况运行良好的企业给予优惠条件贷款，反之则从严控制贷款。

有利于企业加强经营核算和管理。经营核算要求企业以最少的消耗完成合同规定的各项指标，从而取得最好的经济效益。企业按合同组织生产，可以加强企业管理，避免浪费和积压。

有利于促进经济技术合作与交流。随着我国市场经济的发展，内外贸易不断扩大，经济活动越加广泛与深入，合同已成为促进经济技术合作与交流的重要手段，它对发展国内外经济贸易、构建和谐社会起着重要的桥梁和纽带作用。

(三)合同的特点

合同内容的合法性。合同是具有法律效力的文书，其作用的发挥要以内容的合法为前提。内容不合法，合同则为无效合同，所以合同的内容具有强制合法性的特点。

合同效力的约束性。合同是双方当事人为了实现一定的目的而签订的，双方的权利义务是明确的，合同一经签订，即具有法律效力，任何一方不得违约，否则就要承担相应的责任。

合同主体的平等性。合同的签订是当事人各方在平等、自愿、协商、一致的前提下签订的，任何一方不能以任何方式和手段把自己的意志强加给对方。

合同措辞的严谨性。为避免合同履行中产生不必要的争执，避免造成不必要的经济损失，合同的语言表达必须准确、完整、严密，绝对不能有模棱两可或含混不清的情况出现。

(四)合同的分类

1. 从内容和性质的角度分

可以将合同分为以下几种。

(1)买卖合同。买卖合同又叫购销合同，是出卖人转移标的物的所有权于买受人，而买受人支付价款的合同。

(2)供用电、水、气、热力合同。供用电合同是指供电人向用电人供电，用电人支付电费的合同。供用水、供用气、供用热力合同，与供用电合同类似。

(3)赠与合同。赠与合同是赠与人将自己的财产无偿给予受赠人，受赠人表示接受的合同。

(4)借款合同。借款合同是借款人向贷款人借款，到期返还借款并支付利息的合同。

(5)租赁合同。租赁合同是出租人将租赁物交付承租人使用，承租人支付租金的合同。

(6)融资租赁合同。融资租赁合同是出租人根据承租人对出卖人、租赁物的选择，向出卖人购买租赁物，提供给承租人使用，承租人支付租金的合同。

(7)承揽合同。承揽合同是承揽人按照定做人的要求完成加工、定做、修理、复制、测试、检验等工作，交付工作成果，定做人给付报酬的合同。

(8)建设工程合同。建设工程合同是承包人进行工程建设、发包人支付货款的合同，包括工程勘察、设计、施工合同。

(9)运输合同。运输合同是承运人将旅客或者货物以铁路、公路、水路、航空等运输方式，从起运点运到约定点，旅客、托运人或者收货人支付费用的合同，包括客运合同、货运合同和联运合同。

(10)技术合同。技术合同是当事人就技术开发、转让、咨询或者服务订立的确立相互之间权利和义务关系的合同，包括技术开发合同、技术转让合同、技术咨询合同和技术服务合同。

(11)保管合同。保管合同是保管人保管寄存人交付的保管物，并返还该物的合同。

(12)仓库合同。仓库合同是保管人储存存货人交付的仓库物，存货人支付仓库费的合同。

(13)委托合同。委托合同是委托人和受委托人约定由受托人处理委托事务的合同。

(14)经纪合同。经纪合同是经纪人以自己的名义为委托人从事贸易活动，委托人支付报酬的合同。

(15)居间合同。居间合同是居间人向委托人报告订立合同的机会，或者提供订立合同的媒介服务，委托人支付报酬的合同。

2. 按书面表达形式分

可将合同分为以下三种。

(1)条款式合同。即把当事人各方约定的内容用文字逐条记载下来。

(2)表格合同。即把必不可少的内容设计成固定的表格形式，订立时只需将约定好的内容逐一填入相应栏内即可，方便当事人各方一目了然地签订合同。

(3)综合式合同。即用条款的形式规定需要约定的部分，用表格的形式写明合同中的固定内容。

(五)合同的写作

合同一般包括标题、当事人名称、正文、结尾、落款五个部分。

1. 标题

标题即为合同的名称，主要有以下几种写法。

(1)合同种类充当合同名称，如《建设工程合同》、《劳动合同》。

(2)合同标的＋合同种类，如《农副产品买卖合同》。

(3)合同有效期＋合同种类，如《2009 年招生合同》。

(4)单位名称＋合同种类，如《××××学校　××公司联合办学合同》。

2. 当事人名称

合同签订各方要写明单位名称、合同编号等，为表述方便，需在各单位前注明“甲方、乙方”或“供方、需方”等；也可在各单位后用括号注明“甲方、乙方”或“供方、需方”等代称。

3. 正文

合同的正文包括开头和主体两部分。

(1)开头。合同正文的开头主要是点明签合同的缘由、根据、目的等，常用“为了……”、“根据……”及承接语句“经过双方协商，特签订本合同，以资共同遵守”，将文意引入主体。

(2)主体。主体是合同的核心，也是合同的基本条款部分，应写明根据法律规定的或按合同性质必须具备的条款。合同的主体应具备如下主要条款：

①标的：指合同当事人双方权利和义务的共同指向，包括货物、工程项目、劳务、智力成果等，如采购合同中的标的是货物，建设工程合同中的标的是工程项目，技术推广合同中的标的是科技项目等。

②数量：是合同标的的具体化，是以数字和计量单位来衡量标的的作尺度。

③质量：是标的物的质量和包装质量的综合指标。

④价款和报酬：价款指有偿合同中接受标的一方当事人以货币形式向另一方当事人支付的钱款。标的支付的货币名称、数额、计算标准、结算方式、支付时间、支付方式等要写清楚。报酬是对提供劳务或完成一定工作的当事人所给付的钱款。

⑤履行期限、地点和方式：履行期限是指合同当事人完成交货(款)或完成劳务的时间界限；地点是指合同当事人完成交货(款)或完成劳务履行义务的具体地方；方式是指合同当事人履行义务的方法，一般包括标的支付方式、价款或报酬结算方式，以及运输方式、计算方式、验收方式等。

⑥违约责任：指当事人由于自身过错而未履行合同义务，依法所应承担的责任。违约责任主要是用违约金、赔偿金来体现。

⑦解决争议的方法：指如果合同有争议时解决的办法和途径。解决争议可以通过和解或调解，如和解或调解不成的，可以向仲裁机构申请仲裁，若仲裁无效，可以向人民法院起诉。

4. 结尾

结尾主要是写明合同的有效期、条款未尽事宜的处理办法、合同的份数和保存方法、合同的附件等。附件与合同本身具有同等效力。

5. 落款

落款部分应写上当事人单位的全称、代表人姓名(签字)，并加盖公章。有的合同还要写明地址、电话号码、邮政编码、开户银行及账号、签证机关等，最后写明签订合同的日期。

(六)合同与意向书的区别

从用途上看，意向书多用于技术合作、工程确立、联合投资等方面；合同多用于购销、财产租赁、借款、保险等方面。

从内容上看，意向书的内容仅表明当事人各方的意向、设想和打算；合同的内容更详细、周密，对双方的权利、义务等有具体的要求。

从法律效力上看，意向书不具备法律效力，不受法律保护；合同具有法律的约束力和强制性，当事人必须全面履行规定的义务。

(七)合同与协议书的异同

1. 共同点

合同与协议书对各方当事人均有法律约束力，都必须按照签署的内容，严肃认真履行权利和义务。

2. 不同点

(1)从内容上看，合同的内容具体、详细、周密；而协议的内容单纯，往往是共同协商的原则性意见。

(2)从适用范围看，合同主要适用于经济关系方面的事项；而协议适用于共同商定的各方面事务。

(3)从时效性上看，合同所规定的交易一旦实现，则合同的有效期限随之消失；而协议的有效时间较长，有的甚至是永久性的。同时，协议可以是合同的补充和完善。

(八)合同的写作要求

第一，内容合法、合理。一是合同的订立效力、履行、违约责任必须符合国家的法律、法规和政策。二是单位和个人不得利用合同进行非法活动，索取非法收入。三是必须贯彻平等互利、等价有偿的原则。

第二，结构完整、具体。合同必备的构成部分不能缺少，内容的条款不能遗漏，计量单位、包装标准等要具体，避免歧义。

第三，表述严谨、准确。合同的遣词造句要认真推敲，句意准确；表述货币等的数字应大写，标点符号的使用应准确。

第四，字迹清晰、工整。合同的字迹要求清晰、工整，不能有错字、别字。一般不能涂改，如果要涂改，应在修改处加盖双方当事人印章。

例文：

绿化养护管理合同

甲方：××市××物业管理有限公司

乙方：××市园林局

为了加强××花园绿化的管理，确保花草树木生长繁茂，给小区居民提供一个良好的生活居住环境，现甲方委托乙方对绿化进行管理，经双方友好协商，订立如下条款：

一、管理范围：(略)

二、管理内容：

1. 清除××草坪的杂草，使草坪不长杂草或极少有杂草，一年修剪不少于2次。

2. 根据植物生长规律，定期为各种树木进行除草、松土、培土、浇水、施肥、防病、除虫、修剪、整形等，使树木生长健壮。

3. 少量布局调整、移植、补种。

4. 保持绿地内的清洁卫生及排水顺畅。

三、管理期限：管理期限暂定为两年，即从××××年6月1日起至××××年5月31日止。

四、管理费用：××花园现有绿地面积共×××平方米，按每平方米××元计算，月养护承包费用为×××元。甲方按月支付给乙方(随工资支付)。此费用包含管理人工费、绿化水费、工具费、材料费、技术服务、农药化肥、机械费及其他与管理相关的费用，如有新增加绿化面积，则另外计算费用。

五、乙方责任：

1. 派专职养护工人按管理要求开展日常工作，确保绿地内植物生长良好，凡因乙方管理不善造成绿化植物损伤或死亡的，由乙方按原样修复或更换。

2. 承担甲方临时绿化的少量突击性工作。

3. 负责维护绿化用水管网并按月向自来水公司支付绿化水费。

六、甲方责任：

1. 给乙方免费提供绿化所需工具房及剪草机械。

2. 确保管理范围内绿化植物及园林设施不受人为损坏。凡因自然灾害造成的花木、草坪损失，乙方不负责赔偿。

七、其他事项：

1. 乙方达不到管理要求又不加以改进的，甲方将按要求扣当月管理费的5%～10%作罚金并有权终止合同。

2. 未尽事宜，甲、乙双方另行协商解决，与此合同具有同等效力。

3. 合同一式四份，甲方三份，乙方一份，自双方代表签名并盖章后生效。

甲方：××物业管理有限公司(盖章)　　乙方：××市园林局(盖章)

法人签名：　　法人签名：

签约代表：　　签约代表：

联系电话：　　联系电话：

××年×月×日

第三节　招标书　投标书　中标通知书

一、招标书

(一)招标书的概念

所谓招标书，是指招标单位在承包单位建设项目、购买大宗物品等时发出通告，明确提出拟购商品或拟建项目的有关条件和要求，征召合作对象在指定的时间、地点，按照一定程序前来投标的一种经济行为，是招标单位为邀请有关单位投标所编写的文字材料。

(二)招标书的作用

有利于促进经济竞争。招标单位实行招标，必然引起投标者之间的激烈竞争，各企业只有不断提高经营管理水平，引进先进技术，降低成本，才能中标。

有利于提高经济效益。招标可使招标单位有更多选择投标者的机会，投标者中标后必然会在提高质量、降低成本、加强管理等方面下工夫，因此，双方经济效益均能得到提高。

有利于经济技术交流与合作。投标的范围广泛，只有那些技术先进、产品质量好、成本低的企业才能中标，这样就吸纳了优秀企业的先进技术。

(三)招标书的特点

公开性。招标的项目、目的、基本情况、产品要求、具体规定等都是公开发布的，而且都要接受公证机关或其他有关机构的监督。

竞争性。即投标书的编制和提出是一个比实力、比信誉、比策略的竞争过程。

具体性。招标书须写明有关招标的做法、步骤与工作程序。

（四）招标的形式

公开招标。即在媒体上公开发布招标通告。

书面通知招标。即采取书面通知招标的形式直接通知有资质或承担能力的单位参加投标。

议标。是对一些技术复杂或工期紧迫的工程项目，在征得有关主管部门同意后，选择至少3家有资质、有承担能力的单位协商确定工期、造价的一种形式。

（五）招标的程序

①成立招标、评标工作领导小组。②制发和报审招标文件，公布招标通告。③投标者递交投标申请，并购买招标文件。④对投标者进行资格审查。⑤统一组织投标咨询。⑥投标者递交密封并加盖印章的投标书。⑦确定开标时间、评标标准。⑧组织开标，确定中标者，发出中标通知书。⑨招标单位与中标者签订合同。

（六）招标书的分类

按内容和性质分为：工程项目招标书、大宗商品交易招标书、劳务招标书、科研课题招标书、技术项目引进或转让招标书、企业承包或租赁招标书。

按作用和过程分为：招标申请书、招标书、招标通告、邀请函、招标通知书等。

（七）招标书的写作

1. 招标申请书的写作

招标申请书是招标单位准备向社会发布招标通告前，向投标管理部门报送的请求批准向社会公开招标的书面申请。招标申请书由标题、正文、附件和落款四部分构成。

（1）标题。招标申请书标题的形式是单位名称＋事由＋文种，如《××××学校关于〈学生手册〉印刷招标申请书》。

（2）正文。正文由称谓、申请事项两部分组成。

①称谓。顶格加冒号写明受文单位即招标管理部门名称。

②申请事项。简要说明招标项目，有关政策文件，说明已具备的招标条件，提出招标请求。

（3）附件。附件主要包括招标准备工作资料、招标工程图样等配套资料。

（4）落款。在行文右下方署明制文单位名称，并注明日期，加盖公章。

2. 招标书的写作

招标书一般由标题、正文、落款三部分构成。

（1）标题

招标书的标题有以下四种形式。

①招标单位＋标的名称＋事由＋文种，如《××××学校食堂承包招标书》。

②招标单位＋文种，如《××××学校招标书》。

③事由＋文种，如《建筑安装工程招标书》。

④文种，如《招标书》。

（2）正文

正文通常包括导语、主体和结尾三部分。

导语部分主要写明招标缘由、目的、标的(招标项目名称)、招标范围。

主体部分主要写明标的概况、投标方法、投标程序、投标资格、质量及技术要求、合同规则、权利义务、保证条件、支付办法、招标的起止时间、开标的时间和地点等。

结尾部分写明招标者的地址、电话、邮编、电子邮箱、联系人等。

(3)落款

在落款处署上招标单位的名称和发文日期，并加盖公章。

3. 招标通告的写作

招标通告是招标单位面向社会在一定范围内公布招标事宜的告知性文书，其目的是引起一定数量的单位参加公平竞争。招标通告一般由标题、正文、落款三部分构成。

(1)标题

招标通告的标题有以下两种。

①招标单位+项目名称+文种，如《××市修建图书馆的招标通告》。

②文种，如《招标通告》。

(2)正文

正文由导语、主体、结尾三部分组成，与投标书的写法相同。

(3)落款

招标通告的落款与投标书的落款写法相同。

4. 招标邀请函的写作

招标邀请函是指请承包单位报名，经资格审查选定邀请对象参加投标的函件。招标邀请函由标题、发文字号、主送单位、正文、落款五部分构成。

(1)标题

招标邀请函的标题有以下两种。

①招标单位+文种，如《××××学校科技开发邀请函》。

②文种，如《招标邀请函》。

(2)发文字号

写在标题下面，如“设字 85-03”，“设”是发文单位的代号，“85-03”是文书序号，表明这是 1985 年的第 3 号招标邀请函。

(3)主送单位

主送单位即受邀投标单位的名称，写在发文字号下一行顶格处。

(4)正文

正文由导语、主体、时间安排、结尾语四部分组成。

①导语：写明发函的根据、目的、招标项目名称等，常用的过渡语是“现将有关事宜函告如下”。

②主体：包括项目名称、地址、承包方式、工程总量及对工期、质量的要求或购买物资的名称、数量、型号、价款等。

③时间安排：写明招标的起止时间、领取招标书的时间、地点和应缴费用及开标的时间、地点、联系方式、联系人等。

④结尾语：一般用“此致　敬礼”作结尾语。

(5)落款

在落款处署上招标单位名称、日期，并加盖公章。

5. 招标通知书的写作

招标通知书是正式请投标单位参加投标的通知性文书，包括标题、发文字号、主送单位、正文、落款五部分。

(1)标题

招标通知书的标题有以下两种。

①招标项目名称＋文种，如《教学楼建设招标通知书》。

②文种，如《招标通知书》。

(2)发文字号

发文字号由发文单位代字、年号和顺序号组成，如“校发[2009]18号”。

(3)主送单位

写明被邀请投标单位的名称。

(4)正文

正文由前言、主体、结尾三部分组成。

①前言。因有关单位已来函表示愿意参加投标，因此，前言只需表明同意参加投标的态度即可。

②主体。写明有关招标的具体事宜，如发售招标文件的时间和费用、接受标书的时间等。

③结尾。多用“请准时参加”等作结尾语。

(5)落款

在落款处署上制发通知的单位名称、时间，并加盖公章。

(八)招标书的写作要求

第一，要搞好调查研究。招标者要通过议标、评标“比价”，确定最佳投标者，就必须事先做好市场调查工作，了解和掌握市场走向，深入分析市场形势及其发展趋势。

第二，要实事求是地提出要求。无论什么项目的招标活动，都是为了在保质保量的前提下尽量节约资金，所以各项指标的提出既不能过高，也不能过低。过高会使投标者不敢投标，造成废标，过低会影响项目经济效益。因此，要从实际出发，实事求是地提出有关标的的要求，这样才能够达到好中选优的目的。

第三，要做到表述规范准确。招标书既要符合国家有关政策、法律、法规，又要使文字、数据、图表准确无误，语意不能有任何歧义。

例文 1：

招标申请书

××市招标管理委员会：

我校新校区建设项目，根据××发〔2007〕×号文件批准，现已具备施工条件，特申请通过招标选择教学楼施工单位，请批准为盼。

附件：1. ××××××

2. ××××××

申请单位：××××学校(公章)

×年×月×日

例文 2：

××学校《学生手册》招标书

××学校为了深化学校管理工作，建立健全学生管理制度，使我校学生管理有章可循、有规可依，全面提升学生的综合素质，推进学校又好又快发展，把学生管理制度汇编成《学生手册》，特制定本招标书，并诚邀有实力、有资质证书，愿意与我校友好合作的印刷公司(厂)参加竞标。

一、印刷时间与数量

甲方需乙方于 2009 年 9 月 13 日前印刷完成《曲靖工商学校学生手册》8000 册，乙方必须按时、按质、按量印刷完成，并送到学校验收。

二、技术指标

1. 封面纸：200 克纸，彩印(颜色、图案以样稿为准)。

2. 内心纸：70 克纸。

3. 页数：每册 130～140 页。

4. 开本：889mm×1194mm。

三、印刷要求：

1. 文字印刷清晰完整，墨色饱满，色泽均匀，无明显色差。

2. 无折页、无重影、无缺页、无污迹、无倒页，每页完整无损。

3. 装订无松散现象。

四、印刷价格

印刷价格为______元/册(大写：________)，该价格为综合包干价，包括运输、搬运等一切费用，总计费用为________元(大写：__________)。

五、付款方式

1. 合同签订时，甲方向乙方预付定金壹万元整(10000.00 元)。

2.《学生手册》8000 册按合同约定时间一次到位，甲方验收合格后，即支付总金额的

90%，剩余尾款10%，在1个月内若无发现纸质、印刷、装订质量问题，甲方一次性付清。

六、竞标中标办法

在规格、质量要求相同的前提下，每册印刷价格最高限价为7元，以最低者为中标者，超过最高限价7元者视为废标。如发现价格相同者，允许两家或两家以上的印刷公司（厂）共同作为中标者，并按比例分配印刷册数。

七、参与投标印刷公司（厂）的资质要求

1. 持有法人营业执照。

2. 持有法人机构代码证。

3. 持有税务登记证（国税、地税）。

4. 印刷公司（厂）能证实自己实力的材料、证件。

八、使用服务要求

1. 乙方按国家有关印刷标准及本协议约定的技术指标要求组织印刷。

2. 在1个月内发现100册以上的质量问题，乙方负责调换。

九、保证条件

各印刷公司（厂）领取招标书时交保证金，计人民币壹万元整（10000.00元），中标后转为合同履约保证金，待《学生手册》8000册全部验收合格后一次性全额退还（不计利息）；未中标的印刷公司（厂）在评标会议结束后，全额退还（不计利息）；若中标后无故弃标，所交保证金全额转为学校工作经费。

十、违约责任

1. 乙方必须按甲方规定的时间、技术指标要求印刷供货；如不能按时按质按量印刷供货，乙方赔偿甲方总印刷款的50%，并追究乙方的法律责任。

2. 本协议若在履行中发生争议，由甲、乙双方协商解决，协商解决不成，可向所在地经济合同仲裁委员会申请仲裁，也可向当地人民法院依法起诉。

十一、招标书领取时间及竞标时间

1. 2009年8月31日上午9：00至11：00领取招标书。

2. 评标时间：2009年9月2日下午3点。

3. 评标会议地点：××学校行政办公楼四楼会议室。

××学校教务处

二〇〇九年八月二十三日

例文3：

××县××镇土地整理项目施工监理招标通告

××县××镇土地整理项目施工监理按有关规定进行公开招标，择优选择监理单位，现将有关事项通告如下：

一、招标单位：××县国土资源局。

二、工程名称：××县××镇土地整理项目所有标段。

三、工程地点：××县××镇。

四、工程概况：工程总造价约2700万元，分一个标段进行监理招标。

五、招标方式：公开招标。

六、投标单位资质要求：

具备房屋建筑工程监理丙级以上(含丙级)或水利水电监理丙级以上(含丙级)资质的企业及房屋建设工程或水利水电工程总监理工程师均可报名参加。

七、报名时要求提供下列材料。(略)

八、报名时招标人将根据本公告第六条、第七条、第十二条的规定对投标报名人进行符合性审查，凡不符合资质要求或未提供本公告要求的资料者，将不接受报名。

九、招标公告时间：2007年11月10日～2007年11月14日。

十、集中报名时间：2007年1月15日上午9：00～12：00、下午14：30～17：00，11月16日9：00～17：00。

十一、报名地点：××县国土资源局三楼会议室。

十二、招标文件等资料费400元/第一标段(不退)。

联系人：×××

联系电话：×××××××

××县国土资源局

二〇〇七年十一月九日

例文4：

京华建筑经济技术咨询服务公司邀请函

致×××建筑设计单位：

我公司受振华投资公司委托，承办该公司计划兴建“喜鹊大厦”的设计方案事务，特邀请贵单位参加设计方案竞赛。现将有关事宜介绍如下：

1. 建筑场地：(略)

2. 设计要求：(略)

3. 投资控制数额：(略)

4. 参加竞赛的单位请提交的文件和图纸：(略)

5. 设计方案的评选

评选设计方案，以符合使用功能和美学功能的要求，符合规划管理部门的有关规定，技术先进可行、造价经济合理为标准，由各方面的专家组成的评选委员会，以不记名投票方式选出三个优秀方案，本公司将进一步与设计单位洽商承包设计的有关事宜。

6. 竞赛的时间安排和有关费用的负担

(1)×月×日踏勘场地和答疑，参赛单位各派二人参加，上午8点30分到本公司接待室集合，去现场的交通工具及工作午餐由本公司免费提供。

(2)×月×日下午5时为竞赛收件截止时间，以邮局投递日戳为准，逾时无效。

(3)×月×日公布评选结果，中选与否，都以书面形式通知参赛单位。对入选的方案分别给付适当报酬；对未入选的方案也酌致薄酬。

欢迎贵单位参加竞赛，并预祝成功。

此致

敬礼

本公司地址：××××××

电话：××××××

联系人：×××

附件 1. 建筑场地平面图(略)

附件 2. 设计机构简况表(略)

京华建筑经济技术咨询服务公司(章)

一九××年×月×日

例文 5：

关于××大桥工程招标通知书

×××：

贵公司关于申请参加××大桥工程施工投标的函已于 3 月 30 日前收悉，经我组对所附情况资料进行评议并征求了××工程指挥部的意见，同意贵公司参加××大桥工程的施工投标。

遵照市职教中心第一期工程总工期的要求，结合设计文件提供的情况，招标工作日程初步安排如下：

1. 2009 年 4 月上旬，开始发售第一批招标文件，即鉴定后修正的线路平、纵断面图及简要说明。

2. 2009 年 5 月下旬，开始发售第二批招标文件，即未经过鉴定的技术文件的有关部分的招标文字说明，同时组织现场勘察，进行招标文件交底并解答疑点。设计文件经过审查如有修正另行补发。

3. 2009 年 6 月底，接受标书，并公开开标。

4. 2009 年 7 月上旬前评标、定标，正式通告中标单位。

5. 2009 年 7 月底前，与中标单位签订承包施工合同。

上述具体日期将以电话通知，招标文件每套收费 1000 元，请贵公司于 4 月 30 日前汇寄我组。我组开户行为××××支行，账号 251008。

××基本建设发包组(盖章)

二〇〇九年四月十日

二、投标书

(一)投标书的概念

所谓投标，是指愿意按投标书条件进行交易，根据招标书所列的条件、要求，拟出具体方案，向招标单位提出交易或提出承包申请的行为。投标书是投标人按招标人的要求向招标人提出订立合同的建议，是提供给招标人的备选方案的文字材料。

(二)投标书的作用

投标书是社会竞争的产物，它体现了一种参与意识和竞争意识。

投标的条件与意见为招标单位选择最佳的合作者提供了依据。

通过投标者之间的优胜劣汰实现资源的优化组合，从而提高工作效率，增强经济效益和社会效益。

(三)投标书的特点

针对性。拟写投标书要针对招标单位提出的条件和要求，也要针对投标者的现状，决定是否投标和投标的程度。

真实性。投标书的内容要真实可靠，切忌为了中标而弄虚作假、隐瞒真相，否则会造成经济损失。

保密性。投标方为了在竞争中达到中标的目的，应密封盖章寄递投标书，在开标之前要对投标方案及标的绝对保密。

(四)投标书的分类

按内容和性质的不同可分为：工程项目投标书、大宗商品交易投标书、劳务投标书、科研课题投标书、技术项目引进或转让投标书、企业承包或租赁投标书等。

按作用的不同可分为：投标申请书、投标书、履约保证书等。

(五)投标文本的写作

1. 投标申请书的写作

投标申请书又叫投标函，是投标单位在招标通告限定的时间内向招标单位递交的参加竞标活动的书面申请。其结构由标题、主送单位名称、正文、附件、落款五部分组成。

(1)标题

通常只写“投标申请书”。

(2)主送单位名称

即招标单位的名称，写在标题下一行顶格处。

(3)正文

简洁表述参加招标的决心与信心，表明愿遵守有关规定及参加公平竞争的态度，诚恳提出请求。

(4)附件

附件主要包括投标者的基本情况和与投标项目相关的资历，以及能证明自身实力的其他材料。

(5)落款

在落款处署上投标单位名称、日期，并加盖公章。

2. 投标书的写作

投标书由标题、正文、附件、落款四部分组成。

(1)标题

投标书的标题有以下四种。

①投标单位＋投标项目＋文种，如《××公司承包洗衣机厂的投标书》。

②投标项目＋文种，如《××工程项目投标书》。

③投标单位＋文种，如《××公司项目投标书》。

④文种，如《投标书》。

(2)正文

正文由前言、主体、结尾三部分组成。

①前言。前言写明投标人的基本情况，如企业名称、性质、规模、资质等级、技术力量；对投标项目的依据和指导思想；对投标项目所持的态度。

②主体。写明投标的具体单位指标；承诺方的责任义务；项目开工、竣工日期；标书的有效期；交纳的担保金和履约保证金；达到目标的办法、措施等。

③结尾。阐明可接受任何单位的招标书。

(3)附件

附件主要包括营业执照、资格证书复印件以及不宜在正文中说明的材料。

(4)落款

在落款处写明投标单位名称(加盖印章)、地址、电话、邮编、联系人、日期。

(六)投标书的写作要求

第一，实事求是。投标者务必实事求是地撰写投标书，不得弄虚作假。因为一旦中标，就要在规定的期限内与招标方签订合同，并严格履行合同。如不实事求是地反映真实情况，则会为合同的履行留下后患。

第二，具有针对性。投标书应针对招标书的具体内容，如目标、造价、技术、设备、质量、措施等，明确地表达投标意愿。如果内容笼统，表述不明，就难以使招标单位认可，也就难以中标。

第三，要讲求时效。招标都有明确的时限规定，投标书要在规定的时限内编制并及时送交，否则过时不候。

例文1：

投标申请书

××市招标管理办公室：

我公司根据现有施工能力，决定参加××学校行政办公楼投标。我们有条件、有能力、有决心保证达到招标文件提出的要求和标准，并遵守各项规定。

附：投标企业简介

投标单位：××公司(盖章)

×年×月×日

例文 2：

投标书

××学校：

我公司详细地研究了招标文件，进行了周密的现场勘察，作出了符合工期要求的施工安排，愿意以总包方式承担全部工程的施工任务。经报请上级主管部门同意，已取得了投标保证书，见附件。

我公司按招标文件规定的工程内容，经详细计算，填报了报价单，总包价为人民币（大写）______元（详见报价单）。其他有关的技术组织措施及必要的文字说明已按要求填写，见附件。

如能中标，我公司保证及时签订并认真执行合同，保证于×年×月×日前开工，于×年×月×日竣工。

投标单位：　　　　（盖章）
负 责 人：　　　　（盖章）
地　　址：
电　　话：

×年×月×日

投标书附件清单：（略）

三、中标通知书

（一）中标通知书的概念

中标通知书是指招标单位告知投标单位中标消息的书面通知。所谓中标，是指在公证机关的监督下，由招标方当场开标，确定实力最强、质量最好、价格最低、条件最优惠的投标方为中标者的活动。

（二）中标通知书的作用

中标通知书是签订合同的前提和依据。

（三）中标通知书的特点

约束性。即以中标通知书的制作标志招标工作的结束。

规范性。中标通知书的格式有相应的规范。

告知性。即把中标结果告诉投标者。

（四）中标通知书的写作

中标通知书由标题、文号、称呼、正文和落款五部分组成。

1. 标题

中标通知书的标题有以下两种。

（1）事由＋文种，如《教学楼装修工程中标通知书》。

（2）文种，如《中标通知书》。

2. 文号

文号由发文单位代字号、年号、编号组成。

3. 称呼

写明中标单位名称。

4. 正文

正文内容包括告知中标消息；写明中标总价金额数；提出工程质量标准；约定签约的时间和地点。

5. 落款

在落款处署上单位名称和日期，并加盖公章。

(五)中标通知书的写作要求

1. 掌握标准，写好中标书

掌握好招标者提出的质量标准、技术规格、价款、开工时间、竣工时间等，是写好中标通知书的前提。

2. 格式规范，表达准确

中标通知书要严格按格式规范写作，各项指标要准确无误。另外，中标通知书力求简明、实用。

例文：

××学校2010年挂历中标通知书

××公司：

××学校2010年挂历评标会议于2009年12月7日下午3：00在学校四楼会议室举行。按照《××学校2010年挂历招标书》的中标原则，确定贵单位中标。

中标总价为人民币××万元。印刷日期自2009年12月9日至2009年12月26日，印刷质量必须达到招标书规定的标准，2009年12月7日签订协议。

××学校(盖章)

二〇〇九年十二月七日

知识书签

招标、投标，是当今世界广泛认可的一种经济活动方式。改革开放以来，这种公开竞争方式开始在我国流行，1980年10月国务院发布《关于开展和保护社会主义竞争的暂行规定》，不仅促进了行业之间、部门之间及单位之间的交流，而且有利于消除不正之风，减少营私舞弊、行贿受贿等违法违纪现象。

思考与练习

一、名词解释

买卖合同　　租赁合同　　居间合同　　招标通告　　投标申请书

中标通知书

二、填空

1. 意向书的特点有______、______、______。

2. 协议书的作用有______、______、______。

3. 协议书一般由______、______、______、______、______五部分组成。

4. 合同按书面表达形式分为______、______、______三类。

5. 无论哪一类合同，都应写清以下几项基本条款：(1)______；(2)______；(3)______；(4)______或______；(5)______、______和______；(6)______；(7)______的方法。

6. 合同写作的基本要求有______、______、______。

7. 招标书的特点有______、______、______。

8. 招标的形式有______、______、______。

9. 招标申请书由______、______、______、______四部分组成。

10. 招标书由______、______、______三部分组成。

11. 投标申请书包括______、______、______、______、______五部分。

12. 投标书的特点是______、______、______。

三、单项选择题

1. 在社会经济活动中就某一问题或某一事件提出意见，经过双方或多方协商、谈判，达成共识后，由相关各方签署的具有法律效力的记录应用文是(　　)。

A. 意向性协议书　　B. 协议书　　C. 合同　　D. 招标书

2. 招请承包单位报名，经资格审查选定对象参加投标的函件是(　　)。

A. 招标邀请函　　B. 投标通告　　C. 中标通知书　　D. 招标通知书

四、多项选择题

1. 协议书的特点是(　　)。

A. 原则性　　B. 广泛性　　C. 灵活性　　D. 长期性　　E. 随意性

2. 合同的特点是(　　)。

A. 不变性　　B. 合法性　　C. 约束性　　D. 平等性　　E. 严谨性

五、简答题

1. 什么叫协议书？如何写好协议书？

2. 什么叫合同书？合同书与意向书有何区别？

3. 什么叫招标书？招标书有哪些写作要求？

4. 什么叫投标书？如何写好投标书？

六、阅读下面的合同，并提出修改意见。

经济合同

立合同单位：×××局基建办公室(甲方)

××县建筑公司建筑科(乙方)

为扩大商品储存量，促进商品购销，××局决定新建一座大型仓库。经双方协商，订立以下条款，以资恪守。

一、甲方委托乙方建造××大型仓库。

二、乙方包工包料，全部建造费为陆拾叁万元。

三、甲方负责场地的“三通一平”工作。

四、乙方在六月上旬开工，明年夏季完工。

五、甲方分期交付建造费，到完工全部付清。

六、本合同一式贰份，甲乙双方各执壹份。

附件：1. 仓库设计图纸

2. 材料标准

×××局基建办公室(公章)

立合同单位：主任：×××(印章)

××县建筑公司建筑科(公章)

科长：×××(印章)

×年×月×日

技能训练

1. 根据所给材料，拟写一份合作投资协议书。

中国××集团总公司(甲方)和美国××金属有限公司(乙方)，于200×年×月×日至×日，在××市经过友好协商，以平等互利为原则，就合作投资创办出租汽车公司达成协议。合资企业定名为××出租汽车公司，经营大、小汽车100辆，其中“奔驰”轿车7辆，“丰田”车83辆，面包车10辆。合资企业为有限公司。双方投资比例为7∶3，即甲方占70%，乙方占30%，总投资140万美元，其中甲方98万美元，乙方42万美元，合资期限为五年。公司董事会人数为5人，甲方3人，乙方2人。其中董事长1人，由甲方担任，副董事长1人，由乙方担任，正、副总经理由甲、乙双方分别担任。合资企业所得毛利润，按国家税法照章纳税，并扣除各项基金和职工福利等，净利润根据双方投资比例进行分配。乙方所得利润可以以人民币计收。合同期内，乙方纯利润达到乙方投资额后，企业资产即归甲方所有。双方共同遵守中国政府制定的外汇、税收、合资经营以及劳动法等法律法规。双方商定，在适当的时间就有关事项作进一步洽谈，以提出具体实施方案。本协议分别用中、英文书写，具有同等效力，以中文本为正本。签订协议书的时间为200×年×月×日。

2. 某学校食堂拟向社会承包经营，请在调查了解情况后拟写一份招标书，同时在此基础上拟写一份投标书。

第二十八章 法律文书

第一节 法律文书概述

一、法律文书的概念

法律文书是为执行法律和运用法律解决诉讼纠纷和与诉讼有联系的非诉讼纠纷所制作的具有法律效力或法律意义的文书。

二、法律文书的作用

法律文书是实施法律的重要工具。法律文书是司法人员办理案件、执行法律所使用的一种重要工具，是为了使法律规范和意向得以实现。

法律文书是诉讼活动的真实反映。诉讼活动中的每一个环节，都需要制作相应的法律文书，故法律文书不仅是诉讼过程中“一步一个脚印”的忠实记录，还是事后执法检查的重要凭证。

法律文书是法制宣传的生动教材。处理诉讼和非诉讼事件所使用的法律文书，是一种直观、具体而生动的法制教育材料，能起到教育公民遵纪守法、增强法制观念的作用。

三、法律文书的特点

合法性。法律文书的制作须“以事实为根据，以法律为准绳”，忠实于事实真相，遵循于法律规定，不能想当然、主观臆断、感情用事、信口开河，要重事实、重证据、重法律依据。

规范性。法律文书的内容和格式都有相应的规范要求，必须遵照执行。

准确性。法律文书的表述及法律条文的适用必须准确无误，不能有言外之音，更不能无中生有、歪曲事实。

时效性。法律文书在时间上有具体要求，比如对犯罪嫌疑人的监视居住不能超过 6 个月，上诉人在一审判决下达后的 15 日内可进行上诉，逾期将丧失答辩权和上诉权。

强制性。法律文书往往是由执法机关代表国家行使司法权而制作的，是国家法律权威的体现，一旦付诸实施，任何单位和个人必须严格遵照执行。

四、法律文书的分类

按制作主体分为：公安机关文书、检察机关文书、法院机关文书、公证机关文书等。

按处理问题的方式或途径分为：诉讼类文书和非诉讼类文书。诉讼类文书包括诉状、上诉状、申诉状、反诉状、答辩状等；非诉讼类文书包括仲裁申请书等。

本教材结合诉讼文书的种类和诉讼程序，主要介绍诉讼、上诉状、申诉状、反诉状和答辩状。

五、法律文书的写作要求

第一，主旨明确，选材精当。法律文书的主旨统率着全部成文的过程，所以主旨必须明确。主旨明确后，即可从办理的案件中搜集归纳一系列事实、证据和用于论述的法学理论内容，做到“以事实为根据，以法律为准绳”。

第二，事实清楚，说理充分。法律文书首先应将该具备的要素明确交代出来，其次针对每一个案件的个性，用严密的逻辑、准绳般的法律条文进行充分地说理。

第三，格式规范，项目齐全。法律文书的行文必须按照格式要求，一丝不苟地将其必备的项目内容写全，同时，对项目内容的书写位置、规范用语乃至字体大小，都要以格式范例为准则，不得违反。

第四，语言准确，平实庄重。法律文书的语言要求简明准确、公证平允，以显示出法律的权威性。

第二节 诉状

一、诉状的概念

诉状是指原告或其法定代理人为保护和实现原告的合法权益，依法行使诉讼权利，向人民法院提起诉讼时所写的书状。诉状在公诉时称起诉书，非公诉案件称诉状或起诉状、状纸等。

二、诉状的作用

诉状是人民法院对案件进行审理或调解的依据和基础。写好诉状对法院了解情况和处理案件有很大的帮助。

三、诉状的分类

诉状按性质的不同可以分为：民事诉状、行政诉状、刑事诉状三大类。

(一)民事诉状

民事诉状是指民事案件的原告或其法定代理人，为维护原告的民事权益，就有关民事权利和义务的争执向人民法院提起诉讼的书状，又称民事起诉状。

民事诉状具有以下特点。

第一，必须是由与本案有直接关系的人提起。

第二，必须是向有权受理本案的第一审人民法院提起。

第三，诉状中争执的焦点应属民事权益或其他民事纠纷，如财产所有权、财产继承权、知识产权、债权、经济合同纠纷、婚姻家庭纠纷等。

(二)行政诉状

行政诉状是指公民、法人或其他组织(或其诉讼代理人)认为行政机关工作人员的具体行政行为侵犯了其合法的权益，向有权受理本案的第一审人民法院起诉，要求依法处理而递交的书状。行政诉状是人民法院对案件审理的依据和基础。

行政诉状具有以下特点。

第一，必须是由与本案有直接利害关系的公民、法人或其他组织提起。

第二，必须是向有权受理本案的第一审人民法院提起。

第三，行政诉讼的对象是行政机关和行政机关工作人员的具体行政行为，主要包括由行政行为引起的纠纷，如行政不作为等。

(三)刑事诉状

刑事诉状是指刑事自诉案件的被害人或其法定代理人，为追究被告人的刑事责任或者附带民事责任，而直接向人民法院提起诉讼的书状，又称刑事自诉状。刑事自诉状是人民法院对案件进行审理的依据和基础。

刑事诉状具有以下特点。

第一，必须是被害人或其法定代理人提起自诉的书状。提起刑事诉讼的人称为自诉人。

第二，被告人的行为必须构成犯罪。

第三，必须是向对本案有管辖权的第一审人民法院起诉的书状。

四、诉状的写作

诉状由首部、正文、尾部和附项四部分组成。

(一)首部

首部包括标题、当事人基本情况和案由三部分内容。

1. 标题

按诉讼性质写明诉状名称，如“民事诉状”、“行政诉状”、“刑事诉状”。

2. 当事人基本情况

其写作的一般规律是：

(1)先写原告，后写被告，每人一段，依次写明姓名、性别、年龄(出生日期)、民族、籍贯、职业、工作单位、住址、电话等。

(2)若原告、被告均不止1人，应按先原告后被告的顺序一一列出。

(3)若原告、被告是法人单位或其他组织，则依次写出其单位的名称、地址、法定代表人及其职务。

(4)若原告、被告有代理人，应写明代理人的基本情况。

(5)行政诉讼状的被告只能是行使国家行政管理权的行政机关，被告方只需要写出机关名称、主要行政负责人即可。

3. 案由

案由指的是起诉案件的类别，如离婚、经济纠纷、损害赔偿等，这部分也可以省略。

(二)正文

正文一般包括诉讼请求、事实与理由两部分。

1. 诉讼请求

在当事人双方的矛盾中，原告请求人民法院解决什么问题，达到什么目的，在诉讼请求中要表达清楚、准确。

2. 事实与理由

事实和理由就是摆事实、讲道理，这是诉状的关键部分。

摆事实，就是要写明双方纠纷的具体事实和争执的具体情形，举出充分的人证、物证、书证及其他有利的证据，并注明证据来源。讲道理，就是根据事实和证据，辨明是非、证明合理、援引法律、得出结论、证明合法。

(三)尾部

尾部主要包括：①在正文下一行空两格写“此致”，再另起一行顶格写“×××人民法院”。②起诉人签名，如果是法人应加盖公章，如果是律师代书，需写明“××律师事务所律师×××代书”。③注明起诉的时间。

(四)附项

依次写明本状副本份数、书证名称、书证份数，以及证人姓名、住址、联系方式等。

五、诉状写作要求

第一，在符合诉状条件的基础上写作。

第二，用事实说话，切忌空谈。

第三，语言精练，表意准确。

第四，当事人身份事项齐全。

例文：

民事诉讼

原告：赵×，女，32 岁，汉族，×省×县人，无业，住×县严陵镇广场街×号。

被告：刘×，男，31 岁，汉族，×省×县人，无业，住×县严陵镇广场街×号。

案由：离婚

诉讼请求：

1. 判决解除原被告婚姻关系；

2. 婚生子刘小刚，5 岁，由原告抚养，被告按月给付抚养费 300 元；

3. 双方无夫妻共同财产，无共同债权债务。

事由和理由：

2000 年年底，双方经人介绍相识，次年 7 月 30 日登记结婚。2002 年 5 月 1 日生育儿子刘小刚。由于双方性格不合，常因生活琐事吵闹，被告还时不时动手殴打原告，导致夫妻感情破裂，婚姻关系名存实亡。

为维护社会正常生活秩序，保护公民婚姻自由权利，根据《婚姻法》第 32 条之规定，特诉请人民法院速判决如前请求。

此致

××县人民法院

具状人：赵××

二〇〇七年十一月二十六日

第三节 上诉状

一、上诉状的概念

上诉状是诉讼当事人及其法定代理人，不服地方各级人民法院第一审的判决或裁定，依照法定程序和期限，请求上一级人民法院撤销或变更原审裁判而提出的书状。

二、上诉状的作用

上诉状对维护当事人的合法权益和完善司法制度具有重要作用，可以避免错案的发生，维持正确裁决，保证法律的正确实施。

三、上诉状的分类

上诉状分为民事、行政、刑事上诉状三类。

民事上诉状是当事人或其法定代理人不服地方人民法院的第一审民事判决或裁定，依照法定程序和期限，向上一级人民法院提起上诉，请求撤销或变更原审裁判而提出的书状。

行政上诉状是当事人或其法定代理人不服地方人民法院的第一审行政判决或裁定，依照法定程序和期限，向上一级人民法院提起上诉，请求撤销或变更原审裁判而提出的书状。

刑事上诉状是指刑事诉讼的当事人及其法定代理人，不服第一审人民法院的刑事判决或裁定，依照法定程序和期限，向上一级人民法院提起上诉，请求撤销或变更原审裁判而提出的书状。

四、上诉状的特点

第一，必须是上诉当事人及其法定代理人提起。

第二，必须是对地方人民法院第一审判决不服才提起。

第三，必须依照法定程序和期限，向上一级人民法院提起上诉。

五、上诉状的写作

上诉状通常由首部、正文、尾部、附项四部分组成。

(一)首部

首部包括标题、当事人的基本情况、案由三部分内容。

1. 标题

依据案件性质，写明“民事上诉状”、“行政上诉状”、“刑事上诉状”即可。

2. 当事人的基本情况

其内容包括：①按上诉方、被上诉方和第三人的顺序，每人一段写明基本情况，其写法与诉状相同。②在上诉人和被上诉人后用括号注明其在原审案件中是被告还是原告。③针对公诉案件而定的刑事上诉状，因不能将人民检察院列为上诉人，故只需写明上诉人即可。

3. 案由

即不服一审判决或裁定的理由，包括原审人民法院的名称、处理时间、文书的名称和字号以及上诉的意见等内容，其行文语句一般为："上诉人因××一案，不服××人民法院×年×月×日×字第×号判决(或判定)，现提出上诉。"

(二)正文

正文包括上诉请求和上诉理由。

1. 上诉请求

写明上诉人请求依法撤销、变更原审裁判，以及如何解决争议的具体要求。如刑事诉状可写"请二审人民法院撤销原判，判决原告上诉人无罪"；民事诉状可写"请二审人民法院撤销原判，判决原告上诉人离婚"。

2. 上诉理由

其内容包括：①事实方面，论证原判认定的事实不存在或有出入、遗漏或者证据不足。②法律方面，论证原判对案件定性不当，适用法律不当，判决过重或过轻。③程序方面，论证原审违反程序，导致处理不当。

(三)尾部

上诉状尾部的写作与诉状相同。

(四)附项

上诉状附项的写作与诉状相同。

六、上诉状的写作要求

第一，上诉状应针对一审裁判存在的问题进行分析论证，讲明上诉的理由。上诉理由应足以推翻或变更裁判，同时要有事实和法律上的根据，这样才能有较强的辩驳力和说服力，以达到明辨是非、正确裁判的目的。

第二，上诉状是以反驳一审裁判的错误为主，但在反驳中应注意正面说理，把正确的主张、观点讲清楚，使正反两方面观点形成鲜明对比，给人以明晰的印象。

例文：

民事上诉状

上诉人王××，女，37岁，汉族，×市人，市××公司副总经理，住×市××区××路×号。

被上诉人史××，男，40岁，汉族，××省××县人，×市×厂推销员，住××市××区××路×号。

上诉人因离婚一案，不服×市××区人民法院1996年5月10日(1996)×民初字第××号民事判决书的第二项，现提出上诉。

上诉请求

请依法撤销×市××区人民法院1996年5月10日(1996)×民初字第××号民事判决书的第二项判决；改判婚生女儿史×(13岁)由上诉人抚养。

上诉理由

原审判决说："鉴于原告收入丰厚，有足够的经济力量培养孩子成人，因此，本院认为，孩子归原告抚养有利于下一代健康成长。"据此将婚生女儿史×判归被上诉人抚养。上诉人认为此项判决不当，判决的理由不能成立。原因是：第一，上诉人一直照顾孩子的生活和学习，孩子与上诉人结下了深厚的母女情谊；相反，被上诉人近10年来在×厂担任推销员，经常出差在外，有时几个月不回家，对孩子的生活、学习从来不问，与孩子也没有什么感情。因此，上诉人认为，孩子由被上诉人抚养不利于孩子成长，由上诉人抚养则有益于孩子的身心健康，有利于培养孩子成人。第二，上诉人的经济收入也不低，完全有能力培养孩子成人，原审判决认为可以雇保姆照顾孩子的说法显然不合情理。

孩子归谁抚养，应当考虑孩子的意见。最高人民法院1993年3月印发的《关于人民法院审理离婚案件处理子女抚养问题若干具体意见》第5条规定："父母双方对10周岁以上未成年子女随父或随母生活发生争执的，应考虑子女的意见。"原审法院根本没有征求孩子的意愿，就主观决定由被上诉人抚养。孩子听说随父亲生活，哭了好几天，说不愿意与父亲一起生活，愿意与母亲一起生活。请原审人民法院按照最高人民法院的上诉"意见"办事，考虑孩子的意愿，将孩子改判归上诉人抚养。

此致

××市中级人民法院

附：本上诉状副本1份。

上诉人：王××

一九××年五月十五日

第四节　申诉状

一、申诉状的概念

申诉状是指申诉人对已经发生法律效力的判决、裁定认为有错误，向人民法院或人民检察院提出申请复查纠正的书状。

二、申诉状的作用

第一，申诉状维护了法律的尊严。

第二，申诉状对纠正冤假错案、维护当事人的合法权益有重要作用。

三、申诉状的特点

第一，申诉状是对已经发生法律效力的裁决、裁定不服而提出的。

第二，申诉状是由与本身权益有关的公民、法人或其他组织提出的。

第三，申诉可以向原审人民法院或原审的上一级人民法院提出，刑事申诉还可以向人民检察院提出。

四、申诉状的分类

申诉状按性质分为民事申诉状、行政申诉状、刑事申诉状三类。

民事申诉状，指民事诉讼当事人及其法定代理人，对已经发生法律效力的判决、裁定不服，向原审人民法院或其上一级人民法院提出申请复查纠正的书状。

行政申诉状，指行政诉讼当事人及其法定代理人，对已经发生法律效力的判决、裁定不服，向原审人民法院或其上一级人民法院提出申请复查纠正的书状。

刑事申诉状，指刑事诉讼当事人及其法定代理人、被害人及其家属，对已经发生法律效力的刑事判决、裁定不服，向人民法院或人民检察院提出申请复查纠正的书状。

五、申诉状的写作

申诉状由首部、正文、尾部和附项四部分组成。

(一)首部

首部包括以下三方面内容。

1. 标题

写明“民事申诉状”、“行政申诉状”、“刑事申诉状”即可。

2. 当事人基本情况

提出申诉的当事人就是申诉人，因为申诉针对的是发生法律效力的判决、裁定，故可以不写被申诉人。

3. 写明不服原审裁判的理由

这一部分包括原来案件的案由、原处理人民法院名称、处理时间、处理文件的名称和字号、不服判决的表述等内容，如“申诉人因××一案，不服×××人民法院×年×月×日×字×号×事判决(或裁定)，即提出申诉，申诉的请求和理由如下:”。

(二)正文

正文包括申诉请求和申请理由。

1. 申诉请求

用简明概括的语言说明原来的处理有什么错误和不当之处，要求解决什么问题，给予怎样的改变处理。提出申诉请求要实事求是，合情合理。如“请撤销原判第×项，改判××(改判内容)”等。

2. 申诉理由

申诉理由是申诉状的重要内容，应抓住原来处理决定中的不当之处进行阐述，具体说明原决定书、判决书或裁定书是认定事实有错误，还是适用法律有错误，或是适用程序不当，以致造成错误的处理结果，依据事实和法律进行充分而具体的分析，从而讲清申诉的道理。

(三)尾部

尾部包括以下内容：

正文后下一行空两格写“此致”，另起一行顶格写“××人民法院(或人民检察院)”。

署上申诉人姓名和日期，如系律师代写，应写明“××律师事务所律师×××代书”。

(四)附项

依次写明本状副本×份、证物×件、书证×件、证人姓名及联系地址。

六、申诉状的写作要求

第一，叙事清楚，注意新证。要想达到申诉的目的，关键是要引起人民法院的重视，才能进行重新审理。因此，在制作申诉状时，应特别注意将申诉的事实与原裁决对事实的认定和处理加以对照，叙写清楚，以改变已经发生法律效力的裁判。

第二，驳证结合，依法行文。辩驳是申诉状中最常用、最有效的方法，它往往与证明方法结合起来，抓住原判中的关键之处，建立反驳的论点，以事实和法律为依据，进行申辩、反驳和论证。

第三，有理有据，一针见血。申诉状是针对发生法律效力的民事、刑事判决、裁定而写的书状，应针对原判在认定事实和适用法律上的不当，有理有据地提出申诉理由和请示，切不可悖理缠讼。申诉请求要明确具体，申诉理由要充分，有说服力，一针见血。

例文：

申诉书

申诉人(一审被告、二审上诉人)周××，男，1946年出生，汉族，××省××县人，现住××省××县××乡××村，系农民。

申诉人周××对××省××县人民法院19××年2月14日(19××)×民初字第103号民事判决和××省××市中级人民法院19××年3月29日(19××)×民终字第27号民事判决提出申诉。申诉人向一审法院提出申诉后，已被驳回，但申诉人仍不服，特向二审人民法院提出申诉。

请求事项

一、撤销一审法院判决决定中的第二项和二审人民法院的判决。

二、申诉人和一审原告两家共用的院内通道，其面积应由两家共同分担。

事实与理由

一、被申诉人马××居住的3间房屋，是我在×××年××月卖给他的。按乡政府规定(乡政府证实附后)，宅基地只包括房身地和房后2米、房前5米以内的房影面积，房前屋后的其余土地归集体所有，但可以顶替自留地归个人使用。因此，我卖给马××3间房屋，房后2米、房前5米以内的地属于宅基地，归他使用；以外的园地，虽然在我们两家公用院墙内，但由于顶替了我的自留地面积，所以使用权应归我。一审法院在承认了这一事实之后，又判决在马××宅基地之外的一条通往大门的通道归我和马××两家共同使用，这是错误的。因为这条通道，全部是由我的自留地顶替的，只能归我一家使用。一审这样不公道的判决，竟然被二审法院认为是正确的而加以维持。我实在不能服判。

二、鉴于这条通往院外的通道，两家确实常用，那么，这条道所占的面积，应由两家共同负担，即一半由我承担，另一半由被申诉人马××承担。由马××承担的这一部分，应从他房前5米以内的面积中扣除，扣除的部分由我使用。只有这样，顶替我自留地面积的这条院内通道，才属两家共有，由两家共同使用。如果马××房前、屋后的宅基地面积一点儿也不扣除，且完全占用我家自留地面积的院内通道又归我和马家共同使用，这是不公道的。

据此，恳请××省××市中级人民法院按审判监督程序立案再审，依法作出公正、合理的判决，以维护法制，保护公民的合法权益。

此致

××省××市中级人民法院

申诉人　周××

一九××年十二月七日

附：一审判决书、二审判决书和一审法院的驳回申诉通知书以及乡政府的证实复印件各一份。

第五节 反诉状

一、反诉状的概念

原告起诉以后，人民法院作出裁判以前，刑事或民事案件的被告人就原告人提起诉讼的同一事实，向人民法院提交的适用同一诉讼程序的，请求与原告的起诉合并审理并追究原告相应的民事或刑事责任的法律文书称作反诉状。

二、反诉状的作用

第一，当事人用反诉状提起反诉，可使人民法院正确了解被告人的反诉看法及主张，全面把握案情，切实维护当事人的合法权益。

第二，可使被告在原告起诉后，于同一诉讼程序对原告予以起诉。

三、反诉状的特点

反诉以本诉为基础。反诉的被告必须是本诉的原告，反诉的原告必须是本诉的被告。被告起诉的诉讼理由与本诉产生同一法律关系，或者诉讼的是同一条件，达到合并审理和互相抵消的作用。

反诉的诉讼请求独立存在。反诉只能向审理本诉讼的人民法院提起，不能向其他人民法院提起。反诉的诉讼请求是独立存在的，原诉撤销不会影响反诉。

反诉维护了被告的权利。反诉体现了法律面前人人平等的原则，有利于保护双方当事人的合法权益，而且人民法院通过对被告反诉状的审查、受理，不仅节约了诉讼资源，还维护了人民法院裁判的权威。

四、反诉状的分类

反诉状主要有两种：民事反诉状、刑事反诉状。行政诉讼不能提起反诉。

民事反诉状是指民事诉讼的被告人就原告人起诉的同一事实，向人民法院递交与本诉在事实和法律上有牵连的独立诉讼请求，请求法院依法审理并追究原告人相应民事责任的法律文书。

刑事反诉状是指刑事诉讼的被告人就原告人起诉的同一事实，向人民法院递交与本诉在事实和法律上有牵连的独立诉讼请求，请求法院依法审理并追究原告相应刑事责任的法律文书。

五、反诉状的写作

反诉状在内容上主要包括首部、正文、尾部和附项四部分。

(一)首部

反诉状的首部包括以下内容。

1. 标题

写明“民事反诉状”或“刑事反诉状”。

2. 反诉状当事人双方的基本情况

分别写反诉人(本诉被告)、被反诉人(本诉原告)的姓名、性别、出生日期(年龄)、民族、职业、工作单位和职务、住址等。如果是法人或其他组织，要写清其名称和所在地址，以及法定代表人的姓名、职务等。委托代理人需写明姓名、性别、年龄、职务、住址及与被代理人的关系，如系律师，则只写律师事务所名称和姓名即可。

(二)正文

正文主要包括诉讼缘由或请求、事实和理由、证据及来源三部分。

1. 诉讼缘由或请求

写明请求人民法院依法解决的有关互相争议的民事问题的具体主张和要求，一般由“反诉人××就××一案，对被反诉人××提起反诉”、“因被反诉人向你院提起×××之诉，现反诉人因××一案，特向你院提起反诉，反诉的请求、事实与理由如下”一类的话引出。

2. 事实和理由

事实的叙述要真实、准确，重点侧重在对反诉人的侵权行为的叙述上，并引用某些法律条文来支持自己的请求，表明自己请求的合理性及合法性。

3. 证据及来源

提供相关的物证、书证、视听材料、证人证言、当事人的陈述、鉴定结论等证据来支持自己的说法与请求，写明证人的姓名、证据的数量等。

(三)尾部

尾部包括以下三方面内容。

第一，在正文下面第一行空两格写“此致”，另起一行顶格写致送的人民法院的名称。

第二，反诉人签名，如果是法人应加盖公章。如果是委托的律师作为反诉人，可在最后写上律师的工作单位及姓名。

第三，注明反诉的时间。

(四)附项

写明本状副本×份、物证×份、书证×份。

六、反诉状的写作要求

第一，反诉理由要充分。反诉状要清楚地叙述案情的主要经过，对于双方存在重大争议的部分要详细交代，辨清事实，分清是非，并引用相关的法律法规，说明被反诉人违背了某些法规、事项，以对抗本诉中的诉讼请求。

第二，反诉状的请求要与本诉中原告的请求相互联系。反诉的主要目的是强调、追究本诉状中原告的基于同一事实案件的民事责任，举证过程中要注意证据应规范、有力、确凿。

例文：

反诉状

反诉自诉人(本诉被告人)：方××，男，26岁，汉族，××省××市人，×××厂工人。

反诉被告人(本诉自诉人)：王×，男，28岁，汉族，××省××市人，××厂工人。

上列反诉被告人王×向你院告反诉自诉人伤害一案，反诉自诉人因该案是由反诉被告人王×首先实施了公开侮辱、诽谤的犯罪行为所造成的，特提起反诉。反诉的请求和理由如下：

反诉的请求

请求法院依法追究反诉被告人王×侮辱、诽谤的刑事责任。

事实和理由

我与王××系邻居关系，199×年10月1日晚6时许，我的儿子小力(7岁)与王××的儿子小强(6岁)在玩耍中因争皮球而引发争吵。我批评了我的儿子小力，这时小强因没有皮球就哭了。王×以为我打了他的孩子，就对我进行了谩骂。我与他讲理，他非但不听，反而提高声音进行辱骂，无奈之下，我与他发生了争吵。周围邻居虽进行劝解，但王××仍谩骂不休，使围观的人越来越多。王××还在众人面前捏造事实，说我是“扒手”、“惯贼”等，对我进行侮辱、诽谤。我在无法忍受的情况下，和王×厮打起来，致王××头部、肩部等处受伤，右手拇指骨折。

本来邻居之间小孩因玩耍吵架是常有的事，家长应持冷静态度，各自教育自己的孩子，但王×却不是这样，而是无端怀疑我打了他的孩子，并对我进行辱骂。特别不能容忍的是竟然在众人面前公然侮辱、诽谤我的人格，严重地损害了我的名誉。既然王×首先向法院起诉要求法院追究我伤害罪的刑事责任，根据事实，我也以自诉案件被告人的身份向贵院提起反诉，提请法院根据《中华人民共和国刑法》第 145 条规定的公然侮辱诽谤罪，追究王×的刑事责任。

此致

××人民法院

反诉自诉人：方××(签名)

一九九×年十二月一日

第六节　答辩状

一、答辩状的概念

答辩状是指民事、刑事、行政案件被告或被上诉人针对起诉的事实和理由或上诉的请求和理由进行回答、辩解或反驳的一种诉讼文书。原告向一审的人民法院提起诉讼后，被告要对提出的某些事实或请求进行答辩；或者是一审人民法院对案件审理终结后，一方当事人不服，提起上诉，被上诉人就上诉状进行答辩所写的文书。当然，被告不提出答辩状，不会影响人民法院审理。

二、答辩状的作用

第一，维护被告人或被上诉人的合法权益。

第二，有助于人民法院查明案情，秉公执法。

三、答辩状的特点

特定性。答辩状必须是由民事、行政案件的被告或上诉案件的被上诉人、刑事案件的被告人提出。

规定性。答辩状必须是在法定期限内提出(答辩人收到诉状或上诉状 15 日内提出答辩)。

针对性。答辩状必须是针对诉状或上诉状的内容进行答辩。

四、答辩状的分类

答辩状是与起诉状和上诉状相对应的一种文书，从答辩状所需回答、反驳的案件性质上可分为民事答辩状、行政答辩状和刑事答辩状三种；从审理的不同级别可分为起诉答辩状和上诉答辩状两种。

五、答辩状的写作

答辩状的内容一般由首部、正文、尾部和附项四部分构成。

(一)首部

答辩状的首部由以下内容构成。

1. 标题

标题一般写“答辩状”三个字，也可详写为“民事答辩状”、“刑事答辩状”、“行政答辩状”。

2. 答辩人基本情况

答辩人的基本情况与诉状中原告、被告的基本情况写法相同。如果有法定代理人的，要写明法定代理人的基本情况及与答辩人的关系。

(二)正文

正文包括以下内容。

答辩状缘由。主要写明是对原告提起的何种案件进行答辩，引出正文的常用语有：“因原告×××所诉×××一案，现答辩如下”或“答辩人于×年×月×日收到××法院的起诉状副本，现将原告所述案件答辩如下”。

事实和理由。主要阐明答辩人对案件的看法和观点。既可以部分承认对方观点，也可以全面批驳对方；既可以阐明自己对案件的处理意见，也可以请求人民法院合理判决。

答辩请求。一方面请求人民法院做出公正判决或裁定；另一方面对可以接受的某些起诉或上诉内容表明态度。如果答辩人要反诉原告或上诉人，则要提出反诉请求。

(三)尾部

尾部包括以下内容。

第一，正文下面第一行空两格写“此致”，第二行顶格写“×××人民法院”。

第二，答辩人签名，注明日期。如果是律师代写，还应当写明“××律师事务所××律师代写”。

(四)附项

依次写明本状副本×份、证物×件、书证×件，以及证人的姓名、地址、联系方式。

六、答辩状的写作要求

第一，针锋相对，有的放矢。针对起诉状、上诉状、反诉状中提出的“诉讼请求”或“上诉请求”，以及“事实和理由”进行针锋相对地答复和辩驳，对有争议的问题和争执的焦点要特别加以阐述，以讲清观点、说明是非、分清责任。

第二，实事求是，以理服人。写答辩状一定要采取实事求是的态度，摆事实、讲道理、以理服人；如果对方说得对，有道理，符合事实和法律，就应接受其诉讼请求；该作自我批评和承认错误的，应明确做到，这样有利于问题的解决。

第三，立于支持，表明态度。上诉案件的被上诉人一般是在一审裁判中胜诉的一方，所以被上诉人写答辩状，应立于支持，维护一审的判决和裁定，针对上诉状中指责裁判不当的内容提出确实、充分的证据和法律根据，有理有据地驳斥上诉状中的观点，表明态度，以达到维护已经取得的胜诉权的目的。

例文：

行政答辩状

答辩人：××省××县城乡建设委员会

法定代表人：冉××，县城乡建设委员会主任

因郑××不服土地管理行政处罚提起行政诉讼，现提出答辩如下：

郑××本在云台乡利民村四组有砖木结构瓦房一座，19××年3月又向乡政府申请在自己承包的耕地上兴建住房。乡政府认为该地段不是农房建设规划点，便没有同意。郑××既未经土地管理部门审核批准，又未领取建房许可证，擅自在承包耕地上兴建住房，是违反《××省土地管理实施办法》第二十一条之规定的。在施工期间，乡政府曾多次派人前往现场劝阻施工，并发出《关于郑××违章建筑通知书》，限期将兴建的房屋拆除还耕。但郑××不予理睬。乡政府于19××年12月20日给县城乡建设委员会提交了《关于郑××强行占用良田熟地建房的处理报告》。经我们调查核实，认为郑××违反了《中华人民共和国土地管理法》第三十八条第一款关于农村居民建设住宅“使用耕地的，经乡级人民政府审核后，报县级人民政府批准”的规定。为此，我们依据该法第四十五条关于“农村居民未经批准或者采取欺骗手段骗取批准，非法占用建设住宅的，责令退还非法占用的土地，限期拆除或者没收在非法占用的土地上兴建的房屋”的规定，于19××年×月×日作出《关于拆除郑××非法占用耕地所建住房的处罚决定》。

郑××以“建房是经群众讨论通过的”为由，不服土地管理行政处罚，向人民法院提起诉讼，这个所谓“理由”是站不住脚的，请依法判决。

此致

××县人民法院

答辩人：××县城乡建设委员会(公章)

一九××年×月×日

附：1. 本状副本1份

2. 云台乡政府《关于给郑××违章建筑通知书》1份

3. 云台乡政府《关于对郑××强行占用良田熟地建房的处理报告》1份

4. ××县城乡建设委员会《关于拆除郑××非法占用耕地所建住房的处罚决定》1份

5.《××省土地管理实施办法》、《中华人民共和国土地管理法》摘录各1份

知识书签

当事人是指被害人、自诉人、犯罪嫌疑人、被告人、附带民事诉讼的原告人和被告人。诉讼参与人是指当事人、法定代理人、诉讼代理人、辩护人、证人、鉴定人和翻译人员。法定代理人是指被代理人的父母、养父母、监护人和负有保护责任的机关、团体的代表。近亲属是指夫、妻、父、母、子、女、同胞兄弟姐妹。

思考与练习

一、名词解释

民事诉讼　　刑事诉讼　　申诉状　　反诉状　　答辩状

二、填空题

1. 诉状在公诉时称______，非公诉案件的诉状称______或______等。
2. 诉状按其性质不同，可分为______、______和______三类。
3. 诉状包括______、______、______和______四部分。
4. 公诉案件无上诉人，不能把______列为被上诉人。
5. 上诉理由可以从______、______和______三方面来拟写。
6. 申诉状的首部包括______、______和______三部分。
7. 反诉状的特点主要是______、______和______。
8. 行政诉讼状不能提起______。
9. 答辩状是与______和______相对应的一种诉讼文体。
10. 答辩状可分为______、______、______三种。

三、单项选择题

1. 原告或其法定代理人为保护和实现原告的合法权益，依法行使诉讼权利，向人民法院提起诉讼时所写的书状为(　　)。

A. 诉状　　B. 上诉状　　C. 申诉状　　D. 反诉状

2. 民事诉讼当事人及其法定代理人，对已经发生法律效力的判决裁定不服，向原审人民法院或其上一级人民法院提出申请复查纠正的书状是（　　）。

A. 民事申诉状　　B. 行政申诉状
C. 刑事申诉状　　D. 民事反诉状

四、多项选择题

1. 法律文书的特点有(　　)。

A. 合法性　　B. 规范性　　C. 准确性
D. 时效性
E. 强制性

2. 答辩状包括(　　)。

A. 首部　　B. 正文　　C. 尾部
D. 附项
E. 落款

五、简答题

1. 诉状有哪些写作要求？
2. 行政诉状有哪些特点？
3. 申诉状有哪些特点？
4. 反诉状有哪些写作要求？
5. 答辩状的答辩事由常由哪些话引出？

技能训练

材料：我叫王勇，男，35岁，家住×省×市×县×乡×村×号。2007年春节后，我经熟人介绍到广东××建筑公司打工，该公司老板叫唐×，50岁，家住广东×县×街×号。我每天上8个小时的班，老板包吃住，月工资2000元。2007年1月至4月，我每月10号都能领到工资。但从5月份开始，唐老板以增加投入、资金周转暂时困难为借口，欠发我的工资。我和其他几个工友曾在11月份找唐老板要钱，唐老板却说："现在没有钱，12月31日一起发给你们，你愿意干就干，不愿意干就走。"工资未到手我不能走，我们忍到12月31日，再去找唐老板，他却到外地出差了，打电话给他，他说暂时回不来。

过年了，家里年货未买，子女开学要钱，妻子生病要钱，有人说我没签《劳动合同》，得不到法律保护，我不知该怎么办？

请你代王勇写一份诉状到法院讨回工资。